Managementwissen für eine innovative und lernende öffentliche Verwaltung

Rüdiger Nolte / Sabine Zimmermann

Managementwissen für eine innovative und lernende öffentliche Verwaltung

Grundlagen eines wirkungsorientierten, kreativen und ganzheitlichen Verwaltungsmanagements

PL ACADEMIC RESEARCH

Bibliografische Information der Deutschen Nationalbibliothek
Die Deutsche Nationalbibliothek verzeichnet diese Publikation in der Deutschen Nationalbibliografie; detaillierte bibliografische Daten sind im Internet über http://dnb.d-nb.de abrufbar.

ISBN 978-3-631-65892-5 (Print)
E-ISBN 978-3-653-05251-0 (E-Book)
DOI 10.3726/978-3-653-05251-0

PL Academic Research ist ein Imprint der Peter Lang GmbH.

Peter Lang – Frankfurt am Main · Bern · Bruxelles · New York · Oxford · Warszawa · Wien

Diese Publikation wurde begutachtet.

www.peterlang.com

Gliederung

Vorwort

> „Durch Selbstorganisation wird die Versöhnung von Gegensätzen – die nach streng logischen Grundsätzen eigentlich unvereinbar sind – möglich."
>
> (Gottfried Wolf)

Bereits vor mehr als 2.500 Jahren folgte der chinesische Befehlshaber und Militärstratege Sun Tzu dem Ideal einer möglichst effizienten und effektiven Organisation. Dieser Organisationstyp im Sinne Sun Tzus verfügt über drei wesentliche Eigenschaften: Er existiert ausschließlich zur Erfüllung eines definierten Zwecks, er ist informationszentriert und er ist – trotz hoher struktureller Stabilität – äußerst flexibel und anpassungsfähig (vgl. Krause, 2007, 10).

Vergleicht man diese Basisanforderungen, die Sun Tzu unter dem Einfluss der Lehren seines Zeitgenossen Konfuzius an eine (militärische) Organisation stellte, mit den Erkenntnissen der aktuellen Management- und Organisationslehre sowie den Grundideen des New-Public-Management- und Governance-Ansatzes so wird deutlich, dass auch in der heutigen Zeit den Themen „Zweckorientierung der Organisation", „Organisationslernen und organisatorischer Wandel", „Informations- und Wissensmanagement" sowie „Ziel- und Wirkungsorientierung" eine ganz zentrale Rolle bei der Steuerung und Entwicklung produktiver soziotechnischer Systeme zukommt.

Angesichts einer immer dynamischeren und komplexeren Umwelt, die durch Ambiguität und radikalen Wandel gekennzeichnet ist, müssen auch die öffentlichen Verwaltungen in Struktur und Handeln deutlich kreativer und flexibler werden und auch bei paradigmatischen Veränderungen widerstands- und anpassungsfähig bleiben (vgl. Hill, 2013, 12). Verwaltungen brauchen – in Anlehnung an Hill (2013,12) – Wachsamkeit für neue Entwicklungen, Kontextbewusstsein und die Bereitschaft zu permanenter Anpassung und „lebenslangem Lernen" sowie eine ganzheitliche, kreative und innovative Denk- und Handlungsorientierung.

Mit der Durchsetzung der politischen Vorgaben und Leitideen der Staats- und Verwaltungsreform und der Implementierung betriebswirtschaftlicher Führungs- und Steuerungsinstrumente wurde in Deutschland ein äußerst langwieriger und komplexer Changeprozess in Gang gesetzt, der eine im Übermaß bürokratisierte Verwaltungslandschaft in ein System wirtschaftlich, innovativ und zweckorientiert handelnder öffentlicher Dienstleister transformieren sollte (vgl. Dincher et al., 2010, 152 ff.; Nolte & Wöhner, 2009, 679).

Nach mehr als einem Vierteljahrhundert permanenter Staats- und Verwaltungsmodernisierung muss man sich jedoch angesichts der bislang erzielten Reformergebnisse die Frage stellen, weshalb es im Rahmen des politisch und gesellschaftlich gewollten und wirtschaftlich notwendigen Entbürokratisierungsprozesses noch immer nicht umfassend gelungen ist, die grundlegenden Anforderungen an eine effizientere, effektivere sowie lern- und entwicklungsfähigere öffentliche Verwaltung wirksam und vor allen Dingen nachhaltig umzusetzen.

Die primär regel- und fremdgesteuerten Organisationseinheiten der öffentlichen Verwaltung waren infolge der oftmals beibehaltenen Routinen, technokratischen Strukturen und überkommenen Denk- und Handlungsmuster nur bis zu einem bestimmten Grad willens und in der Lage, die völlig veränderten und wesensfremden Anforderungen des neuen Verwaltungsparadigmas zu erfüllen und den staatlichen Reformauftrag im Sinne einer lernenden, sich kontinuierlich verbessernden Organisation kreativ, weitestgehend selbstorganisiert und eigenverantwortlich umzusetzen (vgl. Nolte & Wöhner, 2009, 680).

Zu berücksichtigen ist – nach Würtenberger (2013, 1224) – zudem, dass in Deutschland eine übergeordnete strategische Steuerung der öffentlichen Verwaltung, die von einzelnen Aufgaben und Organisationseinheiten abstrahierend auf eine generelle, politisch-strategische Handlungs- und Wirkungsebene abzielt, allenfalls ansatzweise vorhanden ist (vgl. Würtenberger, 2013, 1224 m.w.Nw.). „Es mangelt nach wie vor an einer wirkungs- und nutzenorientierten Steuerung des Staates und seiner Einrichtungen, die auch an langfristigen gesamtgesellschaftlichen Zielen ausgerichtet ist und die Wirkungen öffentlichen Handelns auf die Betroffenen sowie auf das Gesamtsystem im Fokus hat" (Würtenberger, 2013, 1225). Der öffentliche Sektor in Deutschland weist auf Grund der dysfunktionalen Bürokratieentwicklung und der bisher kaum wettbewerbsbedrängten Position ein erhebliches Flexibilitäts-, Innovations- und Wandlungsdefizit auf (vgl. Thom & Ritz, 2012, 362). „Nur durch die gezielte Veränderung des Gesamtsystems und die konsequente Behebung der vorhandenen Systemdefizite wird sich die Institution Staat langfristig als Wohlstandsgarant für die Gesellschaft behaupten können" (vgl. Thom & Ritz, 2012, 362). Eine wirksame strategische Steuerung im Sinne eines ganzheitlichen, systemischen Performance Managements, die sich am Policy-Making-Prozess und an der Effektivität der Policy orientiert, erhöht die Reaktionsfähigkeit der öffentlichen Verwaltung und verstärkt Kreativität und Innovation, weil sie bei einem funktionierenden „Policy-Cycle" eine wesentliche Voraussetzung für eine selbstlernende Organisation schafft (vgl. dazu ausführlich Würtenberger, 2013, 1225 ff.; Thom & Ritz, 2012, 351 ff. zum IOP-Führungskonzept für den öffentlichen Sektor mit den Instrumenten Innovations- und Informationsmanagement, Organisationsgestaltung und Personalmanagement; Schauer, 2012, 389 ff. zum IOP-Führungskonzept).

Sofern man nicht die zukünftige Finanzierbarkeit, Leistungsfähigkeit und gesellschaftliche Akzeptanz der öffentlichen Verwaltung und damit auch die Funktions- und Handlungsfähigkeit des gesamten Staates und seiner Einrichtungen gefährden will, gibt es keine Alternative zu einer spürbaren und nachhaltigen Effizienz- und Effektivitätssteigerung des öffentlichen Sektors unter Gewährleistung der bewährt hohen rechtsstaatlichen Qualitätsstandards öffentlichen Handelns.

Die berechtigte politische und gesellschaftliche Forderung nach einer insgesamt wirtschaftlicheren und wirksameren öffentlichen Aufgabenerfüllung mit einem messbaren und bewertbaren Output (Ergebnis des staatlichen Leistungserstellungsprozesses), Outcome und Impact (indirekte und direkte Wirkung des staatlichen Handelns auf die Gesellschaft und die jeweiligen Zielgruppen) im Sinne einer permanenten Verbesserung der staatlichen Performance gewinnt insbesondere vor dem Hintergrund der drastischen Auswirkungen des demografischen Wandels in Deutschland für den gesamten öffentlichen Sektor zunehmend an Bedeutung.

Das oberste Ziel des Staates und der öffentlichen Verwaltung besteht darin, das (Gemein-)Wohl der Gesellschaft zu maximieren und Werte für die Öffentlichkeit und das Gemeinwesen („public values") zu erhalten und neu zu schaffen (vgl. Thom & Ritz, 2012, 364; Schauer, 2012, 390 ff.), wobei der Beitrag des Staates zum Gemeinwohl immer Grund und Grenze des öffentlichen Handelns ist (vgl. Meynhardt, 2011, 517). Es ist Meynhardt (2011, 517) zuzustimmen, dass eine öffentliche Verwaltung keine andere Legitimation für ihr Handeln hat, als jene, die sich durch ihren konkreten Beitrag für das Gemeinwesen; also ihre Wertschöpfung zum Gemeinwohl, ergibt. Die bestmögliche Erfüllung dieses primären staatlichen Ziels, im Sinne einer „Gewährleistung", ist die gemeinsame Kernaufgabe der politisch, strategisch und operativ ausgerichteten Systemebenen der öffentlichen Verwaltung.

Der hier vertretene ganzheitliche, lern- und wissensorientierte Public-Management-Ansatz stellt eine „Hilfe zur Selbsthilfe" der von Wandel und Reformen betroffenen Organisationseinheiten der öffentlichen Verwaltung sowie eine belastbare Basis für nachhaltige organisationale Lern- und Entwicklungsprozesse dar. Dieser Ansatz erfordert im Rahmen der praktischen Umsetzung eine intensive und differenzierte Auseinandersetzung der maßgeblichen Organisationsmitglieder mit den grundlegenden Inhalten der öffentlichen Betriebswirtschaftslehre, der Management- und Organisationslehre, mit den spezifischen Kontextfaktoren und Rahmenbedingungen der öffentlichen Verwaltung, mit den politischen und institutionellen Erwartungen sowie mit den Besonderheiten von Lern- und Veränderungsprozessen in bürokratisch geprägten Organisationen.

Nur ein systemischer, integrativer und konsequent wirkungsorientierter Reformansatz, der insbesondere auf die Verzahnung sämtlicher Führungs- und Steuerungselemente des New-Public-Management- und Governance-Ansatzes, auf eine entsprechende Informations- und Wissensbasis der öffentlichen Verwaltung sowie auf eine reformangemessene Lern- und Veränderungskultur abzielt, kann dem stockenden Modernisierungs- und Entbürokratisierungsprozess neue Impulse und einen auf Dauer tragfähigen Sinn und Antrieb geben.

Das Handeln der öffentlichen Verwaltungen sollte aus einer ganzheitlichen Perspektive gleichermaßen an den primären Zielen von Qualität und Innovation ausgerichtet werden. Zu einem wirksamen Umgang mit Komplexität, Dynamik und Diskontinuität gehört ein komplementäres Verständnis von Perfektion, Stabilität und Standardisierung einerseits sowie von Kreativität, Flexibilität und Differenzierung andererseits (vgl. Belker, 2000, 90). Die Instrumente der Führung und Steuerung können nur dann zu langfristigen Organisationserfolgen führen, wenn man traditionelle und moderne Managementansätze in der praktischen Anwendung so miteinander kombiniert und verzahnt, dass selbst „antagonistische" Mechanismen und Prinzipien in der konkreten Situation eine gemeinsame Richtung und eine sich wechselseitig verstärkende Wirkung aufweisen. Diese Anforderungen gelten um so mehr, als die klassischen Mechanismen staatlicher Steuerung zunehmend durch spezielle Arrangements oder hybride Strukturen zwischen Staat, Wirtschaft und Gesellschaft abgelöst werden, was zu einer immer stärkeren Verwischung der überkommenen Grenzen führt und ein Denken und Handeln der Akteure in integrativen und systemischen Dimensionen erfordert (vgl. Jann, 2011, 67 ff.).

Ein ganzheitlicher, systemorientierter Managementansatz ist auf das Erkennen von Zusammenhängen und unterschiedlichsten Ursache-Wirkungsbeziehungen ausgerichtet, wirkt unzweckmäßigen, isolierten Betrachtungsweisen entgegen und führt zur Aufdeckung bislang so nicht wahrgenommener oder noch unbekannter Zusammenhänge (vgl. König & Volmer, 2000, 26 m.w.Nw.). Der gezielte Einsatz praxistauglicher „Hybrid"- oder „Kombinationsstrategien" und die Harmonisierung alternativer Sichtweisen und Handlungsoptionen (vgl. dazu auch Belker, 2000, 93 ff.) erhöht die Eigenvarietät und Eigenkomplexität der Organisation und deren systemimmanente Entwicklungs- und Problemlösungsfähigkeit. In dem gezielten Ausbau einer derartigen dynamischen Kernkompetenz und in der Ausprägung einer entsprechenden organisationalen Informations- und Wissensbasis liegt der entscheidende Wettbewerbsvorteil eines konsequent qualitäts-, lern- und wirkungsorientierten produktiven sozialen

Systems, gleich ob es sich um eine Organisation der Privatwirtschaft oder des öffentlichen Sektors handelt.

Das Basislehrbuch „Managementwissen für eine innovative und lernende öffentliche Verwaltung“ stellt eine komprimierte Einführung in die öffentliche Managementlehre dar und knüpft zum Teil thematisch sowie inhaltlich an das eher monographisch ausgerichtete Werk „Systemisches Verwaltungsmanagement“ an (vgl. Nolte & Wöhner, 2012, 1 ff.). Die Inhalte beider Bücher wurden auf der Grundlage langjähriger Lehr-, Beratungs- und Führungserfahrung speziell unter Berücksichtigung der spezifischen Anforderungen und Rahmenbedingungen der öffentlichen Verwaltung konzipiert.

Die aufeinander aufbauenden Kapitel dieses Buches beinhalten einen praxisnahen Überblick über die grundlegenden und für das Verständnis der Staats- und Verwaltungsreform notwendigen wissenschaftlichen Erkenntnisse sowie einen umfassenden Überblick über die gängigen Methoden und Instrumente der neuen, qualitäts- und wirkungsorientierten Verwaltungssteuerung. Ein weiterer Schwerpunkt liegt auf den Elementen einer innovativen und kreativen Verwaltungsführung.

Im Vordergrund der systemorientierten Betrachtung stehen die Wirkungsweise und der Wirkungszusammenhang der zentralen Reformelemente des Neuen Führungs- und Steuerungsmodells sowie die Kombination verschiedener Organisations- und Managementansätze.

Es erfolgt – aus einer integrativen, interdisziplinären und ganzheitlichen Perspektive – insbesondere die notwendige Verzahnung folgender Themenfelder: Mission, Vision und Leitbild, Kontext- und Rahmensteuerung, Balanced Scorecard und strategische sowie operative Zielsteuerung, Organisations- und Personalmanagement, Fremdorganisation und autonome sowie autogene Selbstorganisation, Qualitätsmanagement (QM), Total Quality Management (TQM), European Foundation for Quality Management (EFQM) und Common Assessment Framework (CAF), Informations- und Wissensmanagement, Changemanagement und Organisationslernen.

Ein besonderer Dank gilt an dieser Stelle Herrn Professor Dr. Malte Peters, Studienbereichsleiter am Fachbereich Finanzen der Fachhochschule des Bundes für öffentliche Verwaltung in Münster, für seine kollegiale Unterstützung und fachliche Expertise bei der Durchsicht unseres Manuskripts. Ein weiterer ausdrücklicher Dank gilt unserem Verlag Peter Lang, Internationaler Verlag der Wissenschaften, für die gewohnt professionelle Zusammenarbeit bei der Veröffentlichung unseres Lehrbuchs.

Münster, im November 2014
Rüdiger Nolte & Sabine Zimmermann

1. Einführung

1.1 Die Organisationseinheiten der öffentlichen Verwaltung als Betriebe

1.1.1 Die Notwendigkeit des Wirtschaftens in der öffentlichen Verwaltung

Das so genannte Erkenntnisobjekt der Betriebswirtschaftslehre ist das „Wirtschaften". Die Notwendigkeit des Wirtschaftens im Sinne einer möglichst effizienten und wirksamen Nutzung knapper Güter resultiert aus der Tatsache, dass einer unbegrenzten Menge an individuellen und kollektiven Bedürfnissen eine nur begrenzte Menge an verfügbaren Ressourcen gegenübersteht. Die Knappheit sämtlicher Ressourcen zwingt somit zum Wirtschaften (vgl. Dincher et al., 2010, 1). Diese fundamentale Erkenntnis gilt selbstverständlich auch für die gemeinwohlorientiert handelnden öffentlichen Verwaltungen und deren Funktion als Dienstleister an der Gesellschaft.

Auch das öffentliche wirtschaftliche Handeln ist ebenso wie das private Handeln an bestimmten Zielen orientiert (vgl. Scherf, 2011, 6). Während die Entscheidungen privater Wirtschaftssubjekte an individuellen Zielen und vorrangig an einer Maximierung des eigenen Nutzens und Gewinns ausgerichtet sind, orientieren sich die Aufgaben und Leistungen des Staates und seiner Einrichtungen primär an gesamtgesellschaftlichen und gesamtwirtschaftlichen Zielen. Dazu zählen insbesondere die Maximierung des Gemeinwohls, die Daseinsfürsorge sowie die Gewährleistung innerer und äußerer Sicherheit und sozialer Gerechtigkeit (vgl. Scherf, 2011, 6).

„Wirtschaftlich erfolgreich zu sein, bedeutet für die öffentliche Verwaltung nicht nur, ihre Ressourcen und Leistungsprozesse effizient zu steuern, sondern auch die gesamten Aktivitäten und Ressourcen konsequent auf den gesellschaftlichen Nutzen auszurichten, also wirkungsorientiert zu handeln" (vgl. Schuster et al., 2013, 23). Nachdem es bei der so genannten ergebnisorientierten Steuerung zu Beginn der Verwaltungsreform noch primär um die Betrachtung der Mikroebene und damit um den Output im Sinne des unmittelbaren Leistungsergebnisses oder Produkts ging, rücken zunehmend auf der Meso- oder Makroebene die Perspektiven Impact und Outcome – als Kriterien zur Bewertung von Wirkung und Nutzen der öffentlichen Leistungen auf die jeweiligen Zielgruppen, die Gesellschaft und das Gesamtwohl – in den Vordergrund einer umfassenden wirtschaftlichen Betrachtung der staatlichen Auftragserfüllung (vgl. Schuster et al., 2013, 23 ff.; Würtenberger, 2013, 1223 ff.).

Das normativ verankerte Wirtschaftlichkeitsgebot, immerhin ausgestattet als gesetzliche Handlungsmaxime mit Verfassungsrang, zielt dabei auf ein möglichst günstiges Verhältnis von Mitteleinsatz und Ergebnis ab. Die in den Haushaltsgesetzen des Bundes (§ 7 Bundeshaushaltsordnung) und der Länder normierten Grundsätze der Wirtschaftlichkeit bedeuten für die Erfüllung öffentlicher Aufgaben ein allgemeines Rechtsgebot, dem jedes öffentliche Verwaltungshandeln unterworfen ist (vgl. Westermeier & Wiesner, 2012, 53). Gemäß dem Maximalprinzip oder Ergiebigkeitsgrundsatz sollen die öffentlichen Verwaltungen mit einem definierten Mitteleinsatz ein „maximales" Ergebnis anstreben. Nach dem Minimal- oder Sparsamkeitsprinzip soll ein definiertes Ergebnis mit einem möglichst sparsamen, „minimalen" Ressourceneinsatz erzielt werden (vgl. Butzer, 2011, 445 ff.).

Da das rein kameralistische Rechnungswesen der öffentlichen Verwaltung ein klassisches Instrument der Finanz- und Haushaltsplanung darstellt, ist es schon von seiner Primärfunktion her nicht umfassend geeignet, einen zur Bewertung der Wirtschaftlichkeit notwendigen Werteverzehr oder betriebszweckgebundenen Ressourcenverbrauch abzubilden. Dies ist auch nicht der eigentliche Zweck der Kameralistik. Hinzu kommt, dass im kameralen Rechnungswesen bestimmte Zukunftslasten des Staates nicht vollständig erfasst und periodengerecht zugeordnet werden können, eine systematische und vollständige Darstellung und Bewertung von Vermögen und Schulden nicht erfolgt und insbesondere nur unzureichende Informationen hinsichtlich der Kosten und Leistungen staatlichen Handelns bereitgestellt werden können (vgl. Heller, 2010, 143 ff.). Unter dem Kostenbegriff erfasst man den wertmäßigen Verzehr von Produktionsfaktoren, die der betrieblichen Leistungserstellung dienen, mit dem Leistungsbegriff werden die zur Erfüllung des Betriebszwecks erstellten Güter erfasst, denen ein Verbrauch an Produktionsfaktoren zu Grunde liegt (vgl. Rahn, 2002, 157; Hilgers, 2011, 431 ff.). Die reine Kameralistik stellt weder für operative noch für strategische Entscheidungen die richtigen, steuerungsrelevanten Informationen zur Verfügung (vgl. Heller, 2010, 144). Insofern liegt eine Ergänzung oder Erweiterung des kameralen Rechnungswesens durch die zur Bemessung der Wirtschaftlichkeit notwendigen Elemente des kaufmännischen Rechnungswesens auf der Hand. Dies gilt sowohl für die Betrachtung der Wirtschaftlichkeit einer konkreten Maßnahme im Einzelfall, als auch für die regelmäßige, laufende Bewertung der Wirtschaftlichkeit staatlichen Handelns und öffentlicher Aufgabenerfüllung (vgl. Westermeier & Wiesner, 2012, 55).

Bereits das geltende Haushaltsrecht schreibt die Einführung von Wirtschaftlichkeitsbetrachtungen oder Wirtschaftlichkeitsuntersuchungen zwingend vor. Insoweit ist die Anwendung dieser betriebswirtschaftlichen Instrumente und

Methoden auch für die öffentlichen Verwaltungen nicht etwa fakultativ, sondern selbstverständlich verpflichtend. Dies gilt auch für die Implementierung einer für den öffentlichen Sektor geeigneten Kosten- und Leistungsrechnung (§ 7 Abs. III Bundeshaushaltsordnung). Im Kontext des Neuen Steuerungsmodells wurde somit nur das konzeptionell umgesetzt, was aus rechtlichen Gründen schon lange zuvor hätte eingeführt und zwingend beachtet werden müssen. Es ist Heller (2010, 144 ff.) zuzustimmen, dass bestimmte Elemente des Neuen Steuerungsmodells unter anderem auch die Defizite des kameralen Systems ausgleichen sollten. Selbst in Angriff genommene Verbesserungen und Erweiterungen im Rahmen des kameralen Rechnungswesens haben bislang nur begrenzte Wirkung entfaltet und können den Anforderungen an eine umfassende ergebnis- und wirkungsorienterte Steuerung nur unzureichend gerecht werden (vgl. in diesem Sinne auch Heller, 2010, 149; vgl. dazu auch Küppers, 2013, 30 ff. zu einem systemdynamischen wirkungsorientierten Rechnungswesen).

1.1.2 Verwaltungsbetriebe als Wirtschaftssubjekte sui generis

Die Organisationseinheiten der öffentlichen Verwaltung stellen auch Betriebe (Erfahrungsobjekte) im Sinne der Betriebswirtschaftslehre dar. Als Betriebe bezeichnet man ganz allgemein organisierte Wirtschaftseinheiten, in denen Produktionsfaktoren kombiniert werden, um materielle Güter oder immaterielle Güter, wie Dienstleistungen, herzustellen und abzugeben.

Auch die Organisationseinheiten der öffentlichen Verwaltung setzen knappe Mittel ein, um spezifische öffentliche Leistungen zu erstellen und abzugeben. In den Verwaltungsbetrieben werden die betriebswirtschaftlichen Produktionsfaktoren Arbeit, Betriebsmittel und Werkstoffe zum Zwecke der Leistungserstellung kombiniert. Der gesamte Leistungserstellungsprozess einschließlich der Leistungsabgabe basiert auf einer strikten Bindung der Verwaltung an Recht und Gesetz und folgt einer rechtsstaatlichen und – mangels eines marktwirtschaftlichen Kontextes – bislang eher „planwirtschaftlichen" Logik. Die Verwaltungsbetriebe sind infolge der Regelsteuerung hinsichtlich der strukturellen und prozessualen Optionen sehr eng determiniert und unterliegen weitreichenden Restriktionen. Insbesondere der konkret zu erfüllende staatliche Handlungs- oder Leistungsauftrag ist nahezu vollständig normiert.

Dies betrifft sowohl Art und Inhalt der zu erstellenden Leistungen, als auch den gesamten Leistungserstellungsprozess einschließlich etwaiger Rechtsbehelfs- und Rechtsmittelverfahren. Das ebenfalls gesetzlich definierte und an einem kollektiven Nutzen ausgerichtete Leistungsspektrum der öffentlichen Verwaltung besteht im Wesentlichen aus Dienstleistungen in Gestalt behördlicher

Entscheidungen oder sonstiger behördlicher Maßnahmen, nicht jedoch, im Gegensatz zur Privatwirtschaft, aus Sachleistungen (materielle Güter) oder Dienstleistungen, die der Deckung individueller Bedarfe dienen.

Die verbindlichen politisch-normativen Vorgaben und zum Teil überkommenen institutionellen Rahmenbedingungen sowie die strikte Gemeinwohlorientierung beschränken in erheblichem Maße die denkbaren Gestaltungsmöglichkeiten des Managements der öffentlichen Verwaltungen und wirken sich häufig kontraproduktiv auf den gesamten Entbürokratisierungsprozess aus. Zudem fehlt dem Management in der öffentlichen Verwaltung das zentrale erwerbswirtschaftliche Erfolgs- und Wettbewerbskriterium „Gewinn" als finanzielles Regulativ. Diese spezifischen Restriktionen sind bei der Übertragung und Implementierung allgemeiner betriebs- und marktwirtschaftlicher Instrumente und Methoden auf den öffentlichen Sektor in besonderem Maße zu berücksichtigen.

Da auch für die öffentlichen Verwaltungen das Prinzip des finanziellen Gleichgewichts gilt, liegen die drei maßgeblichen und vom Wirtschaftssystem unabhängigen, systemindifferenten Faktoren eines Betriebes im Sinne der Betriebswirtschaftslehre vor (vgl. zum Betriebsbegriff Gutenberg, 1983, 507 ff.).

Betrachtet man den Betriebsbegriff als „Oberbegriff", so stehen die gemeinwohlorientierten Verwaltungsbetriebe mit den privaten, erwerbswirtschaftlich orientierten Unternehmungen auf einer formalen Gliederungsebene. Da die Verwaltungsbetriebe insoweit Betriebe eigener Art darstellen, lassen sich die allgemeinen betriebswirtschaftlichen Erkenntnisse, Methoden und Instrumente nur unter besonderer Berücksichtigung der spezifischen Umwelt- und Kontextfaktoren sowie der maßgeblichen politisch-normativen Vorgaben des öffentlichen Sektors im Rahmen des New-Public-Management- und Governance-Ansatzes wirksam adaptieren. Diesen Anspruch verfolgt auch das so genannte Neue Steuerungsmodell der öffentlichen Verwaltung, das als ein von der Kommunalen Gemeinschaftsstelle für Verwaltungsmanagement (KGSt) ganzheitlich konzipiertes und spezifisches Managementkonzept für den öffentlichen Sektor in Deutschland interpretiert, verstanden und gelebt werden muss.

1.2 Der Einfluss von New Public Management und neuem, wirkungsorientierten Steuerungsmodell auf die öffentliche Verwaltung

Im Anschluss an die Reformen der deutschen Kommunal- und Landesverwaltungen wurde auch in nahezu sämtlichen Bundesverwaltungen ein grundlegender Veränderungs- oder Changeprozess eingeleitet.

Unter den Sammel- und Leitbegriffen New Public Management (NPM), Neues Steuerungsmodell (NSM) oder Wirkungsorientierte Verwaltungsführung (WOV) können zum Teil sehr unterschiedlich ausgeprägte Reformstrategien zusammengefasst werden, die stark von einer betriebswirtschaftlichen Interpretation des Verwaltungshandelns geleitet sind (vgl. dazu auch Dincher et al., 2010, 145). So haben spätestens seit den 80er Jahren in zunehmendem Maße erfolgreiche Methoden und Grundsätze der privatwirtschaftlichen Unternehmensführung Eingang in die öffentliche Verwaltung gefunden (vgl. Gygi, 2012, 401; Thom & Tholen, 2012, 421). Neben die Rechtmäßigkeit des Verwaltungshandelns traten Postulate nach einer verbesserten Steuerung, Wirksamkeit und Ergebnisverantwortung staatlicher Leistungen (vgl. Thom & Tholen, 2012, 420). Nach dem Grundverständnis des New-Public-Management-Ansatzes soll sich die öffentliche Verwaltung von einem rechtsstaatlich legitimierten Verwaltungsapparat hin zu einem Dienstleister für die Öffentlichkeit entwickeln (vgl. Thom & Tholen, 2012, 420; Nolte & Wöhner, 2012, 13; 2009, 679), ohne jedoch die tragenden demokratischen, rechts- und sozialstaatlichen Prinzipien zu vernachlässigen. Zudem hat die „New-Public-Management-Philosophie" der Politik und der öffentlichen Verwaltung immer wieder nahegelegt, strategischer und damit nachhaltiger und langfristiger zu denken und zu handeln (vgl. Haldemann et al., 2011, 1).

Auslöser der massiven Modernisierungs- und Entbürokratisierungsbestrebungen waren insbesondere die drastische Verschlechterung der ökonomischen Rahmenbedingungen staatlichen Handelns mit erheblichen Finanzierungsproblemen der öffentlichen Haushalte sowie eine zunehmende Bürokratieverdrossenheit, verbunden mit einer deutlich gestiegenen Anspruchs- und Erwartungshaltung von Politik, Wirtschaft und Gesellschaft an eine effizientere und vor allen Dingen noch effektivere öffentliche Aufgabenerfüllung (vgl. dazu ausführlich KGSt-Bericht 1993, 12; Borins & Grüning, 1998, 12; König & Füchtner, 1999, 14; Dincher et al., 2010, 145; Schedler & Proeller, 2011, 57 ff.).

Unsere „neue Welt" befindet sich in einem permanenten Prozess des Wandels und grundlegender, paradigmatischer Veränderungen. Unter dem Begriff des Paradigma versteht man allgemein die handlungsleitenden Grundannahmen oder die Gesamtsicht dessen, was in einer Wissenschaft oder auch in einer Gesellschaft für gültig und relevant angesehen wird (vgl. Häfele, 1990, 62). Infolge der ungeheuren Dynamik und der Radikalität der aktuellen politischen, ökonomischen, ökologischen und sozialen Entwicklungen sowie der zunehmenden Variabilität und Komplexität der Umfeld- und Kontextfaktoren scheint sich die Welt auch aus der Sicht vieler Betroffener immer „schneller und schneller zu drehen". Wesentliche Faktoren für diesen Transformationsprozess sind – in Anlehnung an

Sulzberger (2012, 45) – die Globalisierung von Wirtschaft und Gesellschaft sowie der demografische Wandel (vgl. König, 2001, 475 ff.; Nolte, 2005, 244 ff. m.w.Nw.). Die Kurzlebigkeit und die Unvorhersehbarkeit der makroökonomischen und technischen Veränderungen nehmen stetig zu (vgl. Sulzberger, 2012, 45; Nolte, 2005, 244 ff.). Planung wird dadurch immer schwieriger, Flexibilität, Anpassungsfähigkeit und Reaktionsgeschwindigkeit werden immer wichtiger (vgl. Sulzberger, 2012, 45; Pawlowski & Geppert, 2005, 261). Daten und Informationen waren noch nie so breit verfügbar und so leicht zugänglich wie heute. Dennoch hat das enorme Angebot an Daten und Informationen bisher nicht zu einer nachweislich besseren und sichereren Einschätzung und Handhabung komplexer Problemlagen und zu einer Verbesserung der individuellen und kollektiven Reaktions- und Lerngeschwindigkeit geführt. Im Gegenteil, die nachteiligen Auswirkungen moderner Phänomene wie „Infosmog“ und „Information-Overload“ haben bewirkt, dass sich vor dem Hintergrund einer im natürlichen Sinne begrenzten Rationalität die wahrgenommene oder gefühlte Komplexität der Systeme, der Systemumwelten und der Wirkungsgefüge und Interdependenzen scheinbar immer mehr erhöht, denn reduziert (vgl. in diesem Sinne auch Sulzberger, 2012, 45 ff.). Viele Instrumente und Maßnahmen, die theoretisch einer Vereinfachung und Komplexitätsreduzierung dienen sollten, haben sich in der Anwendungspraxis oftmals als wahre Komplexitätstreiber und enorme Zeit- und Ressourcenfresser erwiesen. Das „Neue“ ist zwar faktisch in unserer Welt, es ist aber noch lange nicht in den einzelnen Institutionen, Organisationen, in Führung und Management und in den Köpfen der handelnden Akteure angekommen (Sulzberger, 2012, 45). Es besteht insoweit immer noch eine große Diskrepanz zwischen den eingesetzten Instrumenten und Methoden, den aktuellen Anforderungen und Zielen der Reform sowie den Ressourcen, die der öffentlichen Verwaltung insgesamt zur Verfügung stehen (vgl. Sulzberger, 2012, 45).

Die verfestigten und nahezu statisch wirkenden bürokratisch-technomorphen Strukturen und das dort vorhandene, eher traditionelle Führungswissen und Organisationsverständnis wurden und werden den sich permanent wandelnden Umweltbedingungen und den gestiegenen Anforderungen an die öffentliche Verwaltung jedenfalls nicht mehr in dem erforderlichen Umfang gerecht (vgl. Nolte & Wöhner, 2012, 13; in diesem Sinne auch Dincher et al., 2010, 147).

Der politisch gewollte Paradigmenwechsel vom traditionellen Bürokratiemodell zum New Public Management und der damit verbundene Prozess des radikalen Wandels einer stark technokratisch-mechanistisch geprägten Verwaltungslandschaft in ein System moderner, wirtschaftlich handelnder und kundenorientierter „Dienstleister“ stellte und stellt die öffentlichen Organisationen und deren Mitglieder vor völlig neue und bislang noch immer nicht bewältigte Herausforderungen (vgl. Nolte & Wöhner, 2012, 13). Die Auswirkungen des Paradigmenwechsels auf die Organisationseinheiten der öffentlichen Verwaltung und deren Mitglieder wurden offenbar lange Zeit deutlich unterschätzt (vgl. Nolte, 2005, 248). Das modifizierte Funktions- und Rollenverständnis der öffentlichen Verwaltung sowie deren Ökonomisierung und Managerialisierung treffen auf eine Verwaltungswirklichkeit, die in weiten Bereichen organisationstheoretisch immer noch in der Gedankenwelt Webers, Taylors und Fayols beheimatet ist (vgl. Dincher et a., 2010, 160 ff. m.w.Nw.; Nolte & Wöhner, 2012, 9), und die nach wie vor auf der Grundlage bürokratischer Leitprinzipien mehr oder weniger effizient und effektiv funktioniert. Man kann in diesem Kontext nicht oft genug betonen, dass nicht die nach rechtsstaatlichen Kriterien – auch im internationalen Vergleich – qualitativ ausgesprochen hochwertige fachliche Aufgabenerfüllung der öffentlichen Verwaltungen Deutschlands im Fokus der Staats- und Verwaltungsreformen steht, sondern primär die immer noch suboptimale Effizienz und Effektivität des Verwaltungshandelns. Es geht um ein durchaus vermeidbares Übermaß an Bürokratie, um einen wirksameren Ressourceneinsatz sowie um eine stärkere Orientierung des Staates und seiner Einrichtungen an den konkreten kollektiven Bedürfnissen unserer Gesellschaft.

Der neue „Standard" des Verwaltungsmanagements stellt dabei ausgesprochen hohe Anforderungen an die Eigenverantwortung aller Organisationsmitglieder und stellt gleichermaßen hohe Erwartungen an die Führungs- und Steuerungskompetenz sowie an die Methoden- und Sozialkompetenz der Führungskräfte (vgl. Nolte & Wöhner, 2012, 14). Dies gilt insbesondere auch für deren Organisations- und Systemkompetenz sowie für das Wissen um die Funktionsweise und nur begrenzte Planbarkeit, Berechenbarkeit und Steuerbarkeit komplexer sozialer Systeme.

Kernziel sämtlicher Reformbestrebungen ist, wie bereits dargelegt, die Steigerung von Effizienz und Effektivität des Verwaltungshandelns (vgl. König & Füchtner, 1999, 10). Im Fokus der Reformen stehen die staatlichen Handlungsergebnisse und deren Nutzen für das Gemeinwohl. Angestrebt wird eine moderne, stark leistungs- und wirkungsorientierte öffentliche Verwaltung, die ihre Aufgaben im Interesse der Gesellschaft adressatenorientiert und wirtschaftlich sowie auf einem bewährt hohen fachlichen, rechts- und sozialstaatlichen Qualitätsniveau erfüllt.

Die zentrale Reformvision ist eine öffentliche Verwaltung, die ihre Rolle als Dienstleister am Bürger, an der Gesellschaft und an der Wirtschaft erfolgreich wahrnimmt. Eine Verwaltung, die mehr leistet (Nutzen und Effektivität der Auftragserfüllung) und weniger kostet (Effizienz der Auftragserfüllung), die kundenfreundlicher ist und die auch zukünftig über leistungsfähige, leistungsmotivierte und gut qualifizierte Mitarbeiterinnen und Mitarbeiter verfügt (vgl. Dincher et al., 2010, 152 ff.; Nolte, 2005, 255 ff. m.w.Nw.).

Angestrebt wird zudem eine öffentliche Verwaltung, die eine permanente Lern- und Anpassungsbereitschaft sowie Entwicklungsfähigkeit aufweist und die sich nicht länger als wettbewerbs- und konkurrenzfreier Raum klassischer bürokratischer Prägung versteht. Die Fähigkeit zur Generierung und Anwendung neuen Wissens sowie die Fähigkeit zur Selbstorganisation und Selbststeuerung stellen Schlüsselkompetenzen moderner, wettbewerbsfähiger Organisationen dar. Diese Anforderungen gelten in entsprechendem Maße auch für die Organisationseinheiten einer lernenden öffentlichen Verwaltung.

1.3 Kernelemente der neuen, wirkungsorientierten Verwaltungssteuerung

Schwerpunkte der Verwaltungsbinnenreform sind eine höhere Effektivität (Wirksamkeit) der Aufgabenerfüllung, mehr Effizienz (Wirtschaftlichkeit) beim Einsatz der verfügbaren Ressourcen, ein besserer Service und größerer Nutzen durch stärkeren Adressatenbezug und durch eine konsequentere Fokussierung auf die Primärprozesse und Kernaufgaben (vgl. König & Füchtner, 1999, 10 ff.; Nolte, 2005, 255 ff.). Hinzu kommen der Aufbau eines zeitgemäßen Organisations- und Personalmanagements sowie eines wirksameren und adressatenorientierteren Informations- und Wissensmanagements (vgl. dazu auch Schmidt, 2009, 178 ff.).

Die Kernelemente der neuen Verwaltungssteuerung in Deutschland, deren praxisnahe und wissenschaftlich fundierte Ausgestaltung ganz wesentlich auf die grundlegenden und insbesondere in konzeptioneller Hinsicht bahnbrechenden und umfassenden Reformarbeiten der Kommunalen Gemeinschaftsstelle für Verwaltungsmanagement (KGSt) zurückzuführen ist, sind eine Führung und Steuerung durch Leistungsabsprachen (Kontraktmanagement und Zielvereinbarungsprozess) statt durch Einzeleingriffe sowie der Aufbau einer unternehmensähnlichen Führungs- und Organisationsstruktur. Weitere Kernelemente sind eine dezentrale Gesamtverantwortung durch Zusammenführung der Fach-, Prozess-, Ergebnis- und Ressourcenverantwortung, eine betriebswirtschaftlich ausgerichtete, output- und outcomeorientierte Steuerung, eine qualitäts- und nutzenorientierte Steuerung und Führung, mehr Wettbewerb (Konkurrenz) und Leistungsorientierung sowie eine entsprechende Führungs- und Verwaltungskultur (vgl. KGSt-Bericht 1993, 3 ff.; Dincher et al., 2010, 155 m.w.Nw.; Nolte & Wöhner, 2012, 30 ff. m.w.Nw.).

Die Steuerungselemente, die das NSM den Organisationseinheiten der öffentlichen Verwaltung zur Verfügung stellt und die als komplexes System von Führungs- und Steuerungsinstrumenten im weitesten Sinne verstanden werden müssen, damit sie die mit der Reform intendierte Wirkung überhaupt vollständig entfalten können, sind insbesondere (vgl. dazu auch Schneider, 2013, 30 ff.; Dincher et al., 2010, 152 ff.; KGSt-Bericht 1993, 3 ff.):

- Verantwortungsteilung zwischen Politik und öffentlicher Verwaltung
- Steuerung der Verwaltung über Kontrakte und Ziele
- Mission oder politischer Handlungsauftrag, Vision und Leitbild
- Balanced-Scorecard-Ansatz als Basis einer dynamischen und ausgewogenen Steuerung über verschiedene Zielperspektiven (Zielfelder)
- Strategisches und operatives Zielsystem (Ziel- und Ergebnissteuerung)
- Output- (Ergebnis des Handelns), Outcome- und Impactorientierung (Nutzen und Wirkung des Handelns)
- Wirkungsorientierte Steuerung mittels eines mehrstufigen Zielvereinbarungs- und Feedbackprozesses
- Gelebte Organisations- und Führungskultur im Sinne des NPM / NSM
- Changemanagement, Organisationsentwicklung und organisationales Lernen
- Leistungsorientierung und geeignete Anreizsysteme, Wettbewerb, Quasi-Wettbewerb und Wettbewerbssurrogate als aktivierende Reformelemente
- Stärkung der Eigenverantwortung und Verbesserung der Selbststeuerungs- und Selbstorganisationsfähigkeit
- Delegation unter Beachtung der Kongruenz von Aufgabe, Kompetenz und Verantwortung
- Einheit von Fach-, Prozess-, Ergebnis- und Ressourcenverantwortung
- Kongruenz von organisations-, aufgaben- und personenbezogenen Anforderungen
- Modernes strategisches und operatives Organisations- und Personalmanagement
- Verzahnung von Organisations- und Personalentwicklung
- Informations- und Wissensmanagement
- E-Government
- Umfassendes Qualitätsmanagement
- Kunden- oder Adressatenorientierung
- Service- und Dienstleistungsorientierung
- Prozessorientierung und Standardisierung
- Strategisches und operatives Controlling als zentrales Element der Managementunterstützung

- Budgetierung und Haushaltsflexibilisierung
- Kosten- und Leistungsrechnung
- Differenziertes und adressatenorientiertes Berichtswesen
- Leistungskataloge, Kennzahlen- und Indikatorensysteme
- Benchmarking, Best Practices, Leistungsvergleiche
- CAF-Selbstbewertungen
- Ideen- und Innovationsmanagement.

Die an den Prinzipien des Neuen Steuerungsmodells ausgerichtete Verwaltungsmodernisierung soll insbesondere zu einer flexiblen, dezentralen Selbststeuerung der einzelnen Organisationseinheiten der öffentlichen Verwaltung unter dem Dach einer zentralen wirksamen Rahmensteuerung oder Kontextsteuerung führen. Als weitere Basiselemente kommen eine konsequente Output- und Wirkungssteuerung (Impact und Outcome) sowie die Aktivierung der neuen Struktur durch mehr Wettbewerb und Kundenorientierung hinzu (vgl. Dincher et al., 2010, 155; Jann, 2001, 85 ff.; KGSt-Bericht 1993, 3 ff.).

1.4 Management der öffentlichen Verwaltung im Spannungsfeld zwischen technischen und institutionellen Umwelten

Die öffentlichen Verwaltungen, insbesondere die sehr eng an Recht und Gesetz gebundenen hoheitlich tätigen Verwaltungen, sind in erheblichem Maße institutionellen und politischen Umweltbedingungen ausgesetzt und bewegen sich in einem permanenten Spannungsfeld zwischen den Anforderungen rechtlicher, technischer und institutioneller Umwelten.

Dies gilt in besonderem Maße für die primär strategisch ausgerichteten Organisationseinheiten und Ebenen der öffentlichen Verwaltung. Diese befinden sich an der Schnittstelle zweier Systeme, die unterschiedliche Ziele verfolgen und entsprechende Entscheidungs-, Handlungs- und Kommunikationsmuster entwickelt haben (vgl. Hill, 2013, 229). „Verwaltungsstrukturen, die ein Höchstmaß an Sachlichkeit, Berechenbarkeit und Verlässlichkeit bieten sollen, treffen auf Vertreter des politischen Systems, dessen innere Logik vorrangig auf den Aspekten Machterhalt und Machtausbau basiert“ (vgl. Hill, 2013, 229).

An dieser Schnittstelle zwischen Politik und Verwaltung trifft „Weber auf Machiavelli“ (vgl. Hill, 2013, 229). „Nicht selten wird daher aus der Verwaltung heraus über die „politische Bande“ gespielt oder das politische System versucht, seinerseits in administrative Prozesse „hineinzuregieren“ oder die Verwaltung im politisch-institutionellen Sinne zu gestalten“ (vgl. dazu ausführlich Hill,

2013, 229). Der gesamte Modernisierungs- und Entbürokratisierungsprozess basiert daher letztlich auf dem erklärten politischen Willen zur Durchsetzung der Inhalte der allgemeinen Staats- und Verwaltungsreform einschließlich der zu beachtenden Regeln, Werte und Normen. Dies gilt auch für die Reform der Bundesverwaltungen, deren Umsetzungserfolge bis heute noch insgesamt hinter den zum Teil sehr beachtlichen Ergebnissen der Landes- und Kommunalverwaltungen zurückbleiben.

Nach mehr als 20 Jahren New Public Management und „neuer" Verwaltungssteuerung kommt den Reform- und Modernisierungsansätzen mittlerweile selbst, zumindest in faktischer Hinsicht, eine Art institutionelle Wirkung zu. Der politisch erzeugte, formale und aus Sicht der betroffenen Behörden externe Veränderungsdruck war in der Vergangenheit insgesamt nicht hoch und konstant genug, um einen angemessenen und nachhaltigen internen Veränderungs- und Anpassungsdruck innerhalb der Organisationseinheiten aufzubauen. Es ist daher nicht verwunderlich, dass diverse und durchaus bemerkenswerte Reformerfolge – trotz einer institutionell veranlassten Ökonomisierung und Managerialisierung der Verwaltung – nicht primär auf der Erlangung spezifischer Wettbewerbsvorteile beruhen, sondern auf der politisch geforderten Konformität mit (institutionalisierten) normativen Regeln. Erst diese formale Anpassung an die politischen Vorgaben verschafft den öffentlichen Einrichtungen die erforderliche Unterstützung und Akzeptanz (vgl. dazu ausführlich Walgenbach, 2006, 360 ff.). Viele öffentliche Verwaltungen adaptieren daher die strukturellen Elemente der Reform, weil sie durch den politisch manifestierten Willen legitimiert sind, weniger aber wegen deren technischer insbesondere wettbewerbsbedingter Effizienz (vgl. Walgenbach, 2006, 365; Nolte & Wöhner, 2012, 23).

Häufig fehlt auch die Einsicht in die Notwendigkeit der geforderten grundlegenden Veränderungen sowie in die Wirkung und die Funktion der Reformelemente.

Eine umfassende Auseinandersetzung mit den Themenfeldern Rechtmäßigkeit, Zweckmäßigkeit und Wirtschaftlichkeit des Verwaltungshandelns, die das Ziel einer dringend notwendigen Harmonisierung und Priorisierung der verschiedenen Zielfelder, Zielperspektiven und Reformanforderungen zum Gegenstand haben sollte, ist in vielen öffentlichen Verwaltungen immer noch nicht oder allenfalls nur ansatzweise erfolgt. Hier besteht nach wie vor erheblicher Handlungsbedarf. Es geht darum, die (vermeintlichen) Widersprüche, Ambiguitäten und Zielkonflikte, die sich aus dem (ungeklärten) Nebeneinander unterschiedlichster Zielfelder und Zielperspektiven ergeben, im Sinne des Primats einer möglichst effizienten und effektiven rechtsstaatlichen Aufgabenerfüllung aufzulösen.

1.5 Management des Wandels, Innovation und Organisationslernen

1.5.1 Von der Industrie- zur Informations- und Wissensgesellschaft

Eine der prägenden Erscheinungen der heutigen, globalisierten und „digitalen" Welt ist die extrem dynamische Entwicklung der Informations- und Kommunikationstechnologie, die derzeit zu einem strukturellen Wandel der traditionellen Industriegesellschaften hin zu so genannten Informations- und Wissensgesellschaften führt (vgl. Thom & Harasymowicz-Birnbach, 2005, 15 m.w.Nw.). Informationen und Wissen werden im Zuge dieser paradigmatischen Veränderung zur zentralen strategischen Ressource und somit zum kritischen Erfolgsfaktor gegenwärtiger und zukünftiger Organisationen. Soziale Systeme müssen sich in einer Art von Koevolution mit ihrer wandelbaren Systemumwelt befinden (vgl. König & Volmer, 2000, 232). Auch die Organisationseinheiten der öffentlichen Verwaltung stellen produktive soziale Systeme dar, die nicht unabhängig von der Komplexität und Dynamik der Umsysteme und den dadurch entstehenden Bedingungsgrößen gedacht werden können (vgl. Thom & Ritz, 2012, 352).

Der entscheidende Erfolgsfaktor für das Überleben von (sozialen) Systemen liegt in deren Fähigkeit, notwendige Veränderungen vorwegzunehmen und sich den veränderten Rahmenbedingungen und Kontextfaktoren möglichst proaktiv und rechtzeitig anzupassen (vgl. König & Volmer, 2000, 222 ff.).

Zusammen mit der Strategie der Organisation und der Organisationsstruktur stellt das Umfeld, in dem die Organisation agiert, die dritte Leistungsdeterminante dar (vgl. dazu auch Roberts, 2007, 25). Entscheidend für den Erfolg und die Leistung der Organisation ist somit nicht nur die bloße Anpassungsfähigkeit des Systems, sondern auch dessen Fähigkeit, die maßgeblichen Rahmenbedingungen und Umfeldfaktoren im Sinne der Organisation und des Systemzwecks zu beeinflussen oder sogar weitestgehend selbst zu gestalten.

Auch in der modernen Informations- und Wissensgesellschaft liegt die Antwort auf die Frage nach der bestmöglichen Überlebenschance für produktive soziale Systeme nach wie vor in der Erzielung der entscheidenden Differenz (Wettbewerbsvorteil) gegenüber den Konkurrenten (vgl. Thom & Harasymowicz-Birnbach, 2005, 16). „Diese Differenz kann jedoch nicht mehr nur aufgrund allgemein zugänglicher Ressourcen oder bisher existierender Wettbewerbsstrukturen erreicht werden, erst die bewusste und gezielte Bewirtschaftung des wertschöpferischen Wissens (Wissen als Produktionsfaktor und Schlüsselressource) befähigt die neuen wissensbasierten Organisationen dazu, das eigene Innovationstempo angemessen beschleunigen zu können und dadurch wettbewerbsfähiger zu bleiben oder zu werden" (vgl. Thom & Harasymowicz-Birnbach, 2005, 16 m.w.Nw.).

Der zuvor beschriebene strukturelle Wandel der Gesellschaft wirkt sich nicht nur auf den privaten, sondern auch zunehmend auf den gesamten öffentlichen Sektor aus. Auch die Probleme, die der Staat und die öffentlichen Verwaltungen zu lösen haben, werden immer komplexer, umfangreicher und vernetzter (vgl. Thom und Harasymowicz-Birnbach, 2005, 17). Es ist daher Bergmann und Daub (2008, 302) zuzustimmen, dass ein intelligentes Innovations- und Kompetenzmanagement sowie ein zeitgemäßes Lern- und Wissensmanagement zukünftig in immer stärkerem Maße die „Spreu vom Weizen" trennen wird.

Ob in der Privatwirtschaft oder in der öffentlichen Verwaltung sind „Höchst- oder Bestleistungen" insbesondere auf folgenden Wegen zu erreichen und auf lange Sicht zu stabilisieren: Durch hervorragende, am konkreten Nutzen des Abnehmers orientierte Dienstleistungen sowie durch permanentes Lernen und permanente Innovation (vgl. Peters & Austin, 1986, 26).

1.5.2 Dualität von Fremd- und Selbstorganisation sowie von extrinsischer und intrinsischer Steuerung der öffentlichen Verwaltung

Wandel und Innovationen sind allerdings nicht per se etwas Positives, Innovation bildet jedoch eine Basis für positive Entwicklungen von Menschen, sozialen Systemen (Organisationen), Netzwerken und sogar ganzen Regionen (vgl. Bergmann & Daub, 2008, V). Die Entstehung von „Neuem" ist immer ein selbstorganisatorischer, innovativer und kreativer Prozess, der entsprechende Kompetenzen benötigt. Kennzeichnet man in Anlehnung an Bergmann und Daub (2008, V) Kompetenzen (im organisationalen Sinne) generell als Selbstorganisationsdisposition des Handelns von Systemen und nicht nur als bloße Fähigkeiten, Qualifikationen oder als selbstorganisierte Problemlösungsfähigkeit, die einem Akteur oder Kollektiv (von außen) zugeschrieben wird, dann ist es verständlich, dass gerade diese Kompetenzen im Zentrum individueller und kollektiver Lern- und Anpassungsprozesse stehen (vgl. Bergmann & Daub, 2008, V).

Die Wirksamkeit und der Erfolg organisatorischer Veränderungen hängen in hohem Maße von der Selbstorganisations- und Selbststeuerungsfähigkeit des jeweiligen Systems sowie von der Lern- und Entwicklungsfähigkeit der Organisationsmitglieder, insbesondere der für den Reformerfolg verantwortlichen Führungskräfte und Promotoren des Wandels ab.

Mit Selbstorganisations- und Selbststeuerungsfähigkeit ist in diesem Kontext die Kompetenz eines sozialen Systems gemeint, auch in sehr dynamischen, äußerst komplexen und sich permanent wandelnden Umwelten dauerhaft erfolgreich bestehen und im Sinne des Systemzwecks (hier: Sicherung und Gewährleistung der Daseinsvorsorge und Maximierung des Gemeinwohls als übergeordneter öffentlicher Systemzweck) handeln zu können.

Ausgangspunkt dieser Betrachtung ist die Dualität von konstruierter und fremdbestimmter Ordnung einerseits und einer sich weitestgehend selbst entwickelnden, kreativen Ordnung andererseits.

Auch Schneider (2013, 7 ff.) hebt völlig zu Recht die Bedeutung der so genannten Public Corporate Creativity als die kreative und innovative Fähigkeit öffentlicher Organisationen zur Entwicklung neuer Ideen und Konzepte hervor. In Anlehnung an Schneider (2013, 8) hängt die Ausprägung der Public Corporate Creativity einer öffentlichen Organisation auch davon ab, wie umfassend das Neue Steuerungsmodell eingeführt wurde. In dieser Aussage Schneiders wird deutlich, dass es ganz offensichtlich auch aus seiner Sicht einen engen Zusammenhang zwischen einem ganzheitlichen, systemischen New-Public-Management-Ansatz als Reformkontext und den Chancen zu mehr Innovation, Kreativität und Organisationslernen in der öffentlichen Verwaltung gibt.

Traditionelle bürokratische oder technokratische Konstrukte wie die regelgesteuerten Organisationseinheiten der öffentlichen Verwaltung mit hoher Zweckrationalität und einfachen, streng hierarchischen Strukturen, genau definierten Zuständigkeiten und abgegrenzten Funktionalitäten stellen in der Grundausrichtung – durch den Normgeber – fremdorganisierte (exogen) und primär extrinsisch gelenkte Systeme dar. Moderne, extrem leistungs- und wandlungsfähige Organisationen, die in sehr dynamischen und komplexen Umwelten agieren und deshalb mit einer hohen eigenen Komplexität und einer entsprechenden Eigenvarietät ausgestattet sein müssen, weisen demgegenüber häufig zentrale Merkmale von sich selbst organisierenden und selbst regulierenden Systemen auf. Der Begriff „Komplexität“ ist mittlerweile zu einem zentralen Aspekt der modernen Managementliteratur geworden. Er ist am besten zu erfassen, indem man ihn vom Begriff „kompliziert“ terminologisch abgrenzt (vgl. Steiger, 2004, 32). Kompliziert ist etwas, das zwar schwer verständlich und schwer zu durchschauen ist, von vielen Faktoren beeinflusst wird und selbst auch viele andere Faktoren beeinflusst, wo den Abhängigkeiten aber eindeutige Gesetzmäßigkeiten zu Grunde liegen (vgl. Steiger, 2004, 32). Aufgrund dieser Gesetzmäßigkeiten werden komplizierte Probleme oder Sachverhalte durch aufwändige Erhebungen und Analysen sowie eine Zerlegung in geeignete Teilaspekte lösbar und handhabbar. Der Begriff „Komplexität“ beinhaltet zudem ein hohes Maß an Eigendynamik, Vernetzung, Multikausalität, Intransparenz und Eigensinn (vgl. auch Steiger, 2004, 33).

Die besonders anpassungs- und entwicklungsfähigen Systeme, die sehr komplexen, sich ständig wandelnden Umweltanforderungen ausgesetzt sind, sind endogen organisiert und primär intrinsisch gelenkt. Ihre innere Ordnung (Regelmäßigkeiten im Verhalten der Systemelemente) ist auch spontan und die strukturellen Entwicklungen sind eher polyzentrischen Ursprungs. Die notwendigen Anpassungen, Lernprozesse und Veränderungen erfolgen aus dem System selbst heraus, quasi aus „eigenem Antrieb" und aus „eigener Einsicht". Die notwendigen Impulse zur Einleitung von Veränderungs- oder Changeprozessen unterschiedlichster Art und Intensität entstehen auf nahezu allen Ebenen der Organisation und in allen Teilen und Bereichen des Systems und seiner Subsysteme.

Auch die öffentlichen Verwaltungen in Deutschland agieren schon lange nicht mehr in den gewohnt stabilen und relativ sicheren Umwelten des letzten Jahrhunderts. Die Systemumwelt der öffentlichen Verwaltungen ist zwar bei weitem noch nicht so dynamisch, komplex und unberechenbar wie die technischen Umwelten eines globalisierten Marktes, in denen sich die wettbewerbsorientierten Unternehmen der Privatwirtschaft permanent behaupten müssen, sie sind aber auch infolge der Globalisierung, Digitalisierung und Vernetzung bei weitem nicht mehr so planbar und berechenbar wie in der Vergangenheit.

Der hier vertretene systemische Reformansatz zu mehr Selbstorganisation und Selbstregulierung der öffentlichen Verwaltungen in Deutschland bedeutet jedoch nicht das Fehlen von Ordnung und Struktur oder eine völlige Absage an die traditionellen Formen der Führung und Steuerung. Selbstorganisation im Kontext einer zeitgemäßen, ganzheitlichen und integrativen Management- und Organisationslehre für die öffentliche Verwaltung bedeutet vielmehr eine sinnvolle und nutzbringende Verschiebung der Grenzen zwischen exogenen und endogenen Organisationsansätzen, zwischen extrinsischer und intrinsischer Lenkung des Systems und zwischen einer eher starren bürokratischen Regel- und Detailsteuerung und einer deutlich flexibleren Steuerung der öffentlichen Organisationen „auf Abstand" (Kontraktmanagement, Ziel- und Ergebnis- sowie Wirkungssteuerung, dezentrale Verantwortung der Organisationseinheiten). Es geht um die Schaffung eines übergeordneten, verbindlichen Handlungs- und Gestaltungsrahmens im Sinne einer wirksamen (zentralen) Kontextsteuerung, der Definition geeigneter Entscheidungsprämissen, um die Transparenz der Mission, der Strategie und der daraus abgeleiteten konkreten Handlungs- und Leistungsziele der jeweiligen Organisation sowie um die dezentrale Verantwortlichkeit für den Weg der Zielerreichung, den Ressourceneinsatz und den jeweiligen Organisationserfolg.

Wirksames, zukunftsorientiertes und kreatives Verwaltungsmanagement bedeutet: „Nur noch so viel fremdbestimmte Ordnung und Kontextsteuerung (auf der strategischen Makroebene) wie nötig und so viel selbstbestimmte Ordnung und Steuerung (auf der operativen Mikroebene) wie möglich."

Selbstorganisation bedeutet keine vollständige Abkehr von den in der Verwaltungspraxis langjährig bewährten Erkenntnissen und Instrumenten der klassischen Organisationslehre. Vor allem die so genannte autonome oder teilautonome Selbstorganisation schließt sich sehr eng an die neueren traditionellen Ansätze und Modelle an (vgl. dazu ausführlich Dietrich, 2001, 229 m.w.Nw.). Es ist Dietrich (2001, 229) zuzustimmen, dass gerade die Einführung der autonomen Selbstorganisation mit einer bewussten Erweiterung der Handlungs- und Gestaltungsspielräume wirksam durch geeignete fremdorganisatorische Maßnahmen, insbesondere durch geeignete Kontextfaktoren und Entscheidungsprämissen, unterstützt werden kann. Im Gegensatz zur autonomen, durch fremdorganisatorische Handlungen direkt forcierbaren Selbstorganisation, kann auf die so genannte autogene Variante der Selbstorganisation nur mittelbar oder indirekt, zum Beispiel durch Schaffung von lern- und entwicklungsfreundlicheren Rahmenbedingungen auf der Metaebene oder durch Gestaltung einer innovativeren und kreativeren Organisationskultur, Einfluss genommen werden (vgl. dazu auch Dietrich, 2001, 229). Selbst wenn die Idee von einem sich nahezu vollständig im autogenen Sinne selbststeuernden, selbstregulierenden und selbstorganisierenden produktiven sozialen System auch aus der praktischen Managementperspektive ausgesprochen reizvoll erscheint, so geht es – unter Berücksichtigung der vorhandenen bürokratischen Strukturen und Verhaltensmuster – in der Verwaltungswirklichkeit nicht ohne eine professionelle Ausdifferenzierung und Zuordnung bestimmter zentraler Managementfunktionen (in diesem Sinne auch Dietrich, 2001, 235). Organisieren bleibt auch nach Auffassung von Dietrich (vgl. 2001, 235 unter Hinweis auf Ulrich) eine ganz wesentliche Managementfunktion, die von den jeweiligen Führungskräften und Organisatoren zu erfüllen ist.

Da sämtliche Systemtypen auf einer Kombination von Elementen einer geplanten oder taxischen Ordnung und Elementen einer kreativen, spontanen Ordnung beruhen, bleibt es Aufgabe des Managements, bestimmte Aspekte des Systems durch Anordnungen so zu organisieren, dass gerade diese Anordnungen zielgerichtet insbesondere auch die spontanen, kreativen Organisationsformen ermöglichen und – sofern erforderlich – sogar begünstigen und fördern (vgl. Mayer, 2003, 50 ff. unter Hinweis auf Hayek und Malik).

Auch nach Auffassung von Belker (2000, 210 ff.) verhalten sich Fremdorganisation und Selbstorganisation komplementär zueinander. Selbstorganisation ist insofern kein neuer Managementansatz, sondern ein „Prinzip des

Wünschenswerten" (vgl. Belker, 2000, 215). Die prinzipiell wünschenswerte Nutzung der Eigensteuerungskraft von sozialen Systemen lässt aber, wie bereits dargelegt, keineswegs den Schluss zu, dass Selbstorganisation andere Formen der Organisation ersetzen kann oder sollte. Formen der Fremdorganisation sind insbesondere in bürokratisch geprägten produktiven Systemen notwendig, da eine ausschließlich spontane Ordnung, eine evolutionäre Selbststeuerung oder eine vollständige Selbstorganisation zumindest die partielle, zeitweilige Auflösung notwendiger Strukturen zur Konsequenz hätte und dadurch die notwendige Stabilität sowie langfristig der Bestand des produktiven sozialen Systems gefährdet werden könnte. Steuerungsmaßnahmen müssen daher das Gesamtsystem schützen, damit die Subsysteme im Hinblick auf die organisationale Zielerreichung optimal koordiniert werden und so in die gleiche, erwünschte Richtung wirken können (vgl. Belker, 2000, 214 unter Hinweis auf Pinkwart und Kieser). Die wirksame Verzahnung von Fremd- und Selbstorganisation sowie von exogenen und endogenen Steuerungsmechanismen lässt sich in Anlehnung an Liebig (1997, 103 ff.) in folgender Aussage zusammenfassen: „Steigerung der Vielfalt durch Wahrung der organisationalen Einheit."

Im Zusammenhang mit Selbstregulierung und Anpassungsfähigkeit von Organisationen als sozialen Systemen ist auch zu berücksichtigen, dass die Organisationseinheiten der öffentlichen Verwaltung sich selbst infolge ihrer traditionellen bürokratischen Prägung und Sozialisierung quasi als wettbewerbsfreier Raum verstehen, deren Existenz und Fortbestand nach erfolgter Errichtung quasi „automatisch" und auf Dauer sichergestellt ist (vgl. Nolte & Wöhner, 2012, 46; Nullmeier, 2011, 150 ff.). Daher greifen die primär betriebs- und marktwirtschaftlich ausgerichteten, technischen und rationalen Modernisierungsansätze des New Public Management nur dann, wenn zugleich ein grundlegendes Verständnis der Systemmitglieder für die Funktionsweise, die Sinnhaftigkeit und den Wirkungszusammenhang der eingeleiteten Reformmaßnahmen und der implementierten Instrumente und Methoden der neuen Verwaltungssteuerung vorhanden ist. Die neuen Formen der Führung und Steuerung, einschließlich einer stärkeren Wettbewerbs-, Konkurrenz- und Leistungsorientierung, müssen vom System adaptiert und als integraler Bestandteil des systemeigenen Regelwerks und der Organisationskultur akzeptiert, gelebt und weiterentwickelt werden.

Da in der öffentlichen Verwaltung Deutschlands bis heute weder die normalen Marktmechanismen noch die Folgen eines simulierten oder virtuellen Wettbewerbs, einschließlich Benchmarking und Best Practices, insbesondere auf der Bundesebene wirklich greifen und auch keine sonstigen konkreten Existenzgefährdungen der bürokratischen Strukturen vorliegen, bleiben auch die in der Privatwirtschaft überlebensnotwendigen und damit selbstverständlichen

Anpassungs-, Lern- und Entwicklungsprozesse sowie die dringend notwendigen Selektionsprozesse weitestgehend aus. Dort, wo eine Organisation ihre Existenz infolge eines fehlenden realen Wettbewerbs, nahezu unwirksamer Wettbewerbssurrogate und kaum spürbarer struktureller, personeller und wirtschaftlicher Konsequenzen überhaupt nicht bedroht sieht und zudem der notwendige Mittelzufluss, selbst bei ausbleibenden Reformerfolgen und defizitärem Leistungsangebot, immer noch – zumindest kurz- bis mittelfristig – gewährleistet ist, scheiden die Kriterien Überlebens- und Existenzsicherung als „Motoren eines permanenten Wandels" aus (vgl. Nolte & Wöhner, 2012, 46). Diese Kriterien müssen dann so weit wie möglich durch das Steuerungskriterium „organisationaler Sinn" und eine stärker intrinsisch basierte Form der Lenkung ersetzt werden.

Dem Element der „Sinnstiftung" oder der „Vermittlung von Sinn" kommt im Rahmen des Paradigmenwechsels und der damit verbundenen Neuausrichtung der öffentlichen Verwaltungen zukünftig somit eine noch zentralere Rolle zu (vgl. dazu auch Liebig, 1997, 134 ff.; Schäfer, 2005, 30 ff.). Nur dann, wenn es organisationsbezogen gelingt, den Systemmitgliedern den Sinn und Zweck der Verwaltungsreformen, einschließlich eines gesunden Wettbewerbs-, Konkurrenz- und Leistungsverhaltens, sowie eine Einsicht in die Notwendigkeit der politisch, gesellschaftlich und ökonomisch gewollten Maßnahmen als Bestandteil der eigenen Verwaltungskultur nahezubringen, kann innerhalb der Organisationseinheiten der öffentlichen Verwaltungen dauerhaft eine entsprechend hohe Lern- und Veränderungsbereitschaft und ein zumindest angemessener interner Entwicklungs- und Veränderungsdruck entstehen (vgl. Nolte & Wöhner, 2012, 57).

Da die bereits implementierten neuen Steuerungsinstrumente und Reformelemente zudem häufig aus ihrem ursprünglichen Wirkungsgefüge herausgerissen und als isolierte „Insellösungen" eingeführt wurden, entfalten die vorhandenen Reformrudimente allenfalls einen Bruchteil der möglichen synergetischen Wirkung des Gesamtsystems. Auch für Führungs- und Steuerungssysteme (Managementsysteme) gilt der Grundsatz: Ein System ist (im synergetischen Sinne) mehr als die Summe seiner einzelnen Bestandteile oder Elemente.

Im Zusammenhang mit der Entwicklungs- und Innovationsfähigkeit sowie der Fähigkeit zur Generierung neuen Wissens und neuer Kompetenzen ist auch zu berücksichtigen, dass im Rahmen der bundesweiten Modernisierung und Entbürokratisierung die Ökonomisierung und Managerialisierung des gesamten öffentlichen Sektors im Vordergrund stehen. Aus diesem Grund sind die wahrzunehmenden Führungs- und Leitungsaufgaben nicht mehr vorrangig rechtlicher Natur, sondern in zunehmendem Maße auch betriebswirtschaftlich und sozialwissenschaftlich geprägt. Dies führt zu deutlich veränderten

Anforderungs-, Kompetenz- oder Skillprofilen für Führungskräfte aber auch zu deutlich veränderten Erwartungen an das Verhalten der sonstigen System- oder Organisationsmitglieder, insbesondere im Rahmen des Empowerments, einer konsequenten Delegation und einer erweiterten Eigenverantwortung der Mitarbeiterinnen und Mitarbeiter.

Erfolgreiches Verwaltungsmanagement im Sinne einer umfassenden Handlungs- und Führungskompetenz setzt neben den erforderlichen sozialen, systemischen und persönlichen Kompetenzen der Führungskräfte auch interdisziplinär angelegte Fachkompetenzen sowie für den Bereich der Führung und Steuerung angemessene methodische und instrumentale Kompetenzen sowie ein funktionsangemessenes Management- und Organisationswissen voraus (vgl. Nolte & Wöhner, 2012, 31). Dies gilt insbesondere auch für die organisatorischen Möglichkeiten und Wirkungen des gezielten Einsatzes der modernen Informations- und Kommunikationstechnologie sowie für die realistische Bewertung von Chancen und Risiken einer zunehmend durch standardisierte IT-Prozesse geprägten, stark pfadabhängigen öffentlichen Aufgabenerledigung. Genau dieses erfolgskritische Wissen und reformnotwendige Verständnis fehlen aber nach wie vor in weiten Teilen der öffentlichen Verwaltungen.

Von zentraler Bedeutung für das Verständnis des gesamten staatlichen Reform- und Modernisierungsprozesses und Basis einer wirksamen, zielgerichteten Kommunikation sind zudem die Inhalte der Begriffe Management, Führung und Steuerung (vgl. dazu auch Nolte & Wöhner, 2012, 33).

Der Inhalt dieser Begriffe bestimmt letztlich die konkreten Aufgaben und Funktionen, die mit der Führung von Personal und der Steuerung von Organisationseinheiten und deren Leistungsprozessen verbunden sind sowie die Anforderungen an die Wahrnehmung der Führungsrolle und das Selbstverständnis der Führungskräfte.

Der Inhalt der Begriffe prägt aber auch die Art und Weise der Aufgabenwahrnehmung durch die Organisation und die Organisationsmitglieder sowie die Anforderungen und Erwartungen der Mitarbeiterinnen und Mitarbeiter an die jeweiligen Führungskräfte und an die Organisation (vgl. Nolte & Wöhner, 2012, 33 ff.).

2. Aspekte des Managements

2.1 Definition des Managementbegriffs

Die Begriffe Management sowie Führung und Steuerung sind äußerst vielschichtig und werden in Theorie und Praxis immer noch höchst unterschiedlich interpretiert. Zudem lässt sich der Begriff Management im deutschen Sprachgebrauch ohnehin kaum allgemeinverbindlich definieren. Dennoch ist es erforderlich, zumindest innerhalb einer Organisation oder innerhalb eines Verbundes („Population") gleichartiger Organisationen, ein möglichst einheitliches Verständnis der Führungskräfte und der sonstigen Systemmitglieder von Führung, Steuerung und Management zu erreichen.

Begriffe sind Hilfsmittel des Denkens und ordnen den verwendeten Worten bestimmte Inhalte zu. Sie werden individuell mit unterschiedlichen Bedeutungen belegt (vgl. Wilms, 2001, 58 m.w.Nw.). „Erst die Domäne des Wortes, dem eine gemeinsam geteilte Bedeutung zukommt, ermöglicht es, einen Sachverhalt zu begreifen, in einen Kontext zu stellen und zu erklären" (Schneider, 2013, 75 m.w.Nw.).

Zielgerichtete und wirksame Kommunikation setzt zunächst immer eine angemessene Verständigung über die maßgeblichen Bedeutungsinhalte der verwendeten Begriffe und die Nutzung einer einheitlichen Terminologie voraus (vgl. Nolte & Wöhner, 2012, 33).

Der Einfluss der Sprache auf das Verhalten der Organisationsmitglieder ist insbesondere in grundlegenden Lern- und Entwicklungsprozessen nicht zu unterschätzen, da der Gebrauch unterschiedlicher Begriffsdefinitionen in der Praxis oftmals notwendige Veränderungen, die über den eigenen Funktions- und Verantwortungsbereich hinausgehen, erschwert oder sogar verhindert (vgl. Bertels, 2008, 88). Sprachbarrieren und unterschiedliche Begriffsinhalte werden nach Bertels (2008, 88) häufig dazu genutzt, verschiedenartige Sichtweisen und Wertmaßstäbe aufrechtzuerhalten, funktionsbezogene, individuelle „Optimierungen" zu Lasten der Gesamtorganisation durchzuführen, „Informationsburgen" zu verteidigen und Kritikpotenzial zu verschleiern. Gemeinsame Lern- und Entwicklungsprozesse benötigen neben gemeinsamen Werten (Valuing) und gemeinsamen Vorstellungen und Zielen (Visioning) insbesondere eine gemeinsame Sprache (Languaging) mit einer möglichst einheitlichen Sprachregelung (vgl. in diesem Sinne auch Bertels, 2008, 89). Die verbindliche Definition der Inhalte der für das Führungs- und Steuerungsverständnis und das Verhalten der Führungskräfte grundlegenden Begriffe stellt daher auch im Rahmen der

Strukturreformen und des Managements der öffentlichen Verwaltung eine Notwendigkeit dar und ist integraler Bestandteil einer wirksamen Kontext- oder Rahmensteuerung. Dennoch ist zu berücksichtigen, dass die Begriffe Management, Führung und Steuerung nicht als für alle Zeit feststehende Begriffe aufgefasst werden können. Das Verständnis von Management unterliegt vielmehr fortwährenden Anpassungs- und Entwicklungsprozessen im Sinne eines so genannten „moving concepts" (vgl. Liebig, 1997, 7).

2.2 Institutionaler, dimensionaler und funktionaler Managementbegriff

Üblicherweise gliedert sich der Managementbegriff, der seinem ursprünglichen Wortsinn nach so viel bedeutet wie handhaben, gebrauchen oder lenken, in einen institutionalen, einen dimensionalen und einen funktionalen oder instrumentellen Aspekt (vgl. Heuermann & Tomenendal, 2011, 21; Götz & Schmid, 2004, 210).

<u>Gliederung des Managementbegriffs</u>:

- **<u>institutional</u> (das Management als Träger der Managementaufgaben)**
- **<u>dimensional</u> (die Struktur der Managementebenen und Managementbereiche)**
- **<u>funktional oder instrumentell</u> (die einzelnen Managementtätigkeiten oder die sach- und personenbezogenen Managementfunktionen)**

In Anlehnung an Wolf (2013, 47) und Dincher und Scharpf (2012, 1) kann der Managementbegriff zunächst in eine instrumentelle (funktionale) Komponente (Führung und Leitung von sozialen Systemen) und in eine institutionale Komponente (Gruppe von Personen, der die Führung und Leitung sozialer Systeme obliegt) gegliedert werden. Der Managementbegriff kann sich dabei grundsätzlich auf soziale Systeme unterschiedlichen Typs beziehen (vgl. Wolf, 2013, 46 ff.; Staehle, 1999, 71).

2.2.1 Institutionale Perspektive

Management im institutionalen Sinne bezeichnet die Träger der Managementaufgaben, also die Führungskräfte oder das Management.

Dieser Aspekt des Managementbegriffs umfasst die Gesamtheit der betrieblichen Führungskräfte und hebt auf die Träger, Organe oder Personen (Manager) der Unternehmensführung und damit auf strukturelle Beziehungen ab. Gemeint ist mit Management die Gruppe von Personen, die in einer Organisation mit Anweisungsbefugnissen betraut ist (vgl. Schreyögg & Koch, 2007, 6; Steinmann & Schreyögg, 2000, 6; Wolf, 2013, 47). Die Managerinnen und Manager sind die Träger von Unternehmensführungsentscheidungen und bilden dadurch die Institution „Unternehmensführung" (vgl. Macharzina & Wolf, 2008, 37).

2.2.2 Dimensionale Perspektive

Der dimensionale Managementbegriff stellt demgegenüber die Betrachtung der verschiedenen Managementebenen in den Vordergrund. Hier geht es um die Dimension des Verantwortungs- oder Leitungsbereichs (Gesamtorganisation, Organisationsbereiche wie Abteilungen, Gruppen, Referate, Arbeitsbereiche, Sachgebiete, Fachgebiete oder Teams) und um die Einordnung in die hierarchische Struktur der Organisation.

2.2.3 Funktionale oder instrumentelle Perspektive

Management im funktionalen oder instrumentellen Sinne bezeichnet die Wahrnehmung von Führungs- und Steuerungsaufgaben, die so genannten Managementtätigkeiten oder Managementfunktionen (vgl. Heuermann & Tomenendal, 2011, 27; Wolf, 2013, 47). Der Funktionalansatz knüpft unabhängig von einer Fixierung auf bestimmte Positionen oder Ebenen an die Handlungen an, die der Steuerung des Leistungsprozesses dienen (vgl. Steinmann & Schreyögg, 2000, 6). Von grundlegender Bedeutung ist – in Anlehnung an Koontz und O' Donnel – der so genannte Fünferkanon der Managementfunktionen: Planung, Organisation, Personaleinsatz, Führung und Kontrolle (vgl. Steinmann & Schreyögg, 2000, 8 m.w.Nw.).

Diese Managementfunktionen oder Phasen bauen aufeinander auf und stellen einen logischen Prozess dar: Der Planungsphase (Entwurf einer Soll-Ordnung) folgt zunächst die Organisationsphase (Schaffung eines zielgerichteten strukturellen und prozessualen Handlungsgerüsts). Danach folgen die Personaleinsatzphase (Besetzung der Stellen mit geeignetem Personal) und die Führungsphase (zielgerichtete Ausrichtung der Einzelhandlungen). Die letzte Phase des so konzipierten Managementprozesses stellt dann die Kontrolle als Soll-Ist-Vergleich dar (vgl. dazu ausführlich Steinmann & Schreyögg, 2000, 8 ff.).

Die Managementfunktionen lassen sich wiederum in die **sachbezogenen** Aspekte (Steuerung) und die **personenbezogenen** Aspekte (Führung) unterteilen.

Management – im sachbezogenen Sinne der betrieblichen Ziel- und Mittelentscheidungen – kann als ein Prozess verstanden werden und somit als eine sinnvolle Abfolge einzelner Funktionen (Phasen).

Der so genannte sachbezogene Management-Zyklus oder Management-Kreis wird häufig in die Phasen Zielsetzung, Planung, Entscheidung, Realisation und Kontrolle gegliedert (vgl. dazu Dincher et al., 2010, 51). Nur in einer sehr weiten, aber in der Praxis durchaus gängigen Definition des Begriffs „Führung" entsprechen die Begriffe Führung und Management einander.

Dieser weiten Definition des Begriffs „Führung" im Sinne von Unternehmensführung soll hier nicht uneingeschränkt gefolgt werden, da viele öffentliche Verwaltungen, insbesondere auch viele Bundesverwaltungen, bereits eine begriffliche und inhaltliche Differenzierung der Begriffe Führung und Steuerung im Rahmen ihrer Leitbilder und ihrer Managementsysteme vorgenommen haben.

Der Managementbegriff (im Sinne von Unternehmensführung) stellt den Oberbegriff dar, der in seiner Personaldimension die (direkte) Personal- oder Mitarbeiterführung, in seiner Sachdimension die (indirekte) „Steuerung" oder „Leitung" der betrieblichen Abläufe und des betrieblichen Geschehens im Sinne des Begriffs „Betriebsführung" umfasst. Diese beiden Dimensionen des Managementbegriffs sind in der folgenden Abbildung dargestellt:

Abbildung 1: Personal- und Sachdimension des Managementbegriffs

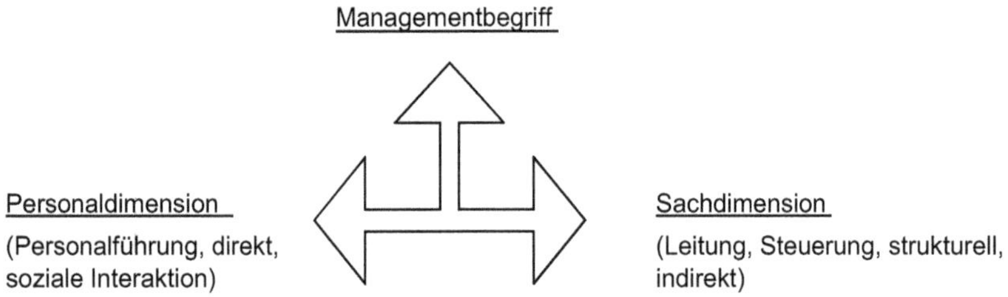

2.3 Sach- und personenbezogene Aspekte des Managements im Kontext moderner Organisations- und Personalentwicklung

2.3.1 Personalfunktion des Managements (Führung)

Als Personalfunktion ist Führung (anthropozentrischer, personenbezogener Aspekt des Managementbegriffs) die situationsbezogene, zielorientierte Beeinflussung der Mitarbeiter oder das direkte, persönliche, ziel- oder zweckorientierte Einwirken auf das Verhalten von Menschen (vgl. Ridder & Schirmer, 2011, 207; Link, 2011, 3 ff.). Man kann unter Personalführung auch allgemein einen zielgerichteten kommunikativen Prozess der Einflussnahme auf die Mitarbeiterinnen und Mitarbeiter zum Zwecke der Leistungsgewinnung verstehen (vgl. Dincher et al., 2010,125).

Auch Link (2011, 3 ff.) differenziert zwischen der so genannten strukturellen Führung (indirekte Verhaltensbeeinflussung über Führungssysteme) und der persönlichen Führung (direkte Verhaltensbeeinflussung über soziale Interaktion). Persönliche (direkte) Führung und strukturelle (indirekte) Führung substituieren, ergänzen und beeinflussen sich situations- und kontextbezogen wechselseitig.

Die grundlegenden Elemente der Personalführung sind eine soziale Beziehung zwischen mindestens zwei Personen, ein Einwirken der Führungskraft auf den oder die Geführten zum Zwecke der Verhaltenssteuerung sowie eine Zielrichtung oder eine Zielbezogenheit der Einwirkung (vgl. Dincher et al., 2010, 125; vgl. Macharzina & Wolf, 2008, 37 ff.). Die Ziele müssen für die Organisation und für die Geführten zudem von Bedeutung sein und die Einfluss anstrebende Person muss über ein gewisses Sanktionspotenzial verfügen. Es liegt im Regelfall eine asymmetrische Verteilung der Einflusschancen (in einem bestimmten Bereich) vor (vgl. dazu ausführlich Schreyögg & Koch, 2007, 256).

Der Personalführung kommen aus Organisationssicht insbesondere zwei zentrale Funktionen zu. Dabei handelt es sich um die Lokomotionsfunktion und die Kohäsionsfunktion (vgl. Dincher et al., 2010, 125).

Die Lokomotionsfunktion umfasst alle Aufgaben, die dazu dienen, die Geführten auf die von der Organisation verfolgten Ziele hin auszurichten, während die Kohäsionsfunktion die Förderung und Festigung notwendiger gruppeninterner Beziehungen und die Bindung an die Organisation in den Vordergrund stellen (vgl. Dincher et al., 2010, 125). Personalführung ist stets ein sozialer (wechselseitiger) Einflussprozess zur Aufrechterhaltung oder Verbesserung von System- oder Organisationsleistungen (vgl. Ridder & Schirmer, 2011, 206 ff.), nicht aber therapeutisches Mittel zur Milderung pathologischer Personal- oder Systemzustände. Auch die persönliche Führung im Sinne einer direkten zielorientierten Verhaltensbeeinflussung stellt keinen linearen, einseitigen, von „oben nach unten" (top down) gerichteten Prozess dar, sie wird vielmehr von einer Vielzahl unterschiedlicher Einwirkungsvorgänge überlagert (vgl. Link, 2010, 3), die jedoch niemals auf Dauer dem eigentlichen Systemzweck zuwiderlaufen oder die Zielerreichung der Organisation beeinträchtigen dürfen.

2.3.2 Sachfunktion des Managements (Steuerung)

Als Sachfunktion ist Management im Sinne von Betriebsführung (technischer Aspekt oder sachbezogene Funktion des Managements oder – synonym – betriebliche Steuerung im weiteren Sinne) die situationsbezogene, zielorientierte Gestaltung und Steuerung von Systemen, Subsystemen und Prozessen.

Betriebsführung umfasst in Anlehnung an Dincher et al. (2010, 51 ff.) grundsätzlich sämtliche wirtschaftliche Ziel- und Mittelentscheidungen, die den Betrieb betreffen. Die Wahrnehmung dieser Funktionen, insbesondere die Ausübung der Entscheidungsfunktion, setzt voraus, dass auf der Basis von betrieblichen Zielen konkrete Planungen vorgenommen, diese umgesetzt und die Ergebnisse auf ihre Erfolgswirksamkeit hin kontrolliert werden (vgl. Dincher et al., 2010, 51).

Zu den traditionellen oder klassischen Managementfunktionen oder zum so genannten Managementprozess zählen insbesondere: Zielsetzung, Planung, Entscheidung, Realisation, Organisation, Koordination, Kontrolle und Steuerung (im engeren Wortsinn).

Das folgende Schaubild stellt die wesentlichen Elemente oder funktionalen Aspekte des Managements dar. Es beinhaltet den betrieblichen Führungs- und Steuerungsprozess als eine sich teilweise überlagernde Abfolge der zweckgerichteten Beeinflussung von Aktivitäten der Organisation (vgl. Rahn, 2002, 384).

Abbildung 2: Elemente des Managementprozesses

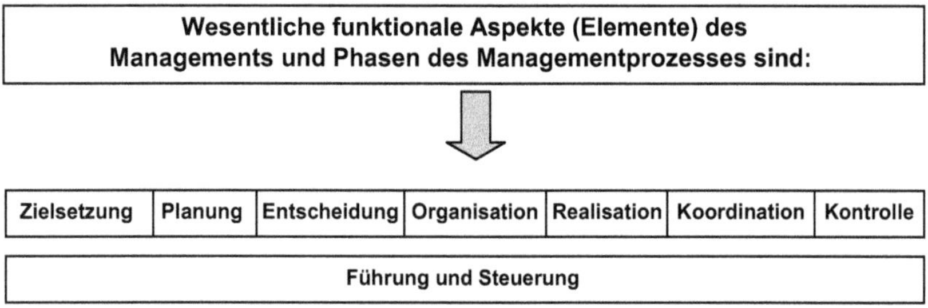

Der Managementprozess erstreckt sich, in Abgrenzung zu den operativen Prozessen, die der eigentlichen Leistungserstellung und Leistungsverwertung oder Leistungsabgabe dienen, auf die Planung, Umsetzung und Kontrolle von Zielen und Maßnahmen, auf die Führung und Steuerung sowie auf die Gestaltung der Organisationsstrukturen und Prozesse (vgl. Schulte-Zurhausen, 2010, 55 m.w.Nw.).

In Anlehnung an Rahn (2002, 384 ff.) können die einzelnen Funktionen oder Phasen des Managementprozesses wie folgt definiert oder beschrieben werden:

Die **Zielsetzung** bildet als Ausgangspunkt das erste Element des Gesamtprozesses. Zielentscheidungen betreffen die grundlegende Zwecksetzung des Betriebes sowie weitere konkrete Zielvorgaben, die generell oder für Teile des Betriebes, auf Dauer oder für bestimmte Planungszeiträume definieren, was mit der betrieblichen Leistung erreicht werden soll (vgl. Dincher et al., 2010, 51 ff.).

Ziele stellen Aussagen mit normativem Charakter dar, die einen gewünschten, zukünftigen Zustand der Wirklichkeit beschreiben (vgl. dazu auch Staehle, 1999, 438; Rahn, 2002, 385). Ziele geben der Organisation und deren Mitgliedern eine Orientierung für die Steuerung der betrieblichen Prozesse und für die Ausrichtung der gesamten Organisation (vgl. Rahn, 2002, 385; Nolte & Wöhner, 2009, 682). In Anlehnung an die Grundaussagen der Zielsetzungstheorie nach Locke und Latham motivieren spezifische und anspruchsvolle Ziele zu noch besseren Leistungen und können bei einem entsprechenden Feedback durch den Vorgesetzten (Zielgeber) im Zeilerreichungsfall zu konkreten Erfolgserlebnissen führen (vgl. dazu Nolte & Wöhner, 2009, 682; 2012, 66 ff. unter Hinweis auf die Forschungsergebnisse von Locke und Latham).

Ziele geben dem Handeln einen Sinn und eine Richtung und dienen der Orientierung des Systems und der Systemmitglieder in wechselnden Umwelten (vgl. Nolte & Wöhner, 2012, 66 ff.; 2009, 682). Sinn wiederum ist die Basis für Motivation und damit auch für Leistung (vgl. in diesem Sinne auch Schneider, 2013, 86 m.w.Nw.). Ziele können integrierend und sinnstiftend wirken. Die Verfolgung von Zielen bringt Ordnung ins Bewusstsein, weil die Aufmerksamkeit sich primär auf die gegebenen Aufgaben und deren erfolgreiche Bearbeitung richtet (vgl. Schneider, 2013, 69). Die Vereinbarung oder Vorgabe von nach Möglichkeit messbaren und bewertbaren Arbeits- und Organisationszielen stellt einen ganz wesentlichen Baustein des neuen, wirkungsorientierten Steuerungsmodells dar.

Unter dem Begriff **Planung** wird die gegenwärtige gedankliche Vorwegnahme zukünftigen (wirtschaftlichen) Handelns verstanden (vgl. Macharzina & Wolf, 2008, 396 m.w.Nw.). Die betriebliche Planung umfasst zum einen die Planung der betrieblichen Ziele sowie zum anderen die Planung der Maßnahmen, die zur Erreichung dieser Ziele umgesetzt werden sollen (vgl. Dincher et al., 2010, 59 ff.). Die Planung stellt somit eine Vorwegnahme von Handlungen unter Unsicherheit bei im Regelfall unvollkommener Information dar (vgl. Staehle, 1999, 539). Sie beruht auf Prognosen über den zukünftigen Eintritt von Ereignissen und dient der Zielausrichtung aller Aktivitäten einer Organisation (Staehle, 1999, 539 m.w.Nw.) sowie der systematischen Vorbereitung von Entscheidungen.

Aus der Grundproblematik der Planung bei einer grundsätzlich ungewissen Zukunft ergeben sich die eigentlichen Aufgaben der Planung, nämlich die Gewinnung und Verarbeitung von Informationen (vgl. Dincher et al., 2010, 61; Macharzina & Wolf, 2008, 397). Da der Mangel an Wissen über die Zukunft nicht vollständig beseitigt werden kann, sind der Rationalität des Planens objektive Grenzen gesetzt (vgl. Dincher et al., 2010, 60).

Die Planung basiert auf den konkreten Organisationszielen, die mit ihrer Hilfe innerhalb eines bestimmten Zeithorizonts realisiert werden sollen und erstreckt sich prinzipiell auf alle Bereiche und Funktionen des Betriebes (vgl. Rahn, 2002, 387).

Wie bereits dargestellt, führen auch im öffentlichen Sektor eine immer höhere Umwelt- und Aufgabenkomplexität sowie eine immer stärkere Dynamik und Diskontinuität der Entwicklungen zu einem „Mehr" an Unsicherheiten und Ambiguitäten, die es durch Planung und organisatorische Differenzierung so weit wie möglich zu reduzieren gilt.

Die **Entscheidung** stellt im Rahmen des Managementprozesses einen Akt der (betrieblichen) Willensbildung dar und dient der Auswahl geeigneter Handlungsalternativen zur Realisierung der Ziele und zur Lösung von Problemen. Mit der Entscheidung wird ein zukünftiges betriebliches Handeln festgelegt (vgl. Dincher et al., 2010, 64). Da sich auch die Entscheidung auf eine prinzipiell ungewisse Zukunft bezieht, ersetzt die betriebswirtschaftliche Entscheidungslehre den Begriff (objektive) „Gewissheit" durch verschiedene Ausprägungen einer (subjektiven) „Sicherheit" über zukünftige Erwartungen. Man kennzeichnet Entscheidungssituationen in Abhängigkeit von unterschiedlichen Ausprägungen der Sicherheit der Erwartungen als sicher oder ungewiss im Sinne von risikobehaftet oder unsicher (vgl. Rahn, 2002, 119 m.w.Nw.). Entscheidungen setzen begrifflich voraus, dass überhaupt Handlungsalternativen bestehen, unter denen dann eine Auswahl im Sinne einer verbindlichen Festlegung einer Alternative erfolgt.

Dem ersten Schritt der Willensbildung folgt dann der zweite Schritt der Willensdurchsetzung, welcher die Verwirklichung (Realisierung) der gewählten Handlungsalternativen beinhaltet (vgl. in diesem Sinne auch Rahn, 2002, 118; Staehle, 1999, 518 ff.).

Die Phase der **Realisierung** bedeutet die Anordnung und Sicherstellung einer zielgerichteten Durchführung und Umsetzung der Planungsinhalte. Obwohl die Realisierung oder Umsetzung von Entscheidungen im engeren Wortsinne eher eine operative Aufgabe darstellt, trägt das Management in funktionaler Hinsicht grundsätzlich die Verantwortung dafür, dass getroffene Entscheidungen auch tatsächlich erfolgreich umgesetzt werden. Insofern kann auch die Realisierung von Entscheidungen durchaus zu den Managementaufgaben im weiteren Sinne gezählt werden.

Die **Kontrolle** ist ein Vorgang der personen-, sach- und zeitbezogenen Gewinnung von Informationen und dient einem Vergleich der angestrebten Ziel- und

Planungsgrößen („Soll“) mit dem tatsächlich erreichten Realisierungsergebnis („Ist“). Die Kontrolle stellt die letzte Phase des Managementprozesses dar (vgl. dazu Rahn, 2002, 390 ff.; Dincher et al., 2010, 84 ff.).

Von der Funktion „Kontrolle“ im Rahmen des Managementprozesses zu unterscheiden, ist der Begriff „Controlling“. Controlling umfasst neben den Funktionen der Informationsversorgung, Planung und Kontrolle auch die Koordination des betrieblichen Führungssystems sowie die Rationalitätssicherung der Führungskräfte (vgl. Macharzina & Wolf, 2008, 390 ff.; Dincher et al., 2010, 138 ff.; zum Verwaltungscontrolling Schedler, 2011, 237).

Die Funktionen der Organisation und Koordination dienen der Bereitstellung geeigneter Strukturen und Prozesse und deren Abstimmung und Verzahnung zur wirtschaftlichen Erreichung der betrieblichen Ziele (vgl. Staehle, 1999, 555 m.w.Nw.).

Unter dem Begriff der **Koordination** versteht man die Abstimmung und Harmonisierung von Handlungen der Organisationsmitglieder sowie die Ausrichtung arbeitsteilig gebildeter Stellen, beides im Hinblick auf die Ziele und Zwecke der Organisation (vgl. Staehle, 1999, 555).

Der Organisationsbegriff wird in diesem Kontext ähnlich wie der Managementbegriff verwendet, um entweder den Zustand eines soziotechnischen Systems zu kennzeichnen oder um Handlungen zu charakterisieren, mit denen dieser Zustand geschaffen wird (vgl. Bokranz & Kasten, 2003, 19 m.w.Nw.; Dincher et al., 2010, 95). Man unterscheidet auch im Rahmen der **Organisation** einen institutionellen und einen instrumentellen Aspekt. Eine Organisation im institutionellen Sinne stellt ein soziales Gebilde dar, das dauerhaft spezifische Ziele verfolgt und über eine formale Struktur verfügt, die dazu dient, die Organisationsmitglieder auf das Erreichen der Ziele auszurichten um nachhaltig wirksam zu sein (vgl. Bokranz & Kasten, 2003, 19).

Demgegenüber bezeichnet der instrumentelle Organisationsbegriff die dauerhaft wirksamen generellen Regelungen in einem produktiven soziotechnischen System, die der Verfolgung von Zielen dienen. In Abgrenzung zum „Organisieren“ (Handlungen, die der Schaffung dauerhafter, wirksamer und genereller Regelungen dienen) stehen begrifflich die „Improvisation“ als Schaffung vorläufiger, außerplanmäßiger und zeitlich begrenzter Regelungen sowie die „Disposition“ als konkrete Einzelfallregelung.

Maßnahmen der Disposition und der Improvisation können, sofern sie sich mit zunehmender Gleichartigkeit und Wiederholungshäufigkeit aus der Organisationsperspektive nachhaltig als strukturelle oder prozessuale Optionen bewährt haben, im Sinne des so genannten Substitutionsgesetzes der Organisation zu einem dauerhaften Bestandteil der Organisation werden.

2.3.3 Organisation als grundlegende Gestaltungs- und Managementfunktion

Organisation kann als Selbst- oder Fremdorganisation entstehen. Fremdorganisation liegt begrifflich dann vor, wenn die organisatorischen Regelungen nicht durch die betroffenen Systemmitglieder selbst erarbeitet werden (vgl. Bokranz & Kasten, 2003, 229), sondern die Organisation das Ergebnis einer planvollen, absichtsgeleiteten Gestaltung des sozialen Systems durch einzelne Akteure ist (vgl. Staehle, 1999, 562). Nach neueren organisationstheoretischen Ansätzen gilt jedoch jedes Handeln in einer Organisation, nicht nur das Handeln von speziellen Organisatoren oder Managern, als strukturbildend. Somit ist die Ordnung in und von sozialen Gebilden immer auch das Resultat von Selbstorganisation aller Organisationsmitglieder (vgl. Staehle, 1999, 562 m.w.Nw.). Eine Veränderung von Organisationsstrukturen als Folge einer bloßen Intervention von außen bleibt in den sich selbst organisierenden, autopoietischen sozialen Systemen häufig nahezu wirkungslos, da über die Systemrelevanz der Einflüsse und Interventionen das System selbst entscheidet. Die in sozialen Systemen tatsächlich geltenden und gelebten Regeln und Standards sozialer Interaktion können so gut wie gar nicht von außen in das jeweilige System eingeführt werden. Diese werden durch die Organisation und die Organisationsmitglieder sowie deren Handlungen und Kommunikation konstruiert, selbst geschaffen und permanent fortentwickelt (vgl. in diesem Sinne auch König & Volmer, 2000, 134).

Das Gebilde dauerhaft wirksamer, genereller Regelungen zur Ordnung soziotechnischer Systeme bezeichnet man als Organisationsstruktur, die Analyse und Gestaltung der Organisation aufgrund exogener und endogener Anforderungen im Rahmen einer Strategie bezeichnet man als Organisationsmanagement (vgl. Bokranz & Kasten, 2003, 17).

Je detaillierter die Strategie und die sonstigen Vorgaben sind, desto mehr beschränkt sich Organisation ceteris paribus auf die bloße Anwendung von Techniken und Methoden oder Verfahren (vgl. Bokranz & Kasten, 2003, 23). Dies wird in besonderem Maße in den primär regelgesteuerten und fremdbestimmten operativ tätigen Organisationseinheiten der öffentlichen Verwaltung (Ortsinstanzen) auf Landes- oder Bundesebene deutlich. Hier tritt die Organisation als zentrales Instrument der Systemgestaltung in seiner faktischen Bedeutung oftmals sogar noch hinter die Funktion der reinen Personaladministration zurück. Im Rahmen eines systemischen Organisations- und Verwaltungsmanagements geht es jedoch nicht nur um die handwerkliche, technische Seite der Organisation, es geht vielmehr auch um ein kreatives und innovatives Verständnis für organisationsbezogene Sachverhalte und für die wesentlichen organisationstheoretischen

Ansätze und Ideen sowie um deren wirksamen Einsatz in der Verwaltungspraxis. Dennoch setzt gerade auch eine systemorientierte, kreative und innovative Organisationsgestaltung ein fundiertes betriebswirtschaftliches Fach- und Methodenwissen, insbesondere aber solide Kenntnisse der Organisationslehre voraus. Von Vorteil sind auch gesunder Menschenverstand, langjährige praktische Berufserfahrung, Kreativität sowie ein gutes Gespür für das jeweils konkret Machbare und Gestaltbare in den Organisationseinheiten der öffentlichen Verwaltung.

Das primäre Ziel des Organisierens besteht darin, effektive Organisationsstrukturen zu etablieren (vgl. Schulte-Zurhausen, 2010, 5). Als effektiv gilt eine Organisation dann, wenn die Ziele des produktiven sozialen Systems möglichst wirksam und erfolgreich umgesetzt werden. Dazu sind die Aufbau- oder Strukturorganisation sowie die Ablauf- oder Prozessorganisation entsprechend zielorientiert und praxisbezogen zu gestalten (vgl. Dincher et al., 2010, 95).

Als besonders wirksam gilt eine Organisation dann, wenn sie nach Dincher et al. (2010, 97 ff.) folgende Grundsätze erfüllt: Die Organisation muss wirtschaftlich und zweckmäßig sein und den betrieblichen Zielen gerecht werden. Die Strukturen und Prozesse müssen möglichst vollständig, eindeutig und widerspruchsfrei geregelt sein. Des Weiteren muss das Prinzip des organisatorischen Gleichgewichts im Sinne eines ausgewogenen Verhältnisses von Stabilität und Flexibilität beachtet werden, so dass eine Über- oder Unterorganisation möglichst vermieden wird. Traditionelle bürokratische Systeme tendieren zu einer deutlichen Überorganisation. Dies gilt nicht nur für die herkömmlichen funktional oder divisional gegliederten Einliniensysteme der Behörden, sondern zunehmend auch für organisatorische Sonderformen wie Projekte, Netzwerke oder virtuelle Einheiten, die in der Praxis der öffentlichen Verwaltungen in einer Vielzahl von Fällen mittlerweile ebenfalls sichtbare Spuren eines dysfunktionalen Bürokratismus aufweisen.

Im Rahmen der Organisation sind Struktur- und Prozessorganisation eng miteinander verbunden (Dincher et al., 2010, 116 ff.). Während sich die Aufbau- oder Strukturorganisation mit der Gliederung und organisatorischen Strukturierung von Stellen (kleinste organisatorische Einheit), Instanzen (Stellen mit Leitungsfunktion) und Abteilungen (gegliederte Gesamtheit mehrerer Stellen) befasst, behandelt die Ablauf- oder Prozessorganisation die betrieblichen Arbeitsabläufe oder Arbeitsprozesse.

Sowohl die Struktur- als auch die Prozessorganisation folgen einem einheitlichen Analyse-Synthese-Konzept (vgl. Dincher et al., 2010, 116). Im Rahmen der Analyse werden die gesamten betrieblichen Aufgaben zunächst in einzelne Teilaufgaben zerlegt und dann im Rahmen der Synthese wieder zu sinnvollen

Arbeitsgängen, Teilaufgaben und arbeitsteiligen Einheiten zusammengefasst. Analyse und Synthese können anhand sachlicher Kriterien, dazu zählen insbesondere Verrichtung und Objekt, sowie nach formalen Kriterien – wie Rang, Phase und Zweckbeziehung – erfolgen.

Im Gegensatz zum stark strukturorientierten klassischen Konzept der Organisationsgestaltung gewinnen die Konzepte der Prozessorganisation auch in der öffentlichen Verwaltung, insbesondere im Kontext eines verstärkten Einsatzes der modernen Informations- und Kommunikationstechnologie, zunehmend an Bedeutung.

Die konsequente Ausrichtung des Systems an den Geschäftsprozessen stellt einen wesentlichen Erfolgsfaktor moderner produktiver Organisationen dar (vgl. in diesem Sinne auch Belker, 2000, 286 ff.).

2.3.4 Prozessorientierung und Prozessmanagement

Auch die Begriffe „prozessorientierte Organisation“ und „Prozessorganisation“ sind trotz ihrer erheblichen praktischen Bedeutung noch immer nicht einheitlich definiert und mit unterschiedlichen Inhalten belegt. Im Rahmen der so genannten Prozessorganisation geht es darum, betriebliche Aufgaben und Tätigkeiten bereichs- und funktionsübergreifend im Sinne eines ganzheitlichen Handlungsgefüges und einer logischen Abfolge von Arbeitsabläufen wahrzunehmen, wobei die Ablauforganisation in mehreren Gliederungs- und Detaillierungsebenen beschrieben wird (vgl. Dunkhorst, 1999, 41).

Ein Prozess stellt eine logische Abfolge von Aktivitäten zur Erreichung eines Ergebnisses im Sinne einer Leistungs-, Wertschöpfungs- oder Qualitätskette dar (vgl. Belker, 2000, 286 m.w.Nw.) und läuft von einem definierten Startpunkt mit einem festgelegten Input bis zu einem entsprechenden Endpunkt mit der Übergabe eines definierten Outputs (Dunkhorst, 1999, 40). Die prozessorientierte Aufgabenerfüllung wird primär an den Bedürfnissen und Erwartungen der Abnehmer, am Systemzweck, an den Erfordernissen der Mitarbeiterinnen und Mitarbeiter sowie an den knappen Ressourcen des Systems ausgerichtet (vgl. Belker, 2000, 286).

Unter dem Begriff „Prozessmanagement“ werden die Geschäftsprozessoptimierung, das Reengineering und die Prozessorganisation im engeren Wortsinne verstanden (vgl. Staehle, 1999, 750). Wesensmerkmal dieser prozessorientierten Managementansätze ist die Dominanz der Prozesse über die Struktur des Systems (vgl. Belker, 2000, 53 m.w.Nw.). Insofern folgt die Struktur den Prozessen. Die Prozesse wiederum folgen der Mission und der Strategie und orientieren sich am konkreten Handlungs- und Leistungsauftrag der Verwaltung.

Bei der Geschäftsprozessoptimierung handelt es sich im Grunde um eine informationstechnologisch gestützte Rationalisierung betrieblicher Abläufe, die die organisationalen Grundstrukturen nicht in Frage stellt (Staehle, 1999, 750). Das Reengineering verändert demgegenüber den organisatorischen Aufbau wesentlich radikaler, in dem bestehende Strukturen aufgegeben und völlig neu konzipierte Abläufe eingerichtet werden (vgl. Staehle, 1999, 750). Reengineering kombiniert bestimmte Inhalte des Total Quality Management, des Kaizen und des Lean Management mit Ansätzen der Ablauf- und Projektorganisation und verordnet den betroffenen produktiven Organisationen eine „Schlankheitskur" durch eine konsequente Prozessorientierung (vgl. Belker, 2000, 53) und einen „Verzicht" auf diverse mittlere Führungsebenen in der verschlankten Organisation. Eine grundlegende Rolle im Reengineering kommt der modernen Informationstechnologie zu, der Prozessgestaltung durch Workflow-Automation sowie der standardisierten Bearbeitung von Arbeitsabläufen (vgl. in diesem Sinne auch Belker, 2000, 53 m.w.Nw.).

Die Prozessorganisation im engeren Wortsinne leitet die einzelnen Aufgaben nicht top-down und deduktiv aus der Gesamtaufgabe ab und fasst sie zu Stellen zusammen, die Aufgabenzusammenfassung und Stellenbildung stellt vielmehr eine durch die Wertschöpfungskette vorgegebene Prozessnotwendigkeit dar (vgl. Staehle, 1999, 751). Dem veränderten organisatorischen Selbstverständnis folgt auch die organisatorische Struktur, die nicht mehr vertikal sondern horizontal aufgebaut ist. Der Leistungserstellungs- oder Auftragsabwicklungsprozess und dessen Optimierung bestimmen das organisatorische Gestaltungshandeln, nicht die funktionale Gliederung der Organisation (vgl. Staehle, 1999, 752).

Im Gegensatz zu den klassischen funktionalen Ansätzen strebt die Prozessorientierung an, ein „globales Optimum" zu erreichen (vgl. Jablonski et al., 2002, 251 unter Hinweis auf Hammer und Champy).

Von besonderer Bedeutung sind im Rahmen der Prozessorganisation die Primär- oder Kernprozesse, die durch Sekundär- oder Unterstützungsprozesse ergänzt werden. Während in der Privatwirtschaft die Definition der Kernprozesse und des Kerngeschäfts eine unternehmenspolitische Grundentscheidung darstellt, werden die Kerngeschäftsfelder und Kernprozesse der öffentlichen Verwaltungen aus rechtsstaatlichen Gründen im Wesentlichen durch die politischen Entscheidungsträger und den Gesetzgeber normativ vorgegeben. Das Management der öffentlichen Verwaltungen kann sich somit nur infolge politischer Entscheidungen und im Wege einer entsprechenden gesetzlichen Ermächtigung und Aufgabenzuweisung neue Kerngeschäftsfelder erschließen. Das Kerngeschäft der Behörden wird durch den konkreten politisch-gesetzlichen Handlungs- und Leistungsauftrag insoweit nahezu vollständig in einem generell-abstrakten Sinne definiert, aber auch determiniert und limitiert.

Es ist Ulschmid (2013, 25) zuzustimmen, dass eine richtig verstandene prozessorientierte öffentliche Verwaltung mit einem kompatiblen Managementkonzept und einer anderen Art der Führung und Steuerung verknüpft sein muss. Erforderlich ist ein Managementkonzept, das die Prozesse, insbesondere die Kernprozesse, Primär- oder Hauptleistungsprozesse und deren gesellschaftlichen Nutzen und Wirkung (Outcome und Impact) in den Mittelpunkt des Führens und Steuerns stellt. „Ein Konzept, das die Behörden, besser noch die gesamte öffentliche Verwaltung, als ein System aus der Gesamtsicht der zu führenden staatlichen Prozesse versteht. Dieses Prozessverständnis stellt die effiziente und effektive Auftragserfüllung sowie die Orientierung am Nutzen der internen und externen Leistungen für die Adressaten, Kunden und Stakeholder in das Zentrum der Betrachtung" (Belker, 2000, 53 ff.). Prozessorientiert Führen und Steuern heißt in Anlehnung an Ulschmid (2013, 25): Die Prozesse, die zu Verbesserungen führen, erkennen und realisieren, den Zuständigkeitsbereich prozessorientiert organisieren, die Prozesse adressatenorientiert ausrichten, die Selbständigkeit des Personals fördern, die Zusammenarbeit im Sinne der Prozesslogik verbessern und die Rollen prozessorientiert gestalten.

Zusammenfassend lässt sich im Interesse einer für die öffentliche Verwaltung praxistauglichen Gliederung des Managementbegriffs feststellen, dass die Begriffe Steuerung und Führung die sach- und personenbezogenen Aspekte und Dimensionen des Managements bezeichnen. Führung bezieht sich auf den Aspekt der Personal- oder Mitarbeiterführung, Steuerung auf den Aspekt der Leitung oder Betriebsführung mit den wesentlichen Elementen: Zielsetzung, Planung, Entscheidung, Realisation und Kontrolle.

Von dem hier vertretenen sehr weiten und organisationsbezogenen Steuerungsbegriff zu unterscheiden ist die Funktion der „Steuerung" im engeren Sinne einer einfachen Regelkreislogik. Danach ist Steuerung ein zielbezogener Vorgang in einem (kybernetischen) System, bei dem mehrere Größen als Eingangsgrößen andere Größen als Ausgangsgrößen beeinflussen (vgl. Rahn, 2002, 393). Sofern sämtliche Elemente eines Regelkreises betroffen sind, spricht man auch von Regelung, entfällt die Rückkopplung, dann liegt begrifflich ein reiner Steuerungsvorgang im engeren Sinne vor (vgl. Rahn, 2002, 393).

2.3.5 Management als dispositiver Faktor

Ordnet man die einzelnen Elemente (Funktionen oder Phasen) des Managements nun dem Grundschema der Produktionsfaktoren (in Anlehnung an die faktororientierte Lehre nach Gutenberg) zu, so stellt man fest, dass das Management nach funktionsorientierter Betrachtungsweise der Träger der dispositiven Aufgaben (Funktionen) und damit der so genannte dispositive Faktor ist.

Das Management steuert das gesamte betriebliche Geschehen, ohne im Regelfall selbst unmittelbar an der Ausführung der betrieblichen Aufgaben und an den operativen Prozessen beteiligt zu sein. Diese sinnvolle funktionale Aufgabenteilung gilt vom Grundsatz und von der NSM-Grundidee her auch für die politisch-strategische Ausrichtung der obersten Verwaltungsebenen in Abgrenzung zur insgesamt stark operativ geprägten Ausrichtung der nachgeordneten Verwaltungsebenen.

Die Anteile zwischen den rein dispositiven Aufgaben und den operativen Tätigkeiten der Führungskräfte variieren in Abhängigkeit von der jeweiligen Führungs- oder Managementebene (oberstes, oberes, mittleres und unteres Management) und den damit verbundenen Handlungs-, Gestaltungs- oder Entscheidungsspielräumen. Sie hängen zudem von den konkreten Erwartungen der Organisation an den Inhalt der jeweiligen Führungsrolle und vom tatsächlichen Verhalten der Führungskräfte ab.

Abbildung 3: Gliederung der Produktionsfaktoren

Überblick über die Produktionsfaktoren

Gliederung in dispositive Faktoren und Elementarfaktoren nach Gutenberg

Dispositive Faktoren
Zielsetzung, Planung, Entscheidung, Realisation, Organisation, Koordination, Kontrolle, Steuerung (im engeren Sinne), Führung und Steuerung (im weiteren Sinne) als dispositive Form der Arbeit

Elementarfaktoren
Ausführende oder objektbezogene Arbeit
Betriebsmittel
Werkstoffe (Rohstoffe, Hilfsstoffe, Betriebsstoffe)

Überträgt man den allgemeinen, privatwirtschaftlich geprägten Managementbegriff auf den öffentlichen Sektor, so bedeutet Verwaltungsmanagement – auch im Sinne des New-Public-Management-Ansatzes – die zielbezogene Einflussnahme auf das produktive soziale oder soziotechnische System öffentliche Verwaltung einschließlich der Systemmitglieder (vgl. Nolte & Wöhner, 2012, 38 ff.). Die Steuerung sämtlicher Ressourcen (Elementarfaktoren), deren wirtschaftliche Kombination und deren wirksamer Einsatz mit dem Ziel der betrieblichen Leistungserstellung und Leistungsabgabe ist ein permanenter Auftrag des dispositiven Faktors „Management".

Das Management trägt die Verantwortung für das Gesamtergebnis der Organisation im Sinne einer möglichst optimalen Zielerreichung, für die grundlegende

Positionierung der Organisation unter Beachtung der rechtlichen und politisch-strategischen Vorgaben sowie für ein wirksames und umfassendes Qualitäts-, Organisations- und Personalmanagement (vgl. Nolte & Wöhner, 2012, 50). Organisations- und Personalmanagement sind in einer modernen öffentlichen Verwaltung keine Spezialistenaufgaben mehr, sie sind vielmehr integraler Bestandteil der originären Managementaufgaben und damit Aufgabe sämtlicher Führungskräfte (vgl. in diesem Sinne auch Becker, 2012, 232).

Obwohl eine genaue und verbindliche Definition der Begriffe Management, Führung und Steuerung auch im Sinne einer zielgerichteten und wirksamen Kommunikation zwingend erforderlich ist, erscheint eine derartige Begriffsklärung aus der berufspraktischen Sicht vieler Führungskräfte der öffentlichen Verwaltung immer noch eher künstlicher Natur zu sein. In der alltäglichen Management- und Führungsarbeit der Behörden sind die personen- und sachbezogenen Komponenten (direkte und indirekte Aspekte von Führung und Steuerung) im Sinne eines natürlichen, faktischen Wirkungsgefüges ohnehin oftmals so eng miteinander verbunden, dass eine trennscharfe Betrachtung der unterschiedlichen Aspekte von vielen Führungskräften gar nicht erst vorgenommen wird. Dieses relativ undifferenzierte Verhaltensmuster kann allerdings auf Dauer zu einer nahezu beliebigen und damit im Ergebnis nicht mehr situativ sinnvollen und zielführenden Substitution von direkten und indirekten Managementansätzen führen. Dies hat zur Folge, dass viele Führungskräfte immer häufiger versuchen, bestehende Systemschwächen, Organisationsdefizite und strukturelle sowie prozessuale Mängel durch eine Vielzahl einzelner Personalführungsmaßnahmen im Sinne einer direkten Verhaltensbeeinflussung der Organisationsmitglieder auszugleichen (vgl. dazu auch Nolte & Wöhner, 2012, 37). Diese zunehmende einseitige Hinwendung zu direkten Führungselementen, die zudem im Kontext einer durchaus diskussionswürdigen und häufig auch wenig zielführenden „Psychologisierung" von Managementaufgaben steht, erklärt zumindest ansatzweise auch die gegenwärtig steigende Nachfrage der öffentlichen Verwaltungen nach einzelfallbezogenen und ausgesprochen ressourcenintensiven Maßnahmen wie Coaching, Mediation und Teambuilding. Derartige Beratungsleistungen bieten zudem noch aus der Sicht vieler Führungskräfte den subjektiven Vorteil einer Externalisierung und Verlagerung bestehender Führungs- und Steuerungsprobleme auf Dritte (Berater).

Führung und Steuerung als Aspekte des Managements vollziehen sich immer in einem spezifischen organisationalen und institutionellen Kontext. Beide Aspekte des Managements wirken sich gestaltend auf die gesamte Organisation als produktives soziales System und auf das individuelle wie kollektive Verhalten der Systemmitglieder aus. Daher können die Themenfelder Führung – im

Sinne von Personalführung – und Steuerung – im Sinne von Betriebsführung – im Interesse einer möglichst wirksamen Managementleistung und im Sinne eines möglichst gut aufeinander abgestimmten Organisations- und Personalmanagements auch nicht isoliert betrachtet und behandelt werden (vgl. Nolte & Wöhner, 2012, 37). Im Zentrum von Führung und Steuerung stehen auch in der öffentlichen Verwaltung die einzelnen Organisationen als produktive soziale oder soziotechnische Systeme sowie deren Systemmitglieder.

2.3.6 Organisationen als soziale oder soziotechnische Systeme

Auch die Organisationseinheiten der öffentlichen Verwaltung stellen wie bereits dargelegt produktive soziale oder soziotechnische Systeme dar. Es handelt sich um Institutionen zur Bewältigung langfristiger, komplexer und zunehmend unsicherer Aufgaben (vgl. Belker, 2000, 179). Der Terminus „System" wird in der Literatur sehr unterschiedlich definiert und hängt eng mit der wissenschaftlichen Basisdisziplin und dem daraus resultierenden spezifischen System- und Organisationsverständnis zusammen (vgl. in diesem Sinne auch Radenheimer, 2002, 66 ff.; Staehle, 1999, 41 ff.).

Ein System besteht unter Berücksichtigung der Erkenntnisse der so genannten „allgemeinen" Systemtheorie aus Elementen und Beziehungen sowie aus der Abgrenzung des Systems zu seiner Systemumwelt (vgl. Wilms, 2001, 70; Schulte-Zurhausen, 2010, 33). Mit anderen Worten: Ein System ist eine gegenüber der Umwelt abgegrenzte Gesamtheit von Elementen, die durch Beziehungen miteinander verknüpft sind (vgl. Schuldt, 2006, 21; Simon, 2009, 11 ff.; Wilms, 2001, 70 m.w.Nw.; Schulte-Zurhausen, 2010, 34). Als Elemente werden die einzelnen Teile eines Systems verstanden, die (im Sinne einer Zweckmäßigkeitsbetrachtung) nicht mehr weiter zerlegt werden. Die Beziehungen (Relationen) stellen die Verbindungen zwischen den Elementen im Sinne einer gegenseitigen Verhaltensbeeinflussung und wechselseitiger Abhängigkeiten der einzelnen Systemelemente dar (vgl. dazu ausführlich Schulte-Zurhausen, 2010, 34).

Das im Zeitablauf relativ konstante Beziehungs- und Anordnungsmuster eines Systems repräsentiert seine Struktur (Position der einzelnen Elemente im System und Definition der Wirkungsmöglichkeiten). Eine Reihe zusammenhängender Aktivitäten von Elementen bezeichnet man als Prozess (Schulte-Zurhausen, 2010, 33 ff.).

Jedes System (offen oder geschlossen) kann durch seine Systemgrenze von seiner Umgebung (Systemumwelt) abgegrenzt und durch seinen Input („Eingang"), seinen Output („Ausgang") und seine Funktion beschrieben werden (vgl. Schulte-Zurhausen, 2010, 36). Betrachtet man Systeme unter statischen

Aspekten (Systemstruktur) und dynamischen Aspekten (Systemverhalten), so stehen nach Schulte-Zurhausen (2010, 29) folgende Aspekte im Vordergrund: „Der Aspekt der Selbstregelung von Systemen, der die Fähigkeit beinhaltet, ohne Lenkung von außen einen definierten Sollwert (Ziel) einzuhalten. Als Anpassungsfähigkeit eines Systems wird die Befähigung verstanden, die Sollwerte (Ziele) einer veränderten Umwelt anzupassen. Unter der Lernfähigkeit eines Systems wird das Vermögen verstanden, aus Erfahrungen zu lernen und Konsequenzen für zukünftiges Verhalten abzuleiten. Selbstorganisation beinhaltet die Verbesserung oder Erhaltung der internen Struktur sowie der Reaktions- und Anpassungsfähigkeit aus dem System selbst heraus. Automatisierbarkeit beinhaltet die Möglichkeit, dass der Mensch weder permanent, noch zu festgelegten Zeitpunkten in das (technische) System einzugreifen braucht" (vgl. dazu ausführlich Schulte-Zurhausen, 2010, 29).

Die Erkenntnisse der so genannten „neueren" Systemtheorie basieren auf unterschiedlichen wissenschaftlichen Basisdisziplinen wie Biologie, Kybernetik, Erkenntnistheorie, Gesellschafts- und Kommunikationswissenschaften sowie Rechts- und Wirtschaftswissenschaften (vgl. Liebig, 1997, 59). Ein Grundkonsens sämtlicher Theorieansätze besteht jedoch insoweit, als ein System ein aus interagierenden Teilen bestehendes Ganzes darstellt (vgl. Radenheimer, 2002, 67 m.w.Nw.). Der Gebrauch des Begriffs Organisation für einen besonderen Typus eines produktiven, sozialen Gebildes hat sich jedoch erst mit Beginn der Industrialisierung, der Mechanisierung der Arbeit und der Arbeitsteilung eingebürgert (vgl. Simon, 2009, 12). Die Mechanisierung und Standardisierung der Arbeit führte zu einer gewollten und im Ergebnis auch notwendigen Entkoppelung von Person und Handlung und damit zu einer weitestgehenden Austauschbarkeit der Arbeitsleistung der primär operativ tätigen Menschen. Dementsprechend beschreibt auch Webers Bürokratiemodell einen Idealtypus formalisierter Prozesse der – ad rem – organisierten Aufgabenerledigung, nach denen Vorgesetzte und Untergebene logisch-deduktiv Regeln befolgen und so den Aufwand der Kommunikation und Koordination in der Praxis der Verwaltung auf ein handhabbares Maß reduzieren (vgl. Simon, 2009, 13).

Auch Barnard definierte Organisationen als Systeme von bewusst koordinierten Verhaltensweisen oder Kräften von zwei oder mehreren Personen (vgl. Berger & Bernhard-Mehlich, 2006, 170; vgl. Simon, 2009, 13 unter Hinweis auf Barnard).

Von besonderem Erkenntnisinteresse ist in dem Kontext von Organisationsentwicklung und Systemveränderung die Frage, wie Organisationen ihren Bestand durch Anpassung an eine immer komplexere und dynamischere Umwelt sichern und zwar unter den Prämissen, dass Menschen nur über begrenzte

Informationskapazitäten, beschränkte kognitive Kapazitäten sowie insgesamt limitierte Fähigkeiten und Kompetenzen verfügen und zudem die menschliche Bereitschaft, sich in Organisationen zu engagieren, ebenfalls begrenzt ist (vgl. Berger & Bernhard-Mehlich, 2006, 169 m.w.Nw.). Zur Lösung dieses Problems abstrahierte Barnard die Handlungen von Menschen als systemkonstituierende Elemente einer Organisation von den handelnden Menschen (Personen), die dann konsequenterweise zu einem Teil der Systemumwelt werden. Mit einer derartigen Grundannahme eröffnete Barnard eine organisationstheoretisch ausgesprochen interessante und sinnvolle Perspektive. Werden Organisationen als Handlungssysteme gefasst, so sind die Menschen, die diese Handlungen für die Organisation vollziehen, nicht notwendigerweise integraler Bestandteil des Systems (vgl. Berger & Bernhard-Mehlich, 2006, 171; Radenheimer, 2002, 66 ff.). Diese Auffassung steht im Gegensatz zu einem immer noch sehr weit verbreiteten, eher traditionellen Systemverständnis. Danach stellt die Person ein ganz wesentliches Element einer Organisation dar, mit der Folge, dass der Mensch selbst zum integralen Bestandteil des sozialen Systems oder Arbeitssystems wird (vgl. in diesem Sinne König & Volmer, 2000, 35 unter Hinweis auf Bateson).

Eine strikte Trennung von Person und Handlung sowie Mensch und Organisation mag auf den Betrachter zunächst künstlich und realitätsfern wirken. Aus einer verkürzten Perspektive heraus mag dieses gedankliche Konstrukt sogar als inhuman und menschenfeindlich erscheinen. „Die Konzeptualisierung der Person als Umwelt der Organisation trägt jedoch insbesondere dem Umstand Rechnung, dass Organisationen auch dann bestehen bleiben, ihren Zweck erfüllen und ihre Identität wahren können, wenn im Laufe der Zeit die Teilnehmer wechseln, aus deren Handlungen die sozialen Systeme bestehen" (Berger & Bernhard-Mehlich, 2006, 171).

Zudem ermöglicht diese Betrachtungsweise eine ausgesprochen zielführende Differenzierung von Organisationshandeln und persönlichem Handeln, von Organisationszwecken und persönlichen Zwecken sowie von organisationaler Identität und persönlicher Identität (vgl. Berger & Bernhard-Mehlich, 2006, 171). Der bisweilen erhobene, sehr pauschale Vorwurf einer inhumanen Organisationssicht greift im Ergebnis daher nicht. Die wirkliche Inhumanität der modernen Arbeitswelt entsteht häufig erst dann, wenn die notwendige Differenzierung zwischen dem Menschen in seiner komplexen Gesamtheit und personalen Einheit und der geschuldeten persönlichen Arbeitsleistung und funktionalen Rolle in der Organisation nicht mehr vorhanden ist oder sogar ganz bewusst aufgegeben wird.

Die Organisationsmitglieder – gleich ob Führungskräfte oder sonstige Mitarbeiterinnen und Mitarbeiter – schulden der Organisation (Arbeitgeber) nur den „Teil“ ihrer Person (vereinbarte Arbeitsleistung, Rolle, Funktion), der das Äquivalent des ihnen zustehenden Entgelts im Rahmen des bestehenden vertraglichen Austauschverhältnisses darstellt. Die Organisation hat in der Funktion des Arbeitgebers nur einen begrenzten und vertraglich genau definierten Anspruch auf eine bestimmte Arbeitsleistung oder Rollenwahrnehmung, nicht aber auf die Integration des Menschen in seiner körperlichen und psychischen Totalität in das produktive soziale System (vgl. dazu auch Simon, 2009, 14; Radenheimer, 2002, 66 ff.). Nur dadurch, dass im Rahmen eines definierten Dienst- oder Arbeitsverhältnisses bestimmte, vertraglich festgelegte Handlungen und Verhaltensweisen der Person geschuldet sind, sind die Organisationsmitglieder bereit, innerhalb gewisser Bandbreiten die Aufgaben zu erfüllen, die von ihnen verlangt werden, und zwar unabhängig davon, ob es ihnen als „Privatpersonen“ im Einzelfall sinnvoll erscheinen mag oder nicht (vgl. Simon, 2009, 14). Da nur die Leistung (Handlung) und nicht der Mensch (als Individuum) integraler Bestandteil des produktiven sozialen Systems wird, verbieten sich auch vollständige Bewertungen der individuellen Persönlichkeit, die über die konkreten organisationsbezogenen oder tätigkeitsbezogenen Anforderungen hinausgehen. Erst recht verbieten sich auf dieser Grundlage umfassende Beeinflussungen der Persönlichkeit hinsichtlich der nicht tätigkeits- oder funktionsrelevanten Persönlichkeitsmerkmale.

Die Persönlichkeitsstruktur und die Persönlichkeitsmerkmale dürfen für den Arbeitgeber nur insoweit von Bedeutung sein, als sie sich auf die Qualität und Quantität der zu erbringenden Arbeitsleistung auswirken oder einer Mitgliedschaft in der Organisation (Wertesystem, Kultur, Leitbild) entgegenstehen. Ansonsten ist und bleibt die Persönlichkeit des Menschen, auch im verfassungsrechtlich geschützten Sinne, unantastbar und demzufolge im Kern dessen „Privatsache“. Dies gilt grundsätzlich auch unter Berücksichtigung der Besonderheiten und Einschränkungen des öffentlichen Dienst- und Beamtenrechts sowie unter Berücksichtigung der unterschiedlichen Rollenerwartungen der öffentlichen Verwaltung als Arbeitgeber.

Die hier vertretene Auffassung schützt jedoch nicht nur das Individuum vor einer totalen Vereinnahmung der Persönlichkeit durch die Organisation, es schützt auch das produktive soziale System einschließlich der Führungskräfte vor unerfüllbaren individuellen Anforderungen der Organisationsmitglieder sowie vor einer ständig steigenden Erwartungshaltung der Beschäftigten des öffentlichen Sektors. Dies gilt insbesondere für Forderungen, die letztlich sogar die Leistungsfähigkeit des gesamten produktiven Systems massiv beeinträchtigen können.

Das maßgebliche Organisations- oder Systemverständnis lässt sich mit den drei systemkonstituierenden Elementen der kognitiven Struktur und Kompetenz von Organisationen, deren Kommunikations- und Interaktions- oder Handlungsbezogenheit und der eigenen kulturellen Identität der Organisation beschreiben (vgl. dazu auch Radenheimer, 2002, 67).

Soziale Systeme (Organisationen) verfügen in Anlehnung an Radenheimer (2002, 68 ff.) über eine kognitive Struktur und Kompetenz sowie über einen Bestand an Wissen und Informationen, der ihr Maß an Autonomie relativ zur Systemumwelt und deren Einflüssen sichert. Organisationen sind Kommunikationssysteme, wobei die Kommunikation auch als Austauschmedium zwischen Systemen sowie zwischen der Organisation und deren Umwelt dient (vgl. Radenheimer, 2002, 68). Organisationen stellen zudem sinnbezogene Systeme dar, reflektieren, (re-)produzieren und konstruieren Sinn und entwickeln dadurch ein eigenständiges Selbst-Bewusstsein sowie eine wertebezogene systemische Identität (vgl. Radenheimer, 2002, 68).

Soziale oder soziotechnische Systeme wie die Organisationseinheiten der öffentlichen Verwaltung weisen die zuvor dargestellten systemkonstituierenden Elemente auf und setzen sich aus den Handlungen von Menschen (gegliedert in das physische und psychische System einer Person) und deren unterschiedlichen Rollen, Funktionen und Positionen zusammen, wobei das System eine Gesamtheit von Elementen ist, zwischen denen Beziehungen (Relationen) bestehen (Wechselwirkung der Systemteile) oder hergestellt werden können (vgl. Wilms, 2001, 70). Die Systemelemente wirken innerhalb der Systemgrenzen (System-Umwelt-Differenz) so zusammen und beeinflussen sich wechselseitig so, dass ein zweck- und zielgerichtetes Verhalten in einem funktionalen Sinne möglich wird. Sofern ein Austausch zwischen dem System und der Systemumwelt stattfindet, handelt es sich begrifflich um ein so genanntes offenes System (vgl. dazu ausführlich Schuldt, 2006, 20 ff. unter Hinweis auf Luhmann; Nolte & Wöhner, 2012, 35 m.w.Nw.). Auch die Organisationseinheiten der öffentlichen Verwaltung stellen insoweit umweltoffene produktive soziale oder soziotechnische Systeme (Organisationen) dar.

Nachdem in der klassischen Systemtheorie zunächst die Vorstellung von einem geschlossenen und von der Umwelt nahezu unabhängigen Gebilde vorherrschte, wurde dieses Systembild in der Folgezeit durch die Annahme der Offenheit sozialer Systeme zur Umwelt erheblich modifiziert. Mit dem nächsten Entwicklungsschritt wurde das soziale System als selbstreferentielles Konstrukt betrachtet (vgl. Liebig, 1997, 55 m.w.Nw.). Selbstreferentielle Systeme werden sowohl als offene Gebilde (Umwelt fungiert als notwendiges Korrelat) wie auch als geschlossene Gebilde (Modus der operationellen Geschlossenheit) verstanden. In Anlehnung an Liebig (1997, 55) bildet die Unterscheidung von Geschlossenheit und Offenheit von Systemen keinen Gegensatz mehr, sondern vielmehr ein Bedingungsverhältnis. Unabhängig von der Frage, ob der Mensch je nach den Inhalten der Basisdisziplin des systemtheoretischen Erklärungsansatzes Element des sozialen Systems ist oder nicht, so steht auch in diesem Kontext außer Frage, dass jedes menschliche Verhalten (Handeln), menschliche Interaktion und Kommunikation sowie Entscheidungen und deren Kommunikation systemkonstituierende und systemgestaltende Elemente darstellen (vgl. in diesem Sinne auch Nolte & Wöhner, 2012, 35; Schuldt, 2006, 20 ff.). Strukturbildende Elemente der Organisationen im Sinne elementarer Systembausteine sind die konkreten Handlungen und das Verhalten der Systemmitglieder. Sie prägen und konstruieren die Realität in sozialen Systemen. Interaktion, Kommunikation, Entscheidungen sowie Kommunikation von Entscheidungen sind daher auch in den Organisationen des öffentlichen Sektors von zentraler Bedeutung.

Für ein weitergehendes, praxisrelevantes Verständnis bezüglich der Funktionsweise und Steuerbarkeit produktiver sozialer Systeme sind in Anlehnung an Macharzina und Wolf (2008, 71 ff. m.w.Nw.) folgende Grundannahmen von Bedeutung: Produktive Organisationen sind als offene Systeme in der Lage, ein „Fließgleichgewicht" herzustellen und im Falle von Störungen wieder in einen „Gleichgewichtszustand" zurückzukehren. Das Ausmaß der organisationsinternen Varietät entspricht dem Ausmaß der Umweltheterogenität. Die Wirkungszusammenhänge zwischen den Systemvariablen sind einzelfallspezifisch. Der vorrangige Koordinationsmodus eines sozialen Systems ist dessen Sinn. Es ist Macharzina und Wolf zuzustimmen, dass derjenige, der ein soziales System verstehen will, grundsätzlich einen ganzheitlichen und interdisziplinären Untersuchungsansatz wählen muss (vgl. dazu ausführlich Macharzina & Wolf, 2008, 71).

Will man menschliches Verhalten in Organisationen beschreiben, erklären oder sogar „prognostizieren", so muss man in einem ganzheitlichen Sinne sämtliche Seiten und Aspekte des Individuum-Organisation-Bezuges konzeptionell fassen und miteinander verknüpfen (vgl. in diesem Sinne auch Staehle, 1999, 162).

Die interne und externe Situation der Organisation prägt die Arbeitssituation des Geführten. Der Geführte wiederum verfügt ebenso wie die Führungskraft, die sich situationsangemessen und unter Beachtung der geltenden Umwelt- und Kontextfaktoren indirekter oder direkter Instrumente bedient, über ein eigenes Wertesystem, über spezifische Einstellungen und Erwartungen sowie über eine bestimmte Qualifikation im Sinne der Gesamtheit der funktions- und tätigkeitsbezogenen Fähigkeiten, Fertigkeiten und Kenntnisse (vgl. Nolte & Wöhner, 2012, 37).

Erst das zielgerichtete Zusammenwirken von Organisation, Führungskraft und Geführten bestimmt den Führungserfolg (Managementerfolg), der sich (qualitativ oder quantitativ messbar und bewertbar) in der individuellen

Arbeitsleistung, in der Systemleistung (Organisationsleistung), im Nutzen des produktiven Systems und letztlich auch in der Arbeitszufriedenheit der Systemmitglieder widerspiegelt (vgl. Nolte & Wöhner, 2012, 37).

Viele Personalführungsprobleme der Verwaltungspraxis entstehen, wie bereits dargelegt, erst aufgrund unzureichender organisatorischer Kontextfaktoren, insbesondere wegen fehlender oder unklarer Entscheidungsprämissen und Vorgaben, wegen unvollständiger Delegation sowie widersprüchlicher strategischer und operativer Ziele. Viele Organisationseinheiten der öffentlichen Verwaltung und deren Organisationsmitglieder werden im laufenden Modernisierungs- und Entbürokratisierungsprozess überfordert, da das vorhandene Instrumentarium des Organisations- und Personalmanagements, das verfügbare individuelle und kollektive Wissen und die fehlende Verzahnung der einzelnen Elemente der neuen Verwaltungssteuerung den spezifischen Anforderungen und den Standards des New Public Management (im Sinne eines einheitlichen, verbindlichen und bewährten Rahmens) noch immer nicht entsprechen. Personalführung und Betriebssteuerung können immer nur so effektiv sein, wie die organisatorischen, institutionellen und personellen Rahmenbedingungen und die sonstigen Restriktionen dies zulassen (vgl. Nolte & Wöhner, 2012, 37). Dies gilt umso mehr, als die Personal- und Organisationsentwicklung, die sich als Managementaufgabe an den konkreten Anforderungen des spezifischen Organisationszwecks zu orientieren hat, in der Verwaltungswirklichkeit häufig ohne wirklich professionelle, verzahnte Personal- und Organisationsentwicklungskonzepte auskommen muss.

2.3.7 Organisationsentwicklung als zentrale Managementaufgabe

Die Organisationsentwicklung stellt auch in der öffentlichen Verwaltung eine grundlegende Managementaufgabe dar.

Unter dem Begriff Organisationsentwicklung versteht man einen langfristig angelegten, umfassenden Entwicklungs- und Veränderungsprozess von Organisationen (sozialen Systemen) und den in ihnen tätigen Menschen (vgl. Jung, 2008, 269; König & Volmer, 2000, 54). Es handelt sich um eine Form des geplanten Wandels, bei der unter Verwendung verhaltenswissenschaftlicher Erkenntnisse organisationsweite Veränderungsprozesse eingeleitet und unterstützt werden (vgl. Staehle, 1999, 922).

Der Prozess der Organisationsentwicklung beruht auf dem Lernen aller Betroffenen durch direkte Mitwirkung und praktische Erfahrung (vgl. Thom, 2012, 21 unter Hinweis auf den Definitionsansatz der Gesellschaft für Organisationsentwicklung).

Im Rahmen der Organisationsentwicklung gestalten die betroffenen Systemmitglieder den Veränderungs- und Lernprozess aktiv mit. Die Organisationsentwicklung respektiert die Erfordernisse der Organisation und ihrer Umwelt genauso wie die Interessen der Betroffenen (vgl. Steiger, 2004, 281). Sie strebt einen angemessenen Umgang mit Komplexität an und ihr liegt ein ganzheitliches, systemisches Organisationsverständnis zugrunde (vgl. Steiger, 2004, 281).

„Trotz einer noch recht uneinheitlichen Terminologie kann generell festgehalten werden, dass unter den Begriffen „Organizational Development", „Planned Organizational Change" oder „evolutionäres Veränderungsmanagement" eine stark partizipative Konzeption zur Planung, Initiierung und Durchführung von Change- oder Veränderungsprozessen in sozialen Systemen verstanden wird" (Thom, 2012, 20). Von besonderer Bedeutung im Rahmen der Organisationsentwicklung ist, dass sämtliche Maßnahmen stets auf die übergeordneten Ziele der Organisation hin ausgerichtet sein müssen.

Die eher inkrementalen und evolutionären Konzepte der traditionellen Organisationsentwicklung im Sinne des Organizational Development beinhalten keine Herausforderung des herrschenden Paradigmas, sind eher gegenwartsorientiert und gewährleisten eine Kontinuität mit der Vergangenheit (vgl. Staehle, 1999, 931).

Im Gegensatz zum Organizational Development impliziert die Organizational Transformation eine neue Realitätssicht, einen visionären Entwurf für die Zukunft und eine Änderung des herrschenden Paradigmas (vgl. Staehle, 1999, 930 ff.). Das gesamte produktive soziale System wird an der neuen Mission und den neuen Anforderungen ausgerichtet. Es handelt sich um einen grundlegenden, revolutionären Wandel.

Das Ziel der Organisationsentwicklung als Lernprozess ist die gleichzeitige Verbesserung der Leistungsfähigkeit der Organisation (Erhaltung und Steigerung der Flexibilität, Förderung der Innovationsbereitschaft, Förderung der Lernfähigkeit und Problemlösungsfähigkeit des Systems) und der Qualität des Arbeitslebens (mehr Entfaltungs- und Entwicklungsmöglichkeiten, mehr Handlungs- und Entscheidungsspielraum, mehr Mitwirkung an Beratungs- und Entscheidungsprozessen) im Sinne einer besseren Arbeitshumanität (vgl. Jung, 2008, 269) und besseren sozialen Systemleistung.

2.3.8 Personalentwicklung als zentrale Managementaufgabe

Die Personalentwicklung zählt ebenfalls zu den zentralen Managementaufgaben und stellt einen ganz wesentlichen Baustein des Personalmanagements dar. Unter den Begriffen Personalmanagement oder Personalwirtschaft (im weiteren

Sinne) versteht man die Gesamtheit der mitarbeiterbezogenen Gestaltungs- und Verwaltungsaufgaben in einer Organisation oder die betrieblichen Managementfunktionen, die sich unmittelbar oder mittelbar auf die Beschäftigten eines Betriebes richten (vgl. Olfert, 2012, 31 ff.), wobei sich die gestaltenden – planerischen, steuernden und kontrollierenden Tätigkeiten – des Personalmanagements über das gesamte Spektrum des betrieblichen Personalwesens erstrecken. Personalmanagement hat eine strategische, langfristige und eine operative, eher kurz- bis mittelfristige Dimension (vgl. Reichard, 2011, 295 ff.). Zu den Kernfunktionen des Personalmanagements oder der Personalwirtschaft (i.w.Sinne) zählen die quantitative und qualitative Bestimmung des Personalbedarfs, die Personalbedarfsdeckung durch Rekrutierung und Auswahl, die Personaleinsatzsteuerung, die Personalentwicklung, die Personalverwaltung einschließlich Personalentlohnung, die Personalanpassung und das Personalcontrolling (vgl. Reichard, 2011, 295 ff.; Olfert, 2012, 31 ff.). Bei einer weiten Auslegung des Begriffs zählen auch die Funktionen der Personalführung und der Personalmotivation zum Personalmanagement. Das Personalmanagement im deutschen öffentlichen Dienst orientiert sich in Anlehnung an Reichard (2011, 296) noch immer weitgehend am so genannten tradierten Berufsbeamtentum unter besonderer Berücksichtigung der hergebrachten Grundsätze des Berufsbeamtentums im Sinne des Art. 33 Abs. V GG. Auch nach Auffassung von Reichard (2011, 296) ist die Personalwirtschaft herkömmlicher Prägung und Praxis nicht mehr zeitgemäß und demographietauglich und sollte durch ein zukunftssichereres Konzept des Personalmanagements für den öffentlichen Dienst dringend modifiziert werden.

In Anlehnung an Scholz (vgl. dazu ausführlich 2011, 13 ff.) muss ein effektives Personalmanagement fünf Schlüsselfragen beantworten, die den Kernbereich der Personalarbeit ausmachen:

- Wie gewinne ich das richtige Personal für meine Organisation (Akquisition)?
- Wie entlohne ich mein Personal leistungsadäquat (Kompensation)?
- Wie entwickele ich mein Personal weiter (Qualifikation)?
- Wie halte ich das leistungsstarke Personal in meiner Organisation (Retention)?
- Wie begeistere ich mein Personal langfristig für die Mission meiner Organisation (Motivation)?

Die im Bereich der öffentlichen Verwaltung angewendeten Methoden und Instrumente des Personalmanagements, insbesondere die Verfahren der Planung, Bemessung und Entwicklung von Personal, berücksichtigen in der Praxis häufig eher quantitative Aspekte und vernachlässigen demgegenüber die Aspekte der Qualität im Sinne des nutzbaren Potenzials und diverser Schlüsselqualifikationen.

Aus den veränderten qualitativen Anforderungen an eine bestimmte Stelle oder einen bestimmten Dienstposten und damit auch an das Personal ergeben sich jedoch erst diverse Möglichkeiten einer alternativen Struktur- und Prozessorganisation sowie alternativer, innovativerer und kreativerer Formen der Aufgabenerledigung. Diese können dann im Ergebnis wiederum zu ganz anderen und andersartigen Personalbedarfen führen. Eine derartige Entwicklung ist im Kontext des New-Public-Management-Ansatzes insoweit erstaunlich, als der propagierte Stellenwert der Humanressourcen einen erheblichen Bedeutungszuwachs der qualitativen Aspekte gegenüber der Lösung reiner Mengenprobleme erwarten ließe. Dies gilt umso mehr, als der demographische Wandel und die daraus resultierende zunehmende Knappheit an Personal ein viel kreativeres, innovativeres und vor allen Dingen lern- und entwicklungsorientierteres Personalmanagement erfordern. Auch nach Auffassung von Krutoff (2014, 15 unter Hinweis auf KGSt-Bericht 6, 2013 zum Thema kommunales Personalmarketing) sind in einem immer stärker werdenden Wettbewerb um geeignete Mitarbeiterinnen und Mitarbeiter mehr Kreativität, Flexibilität und Mut für ungewöhnliche Maßnahmen gefragt.

Bei der so genannten quantitativen Personalplanung geht es primär um die Bestimmung der zukünftig benötigten Anzahl von Mitarbeitern, insbesondere in den Fällen von Ersatzbedarf, Neubedarf oder Freistellungsbedarf (vgl. Staehle, 1999, 801; Scholz, 2011, 126 ff.).

Bei der qualitativen Personalplanung geht es um die Anforderungen an eine konkrete Stelle oder Position (vgl. Scholz, 2011, 130 ff.) sowie um die Bestimmung derjenigen Kenntnisse, Fähigkeiten und Verhaltensweisen, über die das Personal in der Zukunft bis hin zu einem definierten Planungshorizont verfügen muss (vgl. Staehle, 1999, 804). Dies erfordert einerseits eine Prognose zukünftiger Aufgabeninhalte und Tätigkeitsfelder und andererseits zukünftiger Leistungs- und Fähigkeitspotentiale (vgl. Staehle, 1999, 804 m.w.Nw.). Aus der Diskrepanz zwischen den definierten Anforderungsprofilen (Qualifikations-Soll) und den vorhandenen Eignungsprofilen (Qualifikations-Ist) kann im Wege eines Soll-Ist-Vergleichs ein konkreter Bedarf ermittelt werden. Auf der Basis dieses Bedarfs können dann geeignete Personalentwicklungsmaßnahmen oder geeignete Beschaffungsmaßnahmen eingeleitet werden.

Unter dem Begriff Personalentwicklung (im umfassenden Sinne) versteht man sämtliche Programme und Systeme, die sich mit Personalförderungsmaßnahmen sowie mit Methoden der Aus-, Fort- und Weiterbildung befassen (vgl. Jung, 2008, 250).

Ziel der Personalentwicklung ist es, die Organisationsmitglieder für die spezifischen Anforderungen der gegenwärtigen und zukünftigen Aufgaben in einer (zweckgerichteten) Organisation zu qualifizieren (vgl. dazu auch Thom, 2007, 1354; Becker, 2012, 228). Moderne Personalentwicklung ist sowohl „Bringschuld" der Organisation als auch „Holschuld" sämtlicher Organisationsmitglieder. Es ist Becker (2012, 232 m.w.Nw.) zuzustimmen, dass eine systematische Personalentwicklung nicht primär Aufgabe der Personalabteilung, sondern eine nicht delegierbare Führungsaufgabe von hoher Priorität ist, die jede Führungskraft für die ihr unterstellten Mitarbeiterinnen und Mitarbeiter sicherzustellen hat.

Es lassen sich in der Regel zwei Strategien der Personalentwicklung und den damit verbundenen Zielsetzungen erkennen: Die eine Strategie beinhaltet eine Zielsetzung für Qualifikationen nach Maß (im Sinne einer möglichst genauen Passung von konkreten, gegenwärtigen Arbeitsplatz- oder Tätigkeitsanforderungen und Qualifikationen). Die andere Strategie verfolgt das Ziel, möglichst flexible Mitarbeiterqualifikationen im Sinne arbeitsplatzunabhängiger Schlüsselqualifikationen zu schaffen (vgl. in diesem Sinne auch Jung, 2008, 250 ff.).

Es geht somit insgesamt im Rahmen der Personalentwicklung um den Erhalt und die Verbesserung der Qualifikation sowie um die Vermittlung und das Erlernen notwendiger Kompetenzen. Die Vermittlung dieser Kompetenzen kann zum Beispiel als Fortbildungsmaßnahme „off the job" oder als konkret arbeitsplatzbezogene Maßnahme „on the job" erfolgen.

In engem Zusammenhang mit der Personalentwicklung steht das so genannte „Talentmanagement". Auch hier geht es um das Auffinden und Entwickeln von besonderen Organisationsmitgliedern („Talente"), die über Schlüsselkompetenzen verfügen, die vergleichsweise selten am Markt zu finden, stark nachgefragt und für eine möglichst optimale Aufgabenerfüllung und den gesamten Organisationserfolg gegenwärtig und zukünftig von ausschlaggebender Bedeutung sind (vgl. Ritz & Sinelli, 2011, 10). Unter dem weiten Begriff des Talent-Managements kann daher alles verstanden werden, was die Identifikation, die Entwicklung, das Engagement, die Erhaltung und den Personaleinsatz eines Talents, eines so genannten „High Potentials", „A-Players" oder „Top-Performers", innerhalb eines bestimmten Organisationskontextes beinhaltet (vgl. Ritz & Sinelli, 2011, 8 ff.). Grundlegende Aufgabe des Talent Managements ist es, einen zentralen Beitrag aus Sicht des Personalmanagements zur Erreichung der strategischen Ziele der Organisation zu leisten (vgl. Ritz & Sinelli, 2011, 9) und die Wirkungen des demographischen Wandels möglichst frühzeitig zu erkennen und ihnen adäquat zu begegnen (vgl. Brönnimann & Hämmerle, 2011, 111 ff.).

Auch für die öffentlichen Verwaltungen gilt: Wenn die Talente (Angebot an besonders geeigneten, qualifizierten Arbeitskräften) knapper werden, muss die Attraktivität des Arbeitgebers – im Verhältnis zu den direkten Konkurrenten – zunehmen. Auch wenn die öffentlichen Verwaltungen in vielen Bereichen einen wettbewerbs- und konkurrenzorientierten Reformansatz immer noch strikt ablehnen, dem zunehmenden Wettbewerb um Talente werden sie sich als Arbeitgeber und unter den Bedingungen des zukünftigen Arbeitsmarktes jedenfalls nicht mehr entziehen können. Jede Organisation ist daher gut beraten, das Personalmanagement, insbesondere aber die Personalentwicklung als ein ganz wesentliches Steuerungs- und Führungsinstrument zu erachten (vgl. Schüpbach-Brönnimann, 2012, 244; Krutoff, 2014, 14 ff.) und deshalb auch ein möglichst hohes Maß an Professionalität im Rahmen dieser zentralen Unterstützungsfunktion anzustreben.

2.3.9 Öffentliches Rechnungswesen und Controlling als zentrale Elemente eines wirksamen Verwaltungsmanagements

Ein derartig komplexer, auf Effizienz und Effektivität ausgerichteter Transformations- und Entwicklungsprozess des gesamten öffentlichen Sektors kann nur dann erfolgreich verlaufen, wenn die gelebte Verwaltungskultur und die Verwaltungspraxis den Zielen und Anforderungen eines modernen Organisations-, Personal- und Verwaltungsmanagements entsprechen sowie den Grundideen und grundlegenden Instrumenten der Staats- und Verwaltungsreform hinreichend Rechnung tragen. Dies gilt insbesondere auch für den Aufbau eines wirksamen Controllings und eines umfassenden öffentlichen Rechnungswesens.

Eine der zentralen Ideen der neuen Verwaltungssteuerung ist eine stark ergebnis-, wirkungs- und nutzenorientierte Interpretation und Ausrichtung des gesamten Verwaltungshandelns. Ein effizientes und effektives Ressourcenmanagement im Kontext einer dezentralen, unternehmensähnlichen Struktur (die öffentliche Verwaltung als „Dienstleistungsunternehmen“) setzt auch ein adäquates betriebliches Rechnungswesen, insbesondere ein funktionsfähiges Controlling voraus. Diese grundlegenden Reformelemente wurden bislang im kommunalen Sektor und in einigen Bundesländern relativ konsequent umgesetzt, während sich die wirksamen und praxistauglichen Implementierungserfolge des Controllings auf Bundesebene in deutlich engeren Grenzen halten.

Controlling stellt in Anlehnung an Horvath (1996, 147) dasjenige Subsystem der Unternehmensführung dar, das Planung und Kontrolle sowie Informationsversorgung im Sinne des jeweiligen Systemzwecks ergebnisorientiert koordiniert und so die Adaption und Koordination des Gesamtsystems unterstützt. Controlling bildet als primär innerbetriebliches Planungs-, Informations- und Kontrollsystem die Nahtstelle zwischen der eher extern orientierten strategischen Planung und der eher intern orientierten operativen Planung und Kontrolle (vgl. Staehle, 1999, 666 ff.; Hansmann, 2004, 62 ff.). Da das Controlling als zentrales Instrument des Managements eine erfolgszielorientierte Steuerung der Gesamtorganisation gewährleisten muss, ist modernes Controlling, im Gegensatz zur reinen Kontrolle, weniger vergangenheits- als vielmehr gegenwarts- und zukunftsorientiert.

Das so genannte operative Controlling befasst sich mit relativ kurzfristigen Planungszeiträumen und der kurz- bis mittelfristigen Erfolgssteuerung der Organisation (vgl. Schedler, 2011, 238; Dincher et al., 2010, 144). Zu den Kernaufgaben des operativen Controllings zählen die Betrachtung der Wirtschaftlichkeit der betrieblichen Prozesse, die Budgetierung und Kontrolle des Budgets sowie die Versorgung des Managements mit entscheidungsrelevanten Informationen (vgl. Dincher et al., 2010, 144).

Das strategische, langfristig ausgerichtete Controlling hat vorrangig die nachhaltige Existenzsicherung der Organisation zum Ziel. Es ist Dincher et al. (2010, 144) zuzustimmen, dass strategisches und operatives Controlling infolge der permanenten Wechselwirkungen dann die höchste Wirksamkeit erzielen, wenn sie gezielt miteinander verknüpft sind. Eine sinnvolle Verzahnung der einzelnen Steuerungselemente und der diversen Steuerungsebenen kann für die öffentlichen Verwaltungen durch einen entsprechend zugeschnittenen Balanced-Scorecard-Ansatz gewährleistet werden (vgl. Nullmeier, 2011, 472 zum Performance Measurement im öffentlichen Sektor).

Damit das Controlling über die notwendigen Informationen zur betrieblichen Steuerung verfügt, bedarf es eines umfassenden Rechnungswesens. Dieses erfasst die wirtschaftlich relevanten Tatbestände und Vorgänge im Betrieb, unterzieht sie einer monetären Bewertung, verdichtet diese Daten und bereitet sie zielgerichtet auf (vgl. Dincher et al. 2010, 243).

Das betriebliche Rechnungswesen dient unterschiedlichen Informationszwecken und gliedert sich in das externe Rechnungswesen (Finanzbuchhaltung) und das interne Rechnungswesen (Betriebsbuchhaltung, Betriebsstatistiken und Planungsrechnungen). Zur Finanzbuchhaltung zählen insbesondere die Bilanz sowie die Gewinn- und Verlustrechnung, zur Betriebsbuchhaltung die Kosten- und Leistungsrechnung.

Im Gegensatz zu den Betrieben der Privatwirtschaft, die im Regelfall über ein umfassendes kaufmännisches Buchhaltungssystem (doppelte kaufmännische Buchhaltung oder „Doppik“) verfügen, bedienen sich viele öffentliche Verwaltungen, insbesondere auf Landes- und Bundesebene, noch immer vorrangig der Kameralistik oder einer erweiterten Variante der kameralistischen Buchhaltung. Im Rahmen der erweiterten Kameralistik werden zur Ergänzung der reinen Haushaltsdaten auch weitergehende Informationen aus der Kosten- und Leistungsrechnung sowie kennzahlengestützte Informationen zu bestimmten betrieblichen Leistungen berücksichtigt. Da die Kosten- und Leistungsrechnung den betrieblichen Werteverzehr (Kosten) sowie die betriebliche, monetär bewertete Wertschöpfung (Leistung) abbildet, ermöglicht sie eine Kontrolle der Wirtschaftlichkeit des betrieblichen Handelns und stellt somit eine wesentliche Grundlage für ein wirksames Controlling dar.

Da die Ergebnisse der Kosten- und Leistungsrechnung in der öffentlichen Verwaltung nicht nur zu betriebsinternen Planungs- und Steuerungszwecken genutzt werden, sondern – infolge der engen Verknüpfung mit dem Haushalt und der Kameralistik – zumindest auch mittelbar zu externen Dokumentationszwecken und Zwecken der Rechenschaftslegung, wird der Kosten- und Leistungsrechnung (KLR) in der Verwaltungswirklichkeit regelmäßig eine deutlich geringere Bedeutung als internes Steuerungsinstrument beigemessen, als in der markt- und wettbewerbsorientierten Privatwirtschaft. Die KLR wird in der Verwaltung weniger als notwendiges Instrument zur Preiskalkulation sowie zur Planung und Steuerung eines möglichst effizienten, effektiven und transparenten Ressourceneinsatzes verstanden, sondern als ein mehr oder weniger „untaugliches" Instrument einer politisch verordneten Leistungskontrolle der betroffenen Behörden. Es ist Budäus und Hilgers (2011, 426) zuzustimmen, „dass es ein grundlegender Irrtum ist, in Deutschland von der noch immer bestehenden Handlungsmaxime auszugehen, dass für Staat und Verwaltungen formalrechtlich kein Insolvenzrisiko besteht und daher die Einbeziehung ökonomischer Rationalität und der Ausbau entsprechender Instrumente des privatwirtschaftlichen Rechnungswesens folglich keine Relevanz besitzen". Die immer noch andauernden weltweiten Finanz- und Wirtschaftskrisen sowie die zum Teil drastisch gesunkenen finanziellen Handlungsspielräume des öffentlichen Sektors belegen genau das Gegenteil (vgl. Budäus & Hilgers, 2011, 426). Zudem baden viele öffentliche Verwaltungen bis heute die Folgen völlig überdimensionierter, kaum handhabbarer und auch an den konkreten Anforderungen der gesellschaftlichen und politischen Wirklichkeit offensichtlich vorbeigehender Kosten- und Leistungsrechnungssysteme aus.

Es ist Würtenberger zuzustimmen, dass sich der „betriebswirtschaftlich dominierte Managerialismus des ursprünglichen New-Public-Management-Ansatzes in Deutschland auch deshalb nur eingeschränkt bewährt hat, da Wohlfahrt und öffentliches Interesse als zentrale Kategorien staatlichen Handelns in den produkt- und kostenlastigen Reformkonzepten für die öffentliche Verwaltung eindeutig zu kurz gekommen sind" (vgl. dazu ausführlich Würtenberger, 2013, 1219 unter Hinweis auf König). Der Wechsel von der traditionellen Input- zur Ergebnis- oder Outputsteuerung mag zwar der Logik einer Binnenrationalisierung der Verwaltungen im Kern noch entsprechen, die extrem kleinteiligen und fast schon exzessiv anmutenden Produktkataloge und Leistungsdefinitionen, die zum Teil Datenhalden ohne jede praktische Steuerungsrelevanz generieren, werden der übergeordneten politisch-strategischen Steuerungslogik staatlichen Handelns nicht in dem notwendigen Maße gerecht und verengen sogar den Staats- und Verwaltungsauftrag in unzulässiger Art und Weise (vgl. dazu auch Würtenberger, 2013, 1223 m.w.Nw.).

„Betrachtet man den Policy-Making-Prozess und das politisch-administrative Kreislauf-System, dann findet die eigentliche politisch-strategische Steuerung des Staates und seiner Einrichtungen gerade nicht primär über den Output und die interne Kostenverrechnung statt, sondern über die unmittelbaren und mittelbaren Wirkungen staatlichen Handelns und deren Nutzen für das Gesamtsystem" (vgl. Würtenberger, 2013, 1225; Kirchhoff, 2013, 30 ff.).

Effektiv ist staatliches Handeln im Sinne der Policy und der politischen Rationalität erst dann, wenn nicht vorrangig die Kosten und Produkte gesteuert werden, sondern wenn die mit dem staatlichen Handlungsauftrag intendierten Wirkungen in der jeweiligen Zielgruppe und der Gesellschaft auch tatsächlich eintreten und das Gesamtsystem im Sinne der staatlichen Performance verbessert wird (vgl. Würtenberger, 2013, 1225).

Von einer flächendeckenden Akzeptanz für die Kosten- und Leistungsrechnung sowie für weitere Instrumente des operativen Controllings kann auch nach mehr als einem Vierteljahrhundert Verwaltungsmodernisierung und Managerialisierung daher kaum die Rede sein. Ohne eine konsequente Verknüpfung von Fach-, Prozess-, Ressourcen- und Ergebnisverantwortung sowie ohne eine angemessene Verzahnung von Budgetverantwortung, Ressourceneinsatz und Outcome sowie Impact staatlichen Handelns wird sich an der fehlenden Akzeptanz der KLR als Basis eines operativen Verwaltungscontrollings auch zukünftig wohl nicht viel ändern.

An dem Beispiel der KLR wird ebenfalls deutlich, welche drastischen Folgen die „Bürokratisierung" von Steuerungsinstrumenten sowie deren systemwidrige Implementierung, die unter Nichtberücksichtigung der maßgeblichen Kontextfaktoren und Umfeldbedingungen und unter faktischer Auflösung des ursprünglichen und übergeordneten Wirkungszusammenhangs erfolgt ist, für die Arbeitswirklichkeit in den öffentlichen Verwaltungen hat.

Führung und Steuerung im Sinne eines integrativen, ganzheitlichen oder systemischen Managementverständnisses, ein auf einander abgestimmtes, zeitgemäßes Organisations- und Personalmanagement sowie ein praxistaugliches öffentliches Rechnungswesen einschließlich eines wirksamen Verwaltungscontrollings sind die wesentlichen Mittel des Managements zur Erreichung der strategischen und operativen Organisationsziele sowie zur Verbesserung der gesamten System- oder Organisationsleistung, wobei das verbindende Element der beiden Teilaspekte von Management (Führung und Steuerung) das Merkmal der Zielbezogenheit im Hinblick auf den konkreten Organisationszweck und dessen Nutzen ist (vgl. dazu auch Nolte & Wöhner, 2012, 37).

2.4 Management- und Führungssysteme sowie Instrumente zur Erfüllung des Führungsauftrags

2.4.1 Management- und Führungssysteme

Der Begriff „Management“ kann somit auch für die öffentliche Verwaltung als die situations- und kontextbezogene, zielorientierte Gestaltung, Steuerung und Entwicklung eines produktiven soziotechnischen Systems in sach- und personenbezogener Dimension definiert werden.

Erfolgreiches Management setzt voraus, dass die Führungskräfte nicht nur über das erforderliche spezifische, interdisziplinäre Fach- und Methodenwissen verfügen, sie müssen auch über die erforderlichen, wissenschaftlich und theoretisch fundierten Kenntnisse zeitgemäßer Unternehmensführung (Verwaltungsführung) verfügen, die der praktischen Führungsarbeit zugrunde liegen.

Das notwendige Managementwissen beinhaltet unter anderem die Kenntnis der wesentlichen Führungsinstrumente und der gängigen Führungsmodelle sowie die Kenntnis der praktisch bedeutsamen Führungstheorien. Das notwendige betriebswirtschaftliche Wissen, insbesondere das öffentliche Managementwissen, stellt unverzichtbares Fachwissen für Führungskräfte der öffentlichen Verwaltung dar.

Das Managementwissen wird auch in den öffentlichen Verwaltungen im betrieblichen Management- und Führungssystem wirksam. Das Management- und Führungssystem stellt die Gesamtheit des Instrumentariums, der Regeln, Institutionen, Strukturen und Prozesse dar, mit denen Management- und Führungsfunktionen in einem sozialen System erfüllt werden (vgl. Link, 2011, 26 m.w.Nw.).

Dazu zählen auch die vielfältigen und meist komplexen disziplinarischen, hierarchischen, sozialen, psychologischen, technischen, ökologischen und ökonomischen Beziehungen, die innerhalb einer Organisation und zwischen der Organisation und dem Organisationsumfeld bestehen (vgl. Müller, 2000, 221).

Zu den Teilsystemen des Management- und Führungssystems zählen insbesondere die Führungsgrundsätze, das Zielsystem, das Organisationssystem, das Steuerungssystem, das Informationssystem und das Personalmanagementsystem (vgl. in diesem Sinne auch Link, 2010, 26; Steinebach, 1998, 75 ff. zu den betrieblichen Schwerpunktbereichen).

Abbildung 4: Betriebliche Schwerpunktbereiche

Betriebliche Schwerpunktbereiche:		
Managementsystem	**Leistungssystem**	**Rechnungssystem**
Einsatz und Wirksamwerden des dispositiven Faktors, Management der gesamten Organisation, Steuerung oder Leitung des Betriebes, Führung des Personals	Einsatz und Kombination der Elementarfaktoren zum Zweck der betrieblichen Leistungserstellung und deren Verwertung oder Abgabe	Erfassung, Überwachung und Kontrolle der betrieblichen Vorgänge, Unterstützung des Managementsystems durch Bereitstellung von Informationen

Da auch das betriebliche oder organisatorische Management- und Führungssystem im weiteren Sinne „aus Menschen oder Handlungen von Menschen" besteht, die untereinander und mit ihrer Umwelt über ein komplexes Beziehungs- und Interaktionsgeflecht verbunden sind, gelten auch für diese integralen Bestandteile des sozialen Systems (analog) evolutionäre Eigenschaften und Gesetzmäßigkeiten (vgl. Müller, 2000, 222). In Anlehnung an Müller (2000, 223) gelten auch für derartige Teil- oder Subsysteme folgende Grundannahmen:

- Es gibt ein Ziel und einen Zweck, zu dem das System geschaffen wurde.
- Es gibt Verhaltensnormen und Gesetze, die das Zusammenwirken im Sinne des Ziels und des Zwecks regeln.
- Es gibt Sanktionen, die bei Regelverstößen eingesetzt werden können.
- Es gibt Konkurrenten außerhalb des Systems, die ähnliche Ziele verfolgen.
- Es gibt „Leitfiguren", die den Systemmitgliedern eine hohe Identifikation mit dem System ermöglichen.
- Es gibt Rituale und Symbole, die zur Vertiefung des Systemzusammenhalts und zur Einprägung systemspezifischer Werte dienen.
- Es gibt eine systemspezifische Kultur, die auch kreatives Handeln zulässt und die die Abläufe und den Umgang der Systemmitglieder miteinander regelt (vgl. dazu ausführlich Müller, 2000, 223).

Im Kontext der so genanten Neuen Verwaltungssteuerung und eines systemischen, wirkungsorientierten Managementansatzes werden die Führungskräfte der Organisationseinheiten der öffentlichen Verwaltung und die sonstigen Organisationsmitglieder mit unterschiedlichen Systemtypen und „Systemwelten" konfrontiert. Die auf ein Höchstmaß an Stabilität, Bewahrung des Status Quo, Detaillierung, Fremdorganisation, Einfachheit und Determinierbarkeit basierenden konventionellen Managementsysteme der traditionellen Bürokratie mit streng hierarchischen Zuständigkeiten, genau abgegrenzten Verantwortlichkeiten und technokratisch-mechanistischen Arbeitsabläufen treffen auf evolutionäre bis revolutionäre, systemische und kooperative Managementansätze, die durch permanente Veränderung und Entwicklung, Dynamik, Flexibilität, Eigenverantwortlichkeit, Selbstorganisation, Komplexität und Nicht-Determinierbarkeit gekennzeichnet sind.

Die für den Reformerfolg dringend notwendige Harmonisierung dieser extrem unterschiedlichen Perspektiven und „Systemwelten" ist eine der zentralen Aufgaben eines ganzheitlichen, innovativen und integrativen Managementkonzeptes für die öffentliche Verwaltung und eine ganz besondere Herausforderung für die Führungskräfte des öffentlichen Sektors.

Der Management- oder Führungserfolg hängt auch in den öffentlichen Verwaltungen sowohl von der Qualität und der Wirksamkeit der personenbezogenen Führung, als auch von der Qualität und Wirksamkeit der sachbezogenen Methoden und Instrumente und deren Koordination und Synchronisation ab. Die jeweiligen Führungs- und Steuerungsmodelle der öffentlichen Verwaltung entfalten erst dann die gewünschte Wirkung, wenn die Organisationskultur, das tatsächlich akzeptierte und gelebte Wertesystem, das in der Organisation vorgelebte Führungsverhalten und das gewählte betriebswirtschaftliche Steuerungsmodell einander soweit wie möglich entsprechen (vgl. Nolte & Wöhner, 2012, 36 ff., 49 ff.) und konsequent auf die Wirkung und den Nutzen des staatlichen Handelns ausgerichtet sind.

Die Führungskraft ist das „personifizierte Leitbild". Ihr kommt im Umgang mit den Führungs- und Steuerungsinstrumenten eine entsprechende und in der Wirkung nicht zu unterschätzende Leit- und Vorbildfunktion zu (vgl. Fangmann, 2000, 131 ff.; Nolte, 2005, 260). Es ist von zentraler Bedeutung, dass die Führungskräfte der öffentlichen Verwaltung ihre Rolle in einer modernen, leistungsfähigen Organisation, die auf bewährten rechtsstaatlichen und zeitgemäßen betriebswirtschaftlichen Prinzipien basiert, verstehen und annehmen.

Führungskräfte müssen in der Lage sein, sich selbst und das eigene Verhalten als Teil eines ausgesprochen komplexen und übergeordneten System- und Interaktionszusammenhangs des Führungs- und Steuerungssystems zu erkennen, um entsprechend zielgerichtet Einfluss auf das soziale System, auf das Verhalten der Systemmitglieder sowie auf die Prozesse und Strukturen in den Ihnen anvertrauten Organisationseinheiten nehmen zu können (vgl. Nolte & Wöhner, 2012, 30 ff.). Die Führungskräfte der öffentlichen Verwaltung müssen in der Lage sein, den Sinn und die Wirkungsweise der Führungs- und Steuerungsinstrumente transparent zu machen, dieses entsprechend zu kommunizieren und in ihrer praktischen Führungsarbeit, im Sinne einer möglichst guten fachlichen und wirtschaftlichen Aufgabenerfüllung, wirksam einzusetzen (vgl. dazu auch Liebig, 1997, 134 ff.; Schäfer, 2005, 30 ff.; Nolte & Wöhner, 2012, 36 ff., 107).

Voraussetzung für den Management- oder Führungserfolg sind bestimmte, gemeinsame Werte und Standards sozialer Interaktion. Auch – und insbesondere – für die Führungskräfte einer öffentlichen Verwaltung gilt die „Rule of Law" und nicht die „Rule of Man". Die verbindlichen Werte, Normen und Prinzipien binden selbstverständlich in ganz besonderem Maße auch die Führungskräfte der Verwaltung.

Zu den so genannten kritischen Erfolgsfaktoren der Führung zählen insbesondere die Persönlichkeit, die Kompetenz und die Autorität der Führungskraft, die Persönlichkeit und die Kompetenz der sonstigen Organisationsmitglieder, die Qualität des Einsatzes der Steuerungs- und Führungsinstrumente, der situative Kontext und die Erwartungen der institutionellen und technischen Umwelten.

Der Führende bedient sich zur Erfüllung seines Führungsauftrages regelmäßig unterschiedlicher Führungsinstrumente. Dazu zählen sowohl spezifische Führungstechniken im engeren Sinne (so genannte „Führungstools" oder „Hilfsmittel der Führung") als auch eine Vielzahl von Führungsstilen („Führungsverhalten").

2.4.2 Führungstechniken

Die Führungstechniken stellen Instrumente (Mittel) zur Verbesserung und Erleichterung des Führungsprozesses dar. Dazu zählen u.a. die Arbeitstechniken, Beurteilungstechniken, Entscheidungstechniken, Informationstechniken, Kommunikationstechniken, Kontrolltechniken, Kooperationstechniken, Kreativitätstechniken, Motivationstechniken, Partizipationstechniken und Planungstechniken. Von besonderer Bedeutung im Rahmen der neuen Verwaltungssteuerung sind die Kommunikations-, Kooperations- und Partizipationstechniken.

2.4.3 Führungsstile

Die Führungsstile stellen langfristig relativ stabile und regelmäßig wiederkehrende Verhaltensmuster von Führungskräften im Sinne einer Grundhaltung oder Grundausrichtung bei der Ausübung der Führungs- und Leitungsaufgaben dar (vgl. Schulte-Zurhausen, 2010, 223; Macharzina & Wolf, 2008, 578). Führungsstile sind zeitlich überdauernd und in Bezug auf bestimmte Situationen in sich konsistent (Macharzina & Wolf, 2008, 578). Unter dem Begriff Führungsstil versteht man daher die eher generellen Verhaltensweisen einer Führungskraft, welche die Art und Weise charakterisieren, in der die Führungsaufgabe im Rahmen der Organisation wahrgenommen wird (vgl. Dincher et al., 2010,126; Schulte-Zurhausen, 2010, 219 ff.), also die konkrete (Grund-)Verhaltensweise der Führungskraft innerhalb des Spielraums der Leitungsstruktur des sozialen Systems (vgl. Koreimann, 1999, 67).

Ein Führungsstil ist vornehmlich durch die Einstellung des Vorgesetzten gegenüber seinen Mitarbeiterinnen und Mitarbeitern, die informationalen Beziehungen in der Gruppe, die Art seiner Willensbildung, Willensdurchsetzung und Kontrolle, die Art der Sanktionierung sowie die Art und Weise der Kommunikation bestimmt (vgl. Schulte-Zurhausen, 2010, 219 ff.; Macharzina & Wolf, 2008, 578). Zusammen mit der Art der Aufgabe und der jeweiligen Situation bildet der Führungsstil die Grundlage für das Führungsverhalten (vgl. Schulte-Zurhausen, 2010, 220).

Der Führungsstil bestimmt oder beeinflusst somit grundlegend die Art und Weise der Aufgabenerledigung (vgl. Koreimann, 1999, 67). Es handelt sich um ein innerhalb von Bandbreiten und Führungskontexten konsistentes, typisiertes und wiederkehrendes Führungsverhalten (vgl. Dincher et al., 2010, 126 m.w.Nw.; Macharzina & Wolf, 2008, 578). Führungsstile dienen vor allem der Beschreibung und der Klassifikation von Führungsverhalten (vgl. Dincher et al., 2010,126). Der so genannte Regelführungsstil oder Grundführungsstil muss mit dem aktuellen, situationsabhängigen und konkreten Führungsverhalten des Vorgesetzten keineswegs immer identisch sein. Er wird es in einer Vielzahl von Fällen auch gar nicht sein können, da die konkrete Situation, die spezifischen Interaktionen der Beteiligten sowie die komplexen Ursache-Wirkungsgefüge ein jeweils situationsangemessenes Führungsverhalten erfordern.

Regelführungsstil vieler öffentlicher Verwaltungen ist der kooperative Führungsstil. Dieser zählt zu den so genannten klassischen Führungsstilen.

Zu den klassischen Führungsstilen (in Anlehnung an Kurt Lewin) zählen neben dem kooperativen Stil auch der autoritäre Stil und der Laissez-Faire-Stil. Das wichtigste Kriterium dieser Führungsstile ist der Umfang der Partizipation der unterstellten Mitarbeiterinnen und Mitarbeiter am Entscheidungsprozess und das Maß der Selbststeuerung, das den Mitarbeitern zugebilligt wird (vgl. Koreimann, 1999, 69). Zwischen den Extrempunkten „autoritär" und „demokratisch" existiert ein so genanntes Kontinuum der Führungsstile im Sinne einer logischen Ordnung einzelner Ausprägungen.

Im Rahmen des kooperativen Führungsstils, der bisweilen auch synonym als partizipativ oder demokratisch bezeichnet wird (vgl. Macharzina & Wolf, 2008, 580), werden die Mitarbeiterinnen und Mitarbeiter in den Prozess der Willensbildung und Entscheidungsfindung einbezogen. Vorgesetzte und Mitarbeiter gestalten die Aufgabenerledigung gemeinsam (vgl. Börnecke et al., 2003, 287 ff.). Es handelt sich um eine bestimmte Ausprägung im Rahmen des Partizipationsmodells, nicht jedoch um eine basisdemokratische Form der Entscheidung oder um eine Kollegialentscheidung. Auch beim kooperativen Regelführungsstil trifft die Führungskraft die (echten Führungs-) Entscheidungen und verantwortet diese auch. Diese originäre Führungsverantwortung ist auch nicht delegierbar und sie verbleibt als Ergebnis- oder Gesamtverantwortung stets bei der Führungskraft.

Kennzeichnend für kooperatives Führungsverhalten sind zudem eine verstärkte Delegation im Sinne des Kongruenzgesetzes der Organisation (Übertragung von Aufgabe, Kompetenz und Verantwortung gemäß AKV-Prinzip der Organisation), die Stärkung der Eigenverantwortung der Mitarbeiterinnen und Mitarbeiter sowie Ansätze der Selbststeuerung und Selbstkontrolle. Der kooperative Führungsstil ist zudem durch eine Objektivierung der Entscheidungsprozesse gekennzeichnet. Diese sind transparent und von einem hohen Kommunikations- und Informationsstandard geprägt (vgl. dazu ausführlich Koreimann, 1999, 70).

Der autoritäre Führungsstil wird auch als direktiver oder autonomer Stil bezeichnet. Bei diesem Führungsverhalten führt der Vorgesetzte quasi kraft „Amtes“ und die Mitarbeiter handeln primär auf Anweisung ohne Mitsprache oder weitergehende Mitwirkung im Rahmen des Entscheidungsprozesses (vgl. Koreimann, 1999, 69; Börnecke et al., 2003, 287; Macharzina & Wolf, 2008, 580). Das stark autoritäre Führungsverhalten führt mittel- bis langfristig zur Normierung des Arbeitsverhaltens mit entsprechenden Routinen und zu einer Bürokratisierung der Gesamtorganisation (vgl. Koreimann, 1999, 70). Die Organisation ist zwar an sich stabil, erweist sich mangels Flexibilität und Kreativität aber im Falle extern bedingter Anforderungen auf eine schnelle und „deutliche“ Reaktion oftmals als unfähig zur zeitnahen Anpassung (vgl. Koreimann, 1999, 70).

Das Laissez-Faire-Führungsverhalten verzichtet weitgehend auf die Durchsetzung eines eigenen Führungswillens (Koreimann, 1999, 67) und auf alle Anweisungen und jegliches Einwirken auf die Mitarbeiter (Dincher at al., 2010, 127). Bei diesem Führungsstil ist das interpersonelle Beeinflussungsverhalten weitestgehend reduziert, so dass die Gruppenmitglieder ein hohes Maß an Autonomie und Handlungsfreiheit besitzen (vgl. Macharzina & Wolf, 2998, 580). Dadurch bewegt sich der Mitarbeiter als nahezu „freies“ Individuum in einem fast hierarchiefreien Raum (Börnecke et al., 2003, 288). Versteht man den Laissez-Faire-Führungsstil nicht als bloßes „Nicht-Führen“, sondern als extreme Form des Management-by-Exception, dann hat der Laissez-Faire Führungsstil zumindest dort seine Berechtigung, wo es auf eine möglichst ungehinderte Entfaltung der individuellen Persönlichkeit und des kreativen Ideenpotenzials ankommt (vgl. in diesem Sinne auch Börnecke et al., 2003, 289). Der Laissez-Faire-Führungsstil ist jedoch nur dann angebracht, wenn die Mitarbeiterinnen und Mitarbeiter aufgrund ihrer Qualifikation und ihrer Motivation auf Führung im Sinne einer direkten, zielbezogenen Einflussnahme nicht angewiesen sind (vgl. Dincher et al., 2010, 127).

Zu den tradierten Führungsstilen (in Anlehnung an Max Weber) gehören der autokratische, der bürokratische, der charismatische und der patriarchalische Stil.

In den öffentlichen Verwaltungen überwiegt als Regelführungsstil der kooperative Führungsstil. In der Verwaltungswirklichkeit überwiegt häufig ein eher am Bürokratiemodell orientiertes, „verwaltendes" und zumeist „formal-kooperatives" Führungsverhalten.

2.5 Führungsmodelle und Führungstheorien

Die Führungsinstrumente stehen in einem engen Zusammenhang mit den Führungsmodellen, die Aussagesysteme zur Konkretisierung einer umfassenden Führungsphilosophie („Unternehmensethik") hinsichtlich der Ziele und Mittel der Führung darstellen. Führungsmodelle sind Konzepte, die den Anspruch erheben, bei entsprechender Anwendung praktische Hilfestellung bei der Lösung von Führungsproblemen zu geben (vgl. dazu auch Dincher et al., 2010, 134 ff.).

Der Begriff „Führungsmodell" wird häufig auch mit den Begriffen „Führungskonzept", „Managementprinzipien" und „Managementkonzeptionen" gleichgesetzt (vgl. Schulte-Zurhausen, 2010, 223). Das Führungskonzept oder Führungsmodell stellt ein System von Empfehlungen dar, wie sich ein Vorgesetzter gegenüber seinen Mitarbeitern bei der Ausübung seiner Führungs- und Leitungsaufgaben verhalten sollte (vgl. Schulte-Zurhausen, 2010, 223).

2.5.1 Führungsmodelle

Im Rahmen der Führungsmodelle sind insbesondere die ein-, zwei- und mehrdimensionalen Führungsstilmodelle sowie die gängigen Management-by-Techniken oder Management-by-Konzepte zu nennen.

Die Management-by-Techniken lassen sich wiederum in Partialmodelle (einzelne Prinzipien) und Totalmodelle (Verbund mehrerer Prinzipien) unterteilen. Des Weiteren kann man die Management-by-Techniken in sachbezogene und personenbezogene Techniken gliedern. Von besonderer Bedeutung für die ziel- und ergebnisbezogene Führung und Steuerung in vielen öffentlichen Verwaltungen sind die Management-by-Techniken im Sinne des „MbO" (Management by Objectives) und „MbR" (Management by Results) sowie

„MbE" (Management by Exception). Hierbei handelt es sich um Modelle, deren zentraler Steuerungsmechanismus die Vorgabe oder Vereinbarung von Zielen (zu erreichende Ergebnisse) und der permanente Abgleich von Zielen, Zielerreichungsgraden oder Ergebnissen ist. Ausgangspunkt der so genannten Management-by-Modelle waren die Arbeiten von Drucker und Odiorne. Das von Drucker vertretene Prinzip des Management by Exception („Führung nach dem Ausnahmeprinzip") besagt, dass die Durchführung aller Normal- oder Standardfälle und die damit verbundene Verantwortung an die Mitarbeiter delegiert werden kann, so dass der Vorgesetzte nur noch im definierten Abweichungs- oder Ausnahmefall eingreifen muss (vgl. Schulte-Zurhausen, 2010, 223 m.w.Nw.).

2.5.2 Führungstheorien

In Abgrenzung zu den Führungsmodellen versuchen die Führungstheorien insbesondere wirksame und erfolgreiche Führung zu erklären und Aussagen zur „optimalen" Führung zu liefern. In diesem Zusammenhang sind nach wie vor die Erklärungstheorien von großer praktischer Bedeutung.

Zu den Führungstheorien im Sinne der Erklärungstheorien zählen die Eigenschafts-, die Verhaltens-, die Situations- und die Interaktionstheorie. Selbst die Instrumente und Methoden der modernen Personalrekrutierung und der modernen Personalwirtschaft greifen zumindest in Teilbereichen immer noch massiv auf die durchaus wissenschaftlich umstrittenen Grundlagen und Annahmen der ursprünglichen Eigenschaftstheorie zurück. Dies gilt insbesondere für die Definition erfolgskritischer Persönlichkeitsmerkmale und deren Messung sowie für die Definition und die Bewertung erfolgskritischen Führungsverhaltens. Auf den ersten Blick erscheint es durchaus nachvollziehbar, den Grund für erfolgreiches Führen vorrangig in den Charaktereigenschaften oder Persönlichkeitsmerkmalen einer Führungskraft zu suchen (vgl. Steiger, 2004, 48). Eigenschaften werden in diesem Kontext als Merkmale der Persönlichkeit aufgefasst, die zeitlich stabil, übersituativ und universell, jedoch in jeweils unterschiedlicher Ausprägung vorhanden sind (vgl. Steiger, 2004, 49). Die Eigenschaftstheorie ist jedoch in einigen wesentlichen Punkten umstritten.

Ein erster großer Streitpunkt der Eigenschaftstheorie betrifft die Frage, ob die den Führungserfolg stiftenden Eigenschaften angeboren sind oder ob sie auch erlernt werden können (vgl. Macharzina & Wolf, 2008, 571). Nach heute wohl vorherrschender Auffassung bestimmen sowohl die ontogenetische Anlage (Entwicklung des Einzelnen) als auch die sozialen Umstände der Entwicklung von Führungseigenschaften den Führungserfolg (vgl. Macharzina & Wolf, 2008, 571 m.w.Nw.).

Ein zweiter Streitpunkt betrifft die Frage, ob einzelne Persönlichkeitseigenschaften für den Führungserfolg verantwortlich sind, oder ob der Führungserfolg auf der spezifischen Anordnung und Konstellation der Merkmale beruht (vgl. Macharzina & Wolf, 2008, 571). In diesem Zusammenhang stellt sich auch die Frage nach der Kompensierbarkeit „defizitär" ausgeprägter Merkmale durch andere „besser ausgeprägte" Merkmale.

Der dritte Streitpunkt betrifft die Frage nach der situationsabhängigen Relativierung der Eigenschaften. Nach heute wohl herrschender Auffassung ist davon auszugehen, dass die Eigenschaften von Führungskräften zum Handlungskontext passen müssen, wenn sie Erfolgswirksamkeit erzeugen sollen (vgl. dazu ausführlich Macharzina & Wolf, 2008, 572).

Es ist im Ergebnis Macharzina und Wolf (2008, 575) zuzustimmen, dass die wegen ihrer Einfachheit und vermeintlich leichten Verständlichkeit vor allem in Praktikerkreisen durchaus geschätzte Eigenschaftstheorie auf Grund ihrer Uneinheitlichkeit und statistischen Unzulänglichkeiten als nur bedingt tauglich bezeichnet werden sollte. Schließlich darf auch nicht übersehen werden, dass es sich bei den ermittelten Eigenschaften nicht nur um abstrakte, sondern oft auch um inhaltlich diffuse, „unscharfe" Begriffe handelt (vgl. Macharzina & Wolf, 2008, 575).

Dennoch fühlen sich gerade traditionelle, bürokratisch geprägte Personaladministratoren von der scheinbaren Möglichkeit angezogen, die ohnehin nur schwer fassbaren und höchstkomplexen Phänomene Mensch und menschliche Persönlichkeit endlich in vermeintlich handhabbare, mathematisch genau definierbare Portionen untergliedern und in so genannten „Kompetenz- oder Skilldatenbanken" und „Persönlichkeitsschubladen" systemkonform verwalten zu können.

Auch in diesem Kontext wird die Sinnhaftigkeit einer differenzierten Betrachtung von Mensch und Organisation sowie von Persönlichkeit, Rolle, Funktion und Systemhandeln deutlich.

Zur Erklärung von Führungserfolg und wirksamer Personalführung sollten, um Risiken und Fehlerquellen im Personalmanagement, insbesondere in der Personalgewinnung, Personalverwendung und Personalentwicklung, zu minimieren, neben den wissenschaftlich fundierten und tatsächlich belastbaren eigenschaftstheoretischen Ansätzen stets auch die (beobachtbaren) verhaltensbezogenen und vor allen Dingen auch die situativen sowie kontextbezogenen (umfeldbezogenen) Ansätze angemessen berücksichtigt werden.

2.6 Systematik des Führungswissens

Die zentralen Fragen, auf die auch das Management der öffentlichen Verwaltung die richtigen Antworten haben muss, sind in schlagwortartiger Form:

Wozu sind wir da und tun wir die richtigen Dinge?
Tun wir diese Dinge auch richtig?
Wie verändern wir die Dinge und wie verändern wir uns selbst?

Diese drei Fragestellungen, die den Zweck, den Nutzen und die Entwicklung betreffen, sind insbesondere auch im Hinblick auf den Paradigmenwechsel und die Neupositionierung der Organisationseinheiten der öffentlichen Verwaltung im staatlichen Modernisierungs- und Reformprozess von grundlegender Bedeutung.

Die folgende Grafik verdeutlicht in vereinfachter, zusammengefasster Form die Systematik des Führungswissens mit den drei Säulen: Führungsinstrumente, Führungsmodelle und Führungstheorien.

Abbildung 5: Systematik des Führungswissens

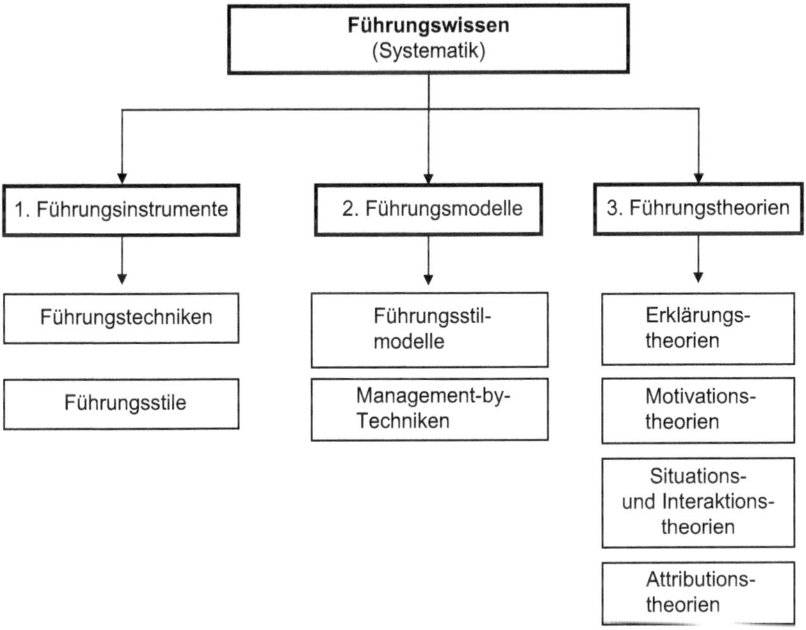

2.7 Management sozialer Systeme und die daraus resultierenden Anforderungen an die Kompetenzen der Führungskräfte der öffentlichen Verwaltung

Die zentrale Frage, die sich im Zusammenhang mit erfolgreicher Führung und erfolgreichen Führungspersönlichkeiten immer wieder stellt, ist die Frage nach den Erfolgsgründen und nach den Kompetenzen und besonderen Merkmalen, die eine Führungspersönlichkeit im Sinne eines wirksamen Managers ausmachen.

Die Beantwortung dieser Frage ist für die öffentlichen Verwaltungen gegenwärtig insbesondere vor dem Hintergrund des Paradigmenwechsels und des angestrebten Kulturwandels von besonderer Bedeutung. Die gestiegenen Anforderungen von Politik, Wirtschaft und Gesellschaft an eine effizientere, effektivere, service- und adressatenorientiertere Verwaltung, die wettbewerbsfähig ist und nach betriebswirtschaftlichen Prinzipien geführt und gesteuert wird, verändern auch die Anforderungen, die an die Führungskräfte und die Mitarbeiterinnen und Mitarbeiter der öffentlichen Verwaltung gestellt werden.

Spätestens mit der Einführung von mehr Kooperation, Partizipation, Dezentralisierung und einer erweiterten Ressourcen-, Prozess- und Ergebnisverantwortung (Empowerment) sowie mit dem politischen Ruf nach konsequenter Entbürokratisierung veränderte sich die bürokratisch geprägte Arbeits- und Lebenswirklichkeit in den öffentlichen Verwaltungen spürbar.

Das stark wirkungs- und nutzenorientierte Steuerungs- und Führungskonzept setzt neue Perspektiven bezüglich des Organisierens, der Organisationsform, der Organisationsstruktur, des Managers oder Organisators sowie der Organisationsmitglieder voraus (vgl. Dietrich, 2001, 228). Sofern man sich zu einer konsequenten Implementierung und Fortentwicklung des neuen wirkungsorientierten Steuerungsmodells entscheidet, erfordert dies eine vollständige Identifikation des gesamten Managements mit diesen Reformansätzen sowie eine Beachtung der damit verbundenen Konsequenzen (vgl. in diesem Sinne auch Dietrich, 2001, 233). Es ist Dietrich (2001, 233 m.w.Nw.) zuzustimmen, „dass bei lediglich halbherzigen Reformmaßnahmen, bei denen die alten Denk- und Strukturmuster der Hierarchie sowie das mechanistische Menschenbild nicht beseitigt werden, das System – auch aus Gründen des Machterhalts – die Reformansätze in einer Art und Weise pervertieren wird, dass wieder einmal genau das Gegenteil von dem erreicht wird, was ursprünglich von den politischen Entscheidungsträgern beabsichtigt war".

Die veränderten Anforderungen an die Führung und Steuerung in öffentlichen Verwaltungen wirken sich auf das gesamte Organisations- und

Personalmanagement, insbesondere aber auf die Gewinnung und Entwicklung geeigneten Personals aus.

Vor dem Hintergrund des demographischen Wandels und eines zunehmenden „Wettbewerbs um Talente" wird auch der öffentliche Dienst sein Personalmarketing und sein Organisations- und Personalmanagement unter Berücksichtigung der Bedingungen des „Marktes" immer weiter professionalisieren und ausbauen müssen.

Des Weiteren müssen den Leistungsträgern der öffentlichen Verwaltung angemessenere Entwicklungsmöglichkeiten und Gestaltungsspielräume geboten werden sowie ein tatsächlich verantwortungs- und leistungsbezogenes Anreizsystem. Dazu bedarf es auch grundlegender Reformen und Anpassungen des Beamtenrechts und des öffentlichen Dienstrechts. Insbesondere bedarf es eines längst überfälligen Wandels von der reinen Personaladministration traditioneller Prägung zu einem zeitgemäßen und professionellen Personalmanagement.

Weitere, ganz wesentliche Voraussetzungen für eine wirksame Führung und Steuerung ist die Bereitschaft der Führungskraft, die ihr übertragenen Führungsaufgaben und die daraus resultierende Führungsverantwortung tatsächlich auch zu übernehmen sowie die Bereitschaft und die Fähigkeit der Mitarbeiterinnen und Mitarbeiter das angebotene Empowerment anzunehmen und im Rahmen der Delegation eigenverantwortlich und selbstmotiviert in messbare Leistungen und Ergebnisse umzusetzen.

Zudem ist es unabdingbar, dass der Führende über funktionsangemessene und praxistaugliche Kenntnisse der grundlegenden Instrumente, Methoden, Modelle und Theorien verfügt. Erst dann kann er seine Führungsfähigkeiten situativ angemessen anwenden und entfalten, sein eigenes Führungsverhalten reflektieren, sein Verhaltensrepertoire auch aus eigener Einsicht und Erkenntnis erweitern und die Instrumente der Führung und Steuerung sowie das vorhandene Managementwissen flexibel, kreativ und zielgerichtet im Sinne des Handlungsauftrags und des spezifischen Systemzwecks einsetzen.

Erst ein fundiertes, aktuelles und interdisziplinäres Fach- und Methodenwissen versetzt das Management der öffentlichen Verwaltungen in die Lage, die konkreten Chancen und Risiken, die mit diversen, auch IT-gestützten Modernisierungs- und Restrukturierungsprojekten verbunden sind, rechtzeitiger und sicherer als bisher einzuschätzen. Dies gilt auch für die Sinnhaftigkeit und den wirtschaftlichen Nutzen der Maßnahmen sowie etwaiger in Anspruch genommener externer Beratungsdienstleistungen. Es drängt sich in einigen staatlichen Reformprojekten zunehmend der Eindruck auf, dass nicht die öffentliche Verwaltung als Auftraggeber mehr die externen Berater steuert und kontrolliert, sondern die beauftragten Berater – vice versa – ihrerseits die öffentliche

Verwaltung in die Pflicht nehmen und zumindest teilweise in die von ihnen gewünschte Richtung lenken. Es findet in der Realität bisweilen eine faktische Umkehr des eigentlichen Auftraggeber-Auftragnehmerverhältnisses statt. Die Konsequenzen derartiger, häufig suboptimal durchgeführter Modernisierungsprojekte und fehlgeschlagener, versandeter Reformmaßnahmen tragen letztlich die betroffenen Organisationseinheiten der öffentlichen Verwaltung und deren mindestens ebenso betroffene Mitglieder.

Ein wirksames Management komplexer, produktiver sozialer Systeme setzt eine umfassende Führungskompetenz voraus. Die gängigen Elemente der Management- oder Führungskompetenz sind fachlicher, methodischer, systemischer, sozialer und persönlicher Natur (vgl. dazu auch Behrmann & Frey, 2003, 245).

2.7.1 Fachkompetenz

Die Fachkompetenz betrifft die sach- und aufgabenbezogenen Kenntnisse und Fähigkeiten. Hierbei handelt es sich um fachspezifische und fachübergreifende Fähigkeiten und Fertigkeiten, die sich primär auf ein bestimmtes berufliches Aufgabengebiet beziehen (vgl. Jung, 2008, 254 m.w.Nw.).

2.7.2 Methodenkompetenz

Die Methodenkompetenz umfasst methodische, kognitive sowie verfahrens- und verhaltenstechnische Fähigkeiten (vgl. Behrmann & Frey, 2003, 245 m.w.Nw.). Das methodische Know-how ermöglicht die zielgerichtete Nutzung der fachlichen Potenziale und beinhaltet die Fähigkeit sich selbst zu organisieren (vgl. Jung, 2008, 255; Schneider, 2013, 74 m.w.Nw.). Die Methodenkompetenz versetzt den Menschen in die Lage, sich zur Lösung unterschiedlichster Probleme und zur Beurteilung verschiedenster Sachverhalte und Situationen der entsprechenden Instrumente und Methoden sachgerecht zu bedienen und das vorhandene Fachwissen wirksam in gut verwertbare Arbeitsergebnisse umzusetzen (vgl. in diesem Sinne auch Jung, 2008, 255). Dazu gehört insbesondere ein weitreichendes Verständnis für die Führungs- und Steuerungsinstrumente des so genannten neuen, wirkungsorientierten Steuerungsmodells der öffentlichen Verwaltung, für moderne Management- und Führungssysteme, für Managementtechniken sowie für organisationale Lern- und Entwicklungsprozesse. Schneider (2013, 74 ff.) verbindet mit der methodischen Kompetenz insbesondere auch das Element der Kreativität – als eine wertschöpferische Kraft (vgl. Schneider, 2013, 11 ff.) – das neben der Intuition auch eine angemessene Wissensbasis, die Fähigkeit, Informationen miteinander zu verknüpfen, sowie eine systematische und strukturierte Denk- und Arbeitsweise voraussetzt.

2.7.3 Sozialkompetenz

Die soziale Kompetenz ist eine ausgesprochen wichtige Voraussetzung für den Erfolg innerhalb einer Organisation (vgl. Jung, 2008, 255; Schneider, 2013, 79).

Zur Sozialkompetenz gehören insbesondere die Fähigkeiten zu kommunizieren, zu integrieren, zu kooperieren und Konflikte zu lösen. Bestandteil der sozialen Kompetenz ist auch die für eine Führungskraft wesentliche Fähigkeit mit anderen sowohl individuell als auch in Gruppen zusammenzuarbeiten, sie zu verstehen und zu motivieren (vgl. Robbins, 2001, 23).

Es ist Robbins (2001, 23) zuzustimmen, dass viele Menschen zwar in technischer Hinsicht über außergewöhnliche Fähigkeiten und Kenntnisse verfügen, aber im alltäglichen Umgang mit anderen Menschen erhebliche Defizite aufweisen. Derartige Führungskräfte sind trotz zum Teil beachtlicher fachlicher und analytischer Kompetenzen und ausgeprägter intellektueller Fähigkeiten mangels einer funktionsangemessenen Kooperations-, Kommunikations- und Konfliktfähigkeit als Manager und Gestalter einer Organisation auf Dauer relativ unwirksam oder können sogar aus der Perspektive des sozialen Systems mittel- bis langfristig ausgesprochen kontraproduktiv und demotivierend agieren.

2.7.4 Persönlichkeit und persönliche Kompetenz

Das nach wie vor sehr unterschiedlich definierte Konstrukt der Persönlichkeit umfasst die individuelle Struktur der Eigenschaften eines Menschen im Sinne einer personalen Identität. Bei der psychologischen Beschreibung der Person oder Persönlichkeit ist die Gesamtheit der Dispositionen (Neigungen, in bestimmter Art und Weise die Welt wahrzunehmen, zu denken, zu fühlen und sich zu verhalten) eines Individuums gemeint (vgl. Hug & Spisak, 2004, 92 ff.). Die Persönlichkeit, verstanden als ein solches Bündel von Dispositionen, ist das, was einen Menschen charakterisiert (vgl. Hug & Spisak, 2004, 92 unter Hinweis auf Zimbardo) und ihn einmalig und unverwechselbar macht. Jede Persönlichkeit ist ein selbständiger und produktiver Träger von Werten. Zur Persönlichkeit im Sinne eines dynamischen Systems zählen die Fähigkeiten, Überzeugungen, Einstellungen, Werte, Motive, Gewohnheiten, Verhaltensmuster sowie die Interaktionen eines Individuums (vgl. dazu ausführlich Staehle, 1999, 182 ff. m.w.Nw.). Bei der Beschreibung der Persönlichkeit sind soweit wie möglich sämtliche Aspekte im Sinne einer „vollständigen" Erfassung zu berücksichtigen (vgl. Hug & Spisak, 2004, 93). Dazu zählen auch die Veränderbarkeit der Persönlichkeit, deren Struktur und die Einzigartigkeit, die jedem menschlichen Wesen innewohnt. Wesentliche Determinanten der Persönlichkeit sind die Veranlagung (genetische Faktoren), die Umwelt und der soziale Kontext (Konditionierung und

Kultur) sowie die Abhängigkeit des relativ stabilen und konsistenten Persönlichkeitsmusters (vgl. dazu auch Hug & Spisak, 2004, 93) von der konkreten Situation. Maßgeblich für die Bewertung der Persönlichkeit und deren Erfassung sind verschiedene Sichtweisen auf die menschliche Natur. Folgt man dem Ansatz der Psychoanalyse (Freud, Jung, Adler u.a.) so wird der Mensch primär durch biologische Triebe motiviert. Folgt man dem Ansatz des Behaviorismus (Miller, Skinner, Moreno, Fiedler u.a.), so stellt der Mensch ein „Bündel von Gewohnheiten" dar, die durch die Verstärkungswirkung der Umwelt und des sozialen Umfeldes gebildet und verfestigt werden. Folgt man dem so genannten phänomenologischen Ansatz (Maslow, Rogers u.a.), so erkennt man im Menschen ein nach Selbstverwirklichung, Selbstachtung, Gesundheit und Wohlergehen strebendes Geschöpf.

Das Gebiet der Eignungsdiagnostik, das auch in vielen öffentlichen Verwaltungen zunehmend an praktischer Bedeutung gewinnt, befasst sich insbesondere mit der Messung bestimmter Persönlichkeitsmerkmale, mit dem jeweiligen Ausprägungsgrad dieser Merkmale und mit dem Ziel einer möglichst genauen Passung zwischen den tätigkeitsbezogenen, personenbezogenen und organisationsbezogenen Profilen. Die eigenschaftsbezogenen Testverfahren, wie zum Beispiel der relativ bekannte Myers-Briggs-Typenindikator, das so genannte Big-Five-Modell oder das Bochumer Inventar zur berufsbezogenen Persönlichkeitsbeschreibung (BIP), werden im Rahmen des trimodalen Ansatzes, der auch als „Kombimodell" bezeichnet wird, durch verhaltensbezogene Simulationsverfahren der Arbeitswirklichkeit und durch biographische Verfahren ergänzt, die aufgrund nachweisbarer Leistungen einen mehr oder weniger sicheren Schluss auf analoge zukünftige Leistungen zulassen können.

2.7.5 Systemkompetenz

Eine wirksame Führung und Steuerung von Organisationen setzt ein funktionsangemessenes, wenn auch nicht notwendigerweise streng wissenschaftliches Verständnis der Führungskräfte für die Funktionsweise komplexer sozialer oder soziotechnischer Systeme sowie für das Verhalten der Systemmitglieder in diesen Organisationen voraus. Systemisches Denken basiert dabei auf zwei wesentlichen Annahmen:

Das Verhalten (Handlungen, Kommunikation, Interaktion) des Einzelnen wird in erheblichem Maße durch das soziale System beeinflusst.

Der Einzelne verfügt selbst auch über diverse Möglichkeiten die Entwicklung des sozialen Systems zu beeinflussen (vgl. König & Volmer, 2000, 43).

Auf der so genannten Systemebene geht es darum, produktive Organisationen als Teile eines Gesamtsystems zu verstehen sowie wechselartige Beziehungen zwischen Organisation und Umwelt zu erfassen (vgl. Dietrich, 2001, 165 m.w.Nw.). Dies gilt insbesondere für die Bewertung von externen Einflüssen, die massiv auf die Organisationen einwirken können sowie auf die Auswahl geeigneter Reaktionsmöglichkeiten. Ein weiterer Schwerpunkt der Systemkompetenz ist die Auseinandersetzung mit den systeminternen Strukturen und Prozessen und deren „Steuerung" (vgl. Dietrich, 2001, 165 ff.). Wie bereits erörtert, stellen auch die Organisationseinheiten der öffentlichen Verwaltung offene, produktive soziale oder soziotechnische Systeme dar. Von grundlegender Bedeutung für die Systemkompetenz von Führungskräften ist eine fundierte Beschäftigung und intensive Auseinandersetzung mit dem jeweiligen System, dem spezifischen Organisationstyp sowie mit dessen Besonderheiten, insbesondere mit den formellen und informellen Handlungsmustern, dem Wertesystem und der Organisationskultur.

Vergleicht man produktive Organisationen mit der gebotenen Vorsicht mit lebenden Systemen, so gilt auch für Organisationen (analog) das evolutionstheoretische Erfordernis der notwendigen Anpassungsflexibilität und Anpassungsgeschwindigkeit an die sich verändernden Umweltbedingungen.

Grundsätzlich tendieren Organisationen dazu, einen relativ stabilen Zustand im Sinne eines Gleichgewichts anzustreben. Dies gilt in besonderem Maße für die bürokratisch-mechanistisch geprägten Einliniensysteme der traditionellen öffentlichen Verwaltung. Diese sind tendenziell überorganisiert, streng hierarchisch aufgebaut, funktional gegliedert und von einer insgesamt monolithisch wirkenden, starren Struktur mit hoher Stabilität.

Im Gegensatz zur strukturellen Starrheit bürokratischer Organisationen, deren spezifisches Beharrungsvermögen im Zuge der Verwaltungsreform und Entbürokratisierungsbestrebungen häufig als prinzipielle Veränderungsresistenz der öffentlichen Verwaltungen fehlinterpretiert wird, verändern sich die Systemumwelt und die Anforderungen, die sich aus diesen Veränderungen ergeben, permanent und zum Teil nicht-linear bis radikal. Da die öffentliche Verwaltung lange Zeit von verhältnismäßig stabilen, konstanten und sich allenfalls sehr langsam und moderat verändernden Rahmenbedingungen und Leitprinzipien ausgehen konnte, mussten die Organisationseinheiten und deren Organisationsmitglieder bislang nicht lernen, sich den Anforderungen grundlegender, paradigmatischer Veränderungen zu stellen und sich neuen Kontexten schnell und flexibel anzupassen. Die Arbeit der regelgesteuerten Behörden basierte primär auf der Beachtung klarer rechtlicher Vorgaben, auf der möglichst rechtskonformen Anwendung der Normen und auf deren Durchsetzung oder Vollzug (Exekutivfunktion). Das Verwaltungshandeln folgte einer einfachen, binären Entweder-Oder-Logik im Sinne von rechtskonform oder rechtsfehlerhaft, „richtig" oder „falsch", „schwarz" oder

„weiß". Der Paradigmenwechsel von einer inputorientierten Regel- und Fremdsteuerung zu einer output- und outcomeorientierten „autonomen Selbststeuerung" konfrontierte die öffentlichen Verwaltungen und deren Führungskräfte und Mitarbeiter mit völlig neuen Anforderungen wie erhöhter Flexibilität und Kreativität im Verwaltungshandeln, mehr Eigenverantwortung, mehr Bürger- und Kundenorientierung, mehr Effizienz- und Effektivität, Wirtschaftlichkeit und Nutzen als (zusätzlicher) prioritärer Maßstab der Aufgabenerfüllung sowie Wettbewerb. Diese Veränderungen führten dazu, dass auch die Organisationseinheiten der öffentlichen Verwaltung angesichts der Intensität und der Dynamik des politisch und gesellschaftlich gewollten Wandels in einer „globalisierten und digitalisierten Welt", der massiven Auswirkungen des Paradigmenwechsels, des hohen externen Modernisierungs- und Reformdrucks und der immer komplexeren Umweltbedingungen lernen müssen, dass die fast schon zwanghafte Aufrechterhaltung starrer und inflexibler bürokratischer Strukturen sowie die Duldung eingeübter, ineffizienter und ineffektiver Handlungsmuster und Routinen jedenfalls keine geeignete Lösung mehr für die Probleme der Gegenwart und erst recht nicht für die Anforderungen der Zukunft darstellt.

Zudem entsprechen die Einfachheit bürokratischer Organisationsformen und die Annahme von linear-kausalen Ursache-Wirkungszusammenhängen bei weitem nicht mehr der tatsächlichen Komplexität der modernen technischen und institutionellen Umwelten der öffentlichen Verwaltungen. Dies gilt auch für den permanenten Wandel der politischen, gesellschaftlichen, wirtschaftlichen und rechtlichen Rahmenbedingungen des gesamten öffentlichen Sektors.

Erst durch den organisatorisch sinnvollen, ausgewogenen „Gleichgewichtszustand" von notwendiger Anpassungsflexibilität, dynamischer Entwicklung und relativer Stabilität wird das System in die Lage versetzt, normale Erschütterungen und Einwirkungen auszugleichen und die Funktionsfähigkeit des Systems im Sinne der Zweckerfüllung und der Existenzsicherung aufrechtzuerhalten. Moderne Organisationen müssen sich den verändernden Rahmenbedingungen und Kontextfaktoren zeitnah, flexibel und möglichst proaktiv anpassen. Soziale Systeme müssen sich kontinuierlich fortentwickeln und „lernen zu Lernen" und dadurch neues Wissen zu generieren. Das notwendige Systemgleichgewicht entsteht nur dann, wenn sich die relative Stabilität der Strukturen und Prozesse und die erforderliche Dynamik von Veränderung und Wandel in einer angemessenen Balance befinden. Zu wenig Stabilität gefährdet die Aufrechterhaltung des notwendigen Gleichgewichtszustandes und führt zu einer nicht gewollten Labilität des gesamten Systems. Zu viel Stabilität im Sinne einer Fossilierung der Strukturen und Prozesse gefährdet die Anpassungsfähigkeit und erschwert oder verhindert notwendige individuelle und organisationale Lernprozesse.

Es gehört daher zu den ganz zentralen Aufgaben einer systemkompetenten und systemorientieren Führung und Steuerung die Organisation in dem angestrebten und erforderlichen dynamisch-stabilen Gleichgewichtszustand zu halten. In Anlehnung an Müller bestimmen die richtige Balance zwischen synergetischer Stabilität und evolutionärer Vitalität oder Dynamik die Überlebensfähigkeit eines sozialen Systems (vgl. dazu ausführlich Müller, 2000, 300 ff.; Nolte & Wöhner, 2012, 104).

Aus diesem Grunde stellt auch der dynamische Balanced-Scorecard-Ansatz, der eine flexible und ausgewogene Anpassung der mittel- bis langfristigen strategischen und eher kurzfristigen operativen Organisationsziele an die sich permanent verändernden Umwelt- und Kontextfaktoren ermöglicht, eine systemisch ausgesprochen sinnvolle Ergänzung des bisherigen Public-Management-Modells und des neuen, wirkungsorientierten Steuerungssystems dar. Die konsequente Nutzung des BSC-Ansatzes in der Verwaltungspraxis kann zudem zu einer intensiveren und wirkungsorientierteren Auseinandersetzung der Führungskräfte mit ganzheitlichen, systemischen Managementansätzen führen und so letztlich die Systemkompetenz sämtlicher Organisationsmitglieder erhöhen.

2.7.6. Spezifische Kompetenzfelder als Basis wirksamen Managements

Obwohl es keinen „Standard-Skill-Katalog" oder „Standard-Kompetenz-Katalog" für den erfolgreichen Manager schlechthin gibt, existieren jedoch bestimmte Merkmalskategorien, die auf eine Vielzahl wirksamer und erfolgreicher Führungskräfte zutreffen. Wie bereits dargelegt, bedeutet Führung in einem systemischen, ganzheitlichen Verständnis nicht mehr nur das gezielte Erzeugen eines gewünschten Verhaltens durch den Einsatz von Führungsinstrumenten, sondern auch die Gestaltung optimaler Rahmenbedingungen, unter denen die nachgeordneten Organisationsmitglieder ihre Aufgaben selbstverantwortlich und selbstorganisierend wahrnehmen können (vgl. Steiger, 2004, 55).

In Anlehnung an Thom (2012, 254 ff. m.w.Nw.) ergeben sich infolge einer ganzheitlichen Betrachtung wirksamer Führung folgende Skill-Bereiche („Skills" in diesem Sinne sind Fähigkeitspotenziale im kognitiven Bereich von Managern, also grundsätzlich erlernbar und nicht zwingend in der Persönlichkeit des Managers verankert) oder Kompetenzfelder, die sich in besonderem Maße auf die Qualität des Managements auswirken. Zu den Basiseigenschaften oder Fähigkeiten erfolgreicher Führungskräfte zählen insbesondere die Fähigkeit, soziale Prozesse zu steuern, systematisches Denken und Handeln, Aktivität und Ausdrucksvermögen (vgl. Thom, 2012, 254 ff.).

Die Steuerung sozialer Prozesse setzt insbesondere Kontaktfähigkeit, Kooperationsfähigkeit, Integrationsfähigkeit, Einfühlungsvermögen und Kommunikationsfähigkeit voraus (vgl. Thom, 2012, 254 ff.).

Das systematische Denken und Handeln beinhaltet in besonderem Maße Abstraktionsfähigkeit, Analysefähigkeit, Kombinationsfähigkeit, Entscheidungsfähigkeit, Problemlösungs-, Planungs- und Organisationsfähigkeit (vgl. Thom, 2012, 255; Schneider, 2013, 71 ff.).

Die Aktivität umfasst Arbeitsantrieb und Arbeitsmotivation, ein hohes Maß an Selbständigkeit, Durchsetzungsfähigkeit, Eigeninitiative und Flexibilität. Die notwendige und zunehmend bedeutsame Fähigkeit, gewohnte Routinen und ausgetretene Pfade zu verlassen und neue Wege zu erkunden, den eigenen Standpunkt auch gegen Widerstände zu verteidigen, „quer" zu denken und gegebenenfalls Probleme kreativ und unkonventionell zu lösen, stößt in stark technokratisch geprägten Systemen und bürokratischen Führungsstrukturen allerdings immer noch auf eine gewisse Skepsis.

Das Ausdrucksvermögen beinhaltet insbesondere die Kommunikationsfähigkeit einer Führungskraft (vgl. Thom, 2012, 256). Berücksichtigt man die Tatsache, dass mehr als 70 %-80 % der alltäglichen Führungsarbeit und des Aufgabenvolumens einer Führungskraft aus Kommunikation sowie Beziehungs- und Netzwerkpflege im weiteren Sinne bestehen (vgl. Staehle, 1999, 869 ff.; Thom, 2012, 256), so ist es nicht verwunderlich, dass eine ausgeprägte Fähigkeit zu kommunizieren auch eine ganz wesentliche Voraussetzung wirksamer Führung ist. Für den Manager werden unter den Bedingungen moderner, postbürokratischer Organisationsformen die gezielte Kommunikation und die Verfestigung des Netzwerkes wichtiger, als die traditionellen formalen Strukturen (vgl. in diesem Sinne auch Mayer, 2003, 26 ff.).

Schneider (2013, 80 ff.) zählt zu den Kernkompetenzen einer Führungskraft auch die intuitive Kompetenz. In Anlehnung an Müller und Rippel (2011, 62 ff.) ist Intuition die Fähigkeit, die auf der persönlichen Verarbeitung von Erfahrungen basiert, ohne bewusste Aufmerksamkeit auskommt und ein zeitnahes und müheloses Reagieren ermöglicht. Die Intuition ist eine der wesentlichen Quellen unseres schöpferischen Handelns (vgl. Müller & Rippel, 2011, 62 ff.), dennoch bedarf auch die intuitive Kompetenz eines praxistauglichen Korrektivs, das Schneider (2013, 81) sehr einprägsam und anschaulich mit dem Begriff der institutionellen Achtsamkeit umschreibt.

2.7.7 Handlungskompetenz als umfassende Managementkompetenz

Mit dem Begriff der beruflichen Handlungskompetenz bezeichnet man die Fähigkeit und Bereitschaft einer Person, in beruflichen Situationen sach- und fachgerecht, persönlich durchdacht und in gesellschaftlicher Verantwortung zu handeln (vgl. Behrmann & Frey, 2003, 245 m.w.Nw.). Das schließt die Fähigkeiten, Ziele zu bilden und reflexiv zu hinterfragen, Probleme zielorientiert und auf der Basis geeigneter Handlungsschemata selbstständig zu lösen, das vorhandene Handlungs- und Verhaltensrepertoire weiterzuentwickeln und die Folgen des Handelns abzuschätzen und kritisch beurteilen zu können, ein (vgl. Behrmann & Frey, 2003, 245). Die umfassende Handlungskompetenz einer Führungskraft setzt sich aus den Komponenten Fach-, Methoden-, System- und Sozialkompetenz sowie der persönlichen Kompetenz zusammen (vgl. dazu auch Behrmann & Frey, 2003, 245). Unter der Handlungskompetenz im Sinne einer umfassenden Management- oder Führungs- und Steuerungskompetenz versteht man demzufolge die Fähigkeit einer Führungskraft, die ihr insgesamt zur Verfügung stehenden Kompetenzen zur Steuerung des Systems (Organisation, Personal, Strukturen und Prozesse) wirksam ein- und umzusetzen.

In Anlehnung an Thom (vgl. 2012, 256 unter Hinweis auf Meffert und Wagner) kann man bei der Einteilung von Schlüsselqualifikationen als Basis einer umfassenden Handlungskompetenz drei Kompetenzfelder unterscheiden: Die fachlichen Kompetenzen (Technical Skills), die konzeptionellen Kompetenzen (Conceptional Skills) und die sozialen Kompetenzen (Social Skills).

Von besonderer Bedeutung ist in diesem Zusammenhang, dass fachliche und konzeptionelle Kompetenzen maßgeblich in der Ausbildung und der praktischen Tätigkeit erworben werden (vgl. Thom, 2012, 259 m.w.Nw.). Die soziale Kompetenz hingegen wird primär durch das tatsächliche soziale Umfeld und durch die praktische Tätigkeit geprägt (vgl. Thom, 2012, 259). Der Ausbau und der Erwerb sozialer Kompetenzen im Rahmen von Aus- und Fortbildungsveranstaltungen stoßen demzufolge an relativ enge Grenzen (vgl. Thom, 2012, 259). Es ist daher Thom (2012, 259) in vollem Umfang zuzustimmen, dass insbesondere bei der Weiterentwicklung sozialer Kompetenzen der Führungskräfte umfassende Konzepte der Organisationsentwicklung und des organisationalen Lernens ansetzen müssen. Des Weiteren muss zunächst ein geeigneter Handlungs- und Gestaltungsrahmen in den jeweiligen Organisationen geschaffen werden.

Weitere wesentliche Voraussetzungen für den Erfolg einer Führungskraft und deren Handlungswirksamkeit sind die Persönlichkeit und Autorität sowie der sachgerechte Einsatz legitimer Leitungsmacht. Von besonderer Relevanz ist auch ein authentisches und in seiner Grundausrichtung als relativ stabil und damit berechenbar wahrgenommenes Führungsverhalten.

Nach Auffassung von Mintzberg geht die traditionelle (funktionsdifferenzierte) Führungslehre von einer Reihe eher „folkloristischer" Mythen aus. Erster Mythos: Der Manager handelt als reflektierender, systematischer Planer. Zweiter Mythos: Der effektive Manager ist weitestgehend von Routineaufgaben befreit. Dritter Mythos: Der Top-Manager stützt sich auf aggregierte Informationen, die vorzugsweise von einem Management-Informations-System bereitgestellt werden. Vierter Mythos: Management ist in besonderem Maße durch analytisches und professionelles Handeln gekennzeichnet (vgl. dazu ausführlich Macharzina & Wolf, 2008, 638 ff. unter Hinweis auf Mintzberg). Diese Mythen dürften aufgrund empirischer Befunde so nicht haltbar sein (vgl. Macharzina & Wolf, 2008, 638).

„Die tatsächlichen Tätigkeiten und Handlungen von Managern sind im Arbeitsalltag eher durch Vielfalt, Unstetigkeit, Ambiguität und ein gewisses Maß an Hektik gekennzeichnet. Von vollständig durchdachter oder gar langfristig ausgerichteter Planung kann in der Realität vielfach kaum ausgegangen werden. Selbst Führungskräfte höherer Ebenen bevorzugen oftmals gut beherrschbare Routinetätigkeiten, die mit wahrnehmbarer Geschäftigkeit und kurzfristigen Erfolgserlebnissen verbunden sind. Einen besonders hohen Stellenwert hat die Verarbeitung und Weiterleitung von Informationen aus organisationsexternen Quellen" (vgl. dazu ausführlich Macharzina & Wolf, 2008, 638 ff.).

Viele Manager stützen sich selbst bei grundlegenden Entscheidungen weder auf aggregierte Controllinginformationen noch auf die Daten diverser Managementinformationssysteme. Die Manager bevorzugen im Arbeitsalltag vielmehr unterschiedlichste Formen verbaler Kommunikation und verbal vermittelter Informationen (vgl. dazu Macharzina & Wolf, 2008, 638 ff.).

Viele Handlungen und Entscheidungen der Manager sind zudem durch Erfahrungswissen, subjektive (Wert-)Urteile und Intuition gekennzeichnet (vgl. dazu Macharzina & Wolf, 2008, 638 ff. m.w.Nw.). Vielleicht zeichnet aber auch gerade die besondere Fähigkeit einer Führungskraft, selbst komplexe Problemlagen und Situationen nicht nur analytisch, sondern auch intuitiv schnell und richtig erfassen und bewerten zu können, einen wirklich wirksamen, kreativen und langfristig erfolgreichen Manager aus.

Das folgende Schaubild stellt die so genannten Führungs- oder Steuerungskompetenzen einer Führungskraft im Sinne einer umfassenden Management- oder Handlungskompetenz dar. Die umfassende Handlungskompetenz einer Führungskraft der öffentlichen Verwaltung basiert auf folgenden Teilkompetenzen (Elementen):

Abbildung 6: Die umfassende Handlungskompetenz einer Führungskraft

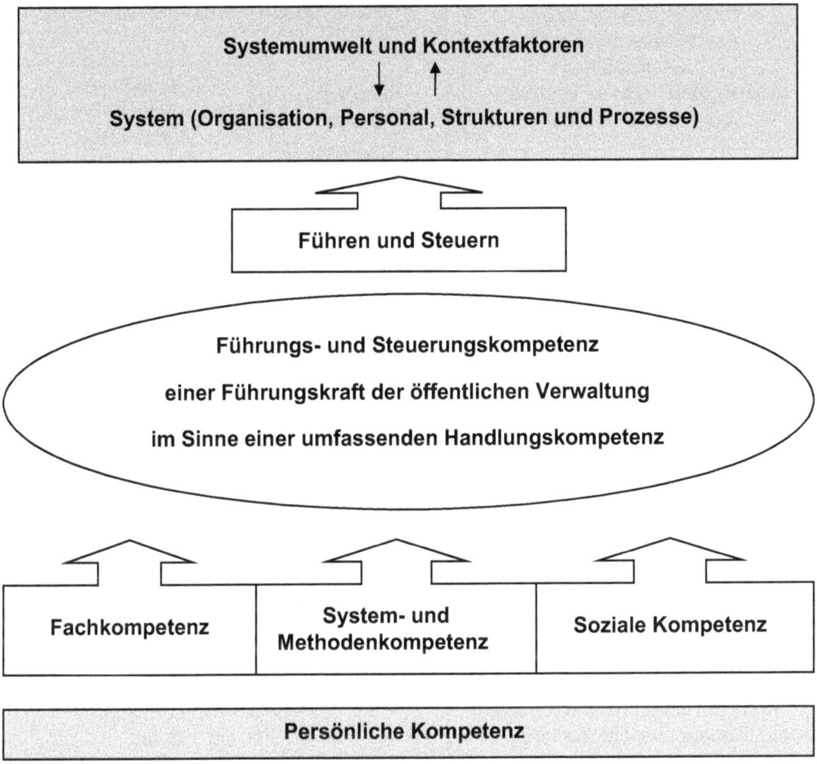

Betrachtet man nun die folgende rein exemplarische Auflistung unterschiedlichster Managementtätigkeiten, so wird ansatzweise deutlich, wie vielfältig und vielschichtig Management ist und welche Aufgaben regelmäßig auch von einer Führungskraft der öffentlichen Verwaltung im Führungsalltag wahrgenommen werden müssen:

Nur mit einer funktionsangemessenen Handlungskompetenz und der Bereitschaft der Führungskraft auch die vorhandenen eigenen Kompetenzen permanent zu erweitern, fortzuentwickeln und das praktisch notwendige Managementwissen regelmäßig zu vertiefen und zu aktualisieren, lassen sich diese höchst unterschiedlichen Anforderungen im Sinne einer möglichst wirksamen Aufgabenerledigung sachgerecht erfüllen.

2.7.8 Prinzipien kooperativer oder partizipativer Führung

Das konkrete Führungsverhalten und die Erwartungen und Anforderungen der Mitarbeiterinnen und Mitarbeiter an die Führungskraft und die Organisation sind immer wieder Gegenstand von Evaluierungen, Feedback-Maßnahmen, Selbstbewertungen und Mitarbeiterbefragungen.

Insbesondere die Organisationseinheiten der öffentlichen Verwaltung, die bereits über umfassende Qualitätsmanagementsysteme wie TQM („Total Quality Management“) oder EFQM („European Foundation for Quality Management“) verfügen oder verwaltungsspezifische Selbstbewertungssysteme wie CAF („Common Assessment Framework“) implementiert haben, setzen sich regelmäßig mit den Aspekten (der Wirksamkeit) von Führung und Steuerung und deren Reifegrad auseinander.

Die Auswertungen der in verschiedenen öffentlichen Verwaltungen durchgeführten Mitarbeiterbefragungen zum Thema „kooperatives Führen“ sowie die Erkenntnisse aus sonstigen Evaluierungen zum Themenfeld „Führung und Leitung“ führen im Kern immer wieder zu folgenden Ergebnissen, die auch im Rahmen einer Vielzahl von Praxisworkshops, Führungskräfteseminaren und diversen Trainingsmaßnahmen regelmäßig bestätigt werden:

Anforderungen, denen die Führungskräfte aus Sicht der ihnen nachgeordneten Organisationsmitglieder oftmals nicht gerecht werden können, sind insbesondere die Förderung einer effektiven und vertrauensvollen Zusammenarbeit, die gezielte Motivation der Mitarbeiterinnen und Mitarbeiter sowie die Förderung und Entwicklung des eigenen Personals. Eher schwach bewertet werden des Weiteren häufig die Durchsetzungsfähigkeit der Führungskräfte innerhalb der Hierarchie, die Entscheidungsfähigkeit, die Konfliktfähigkeit, das bisweilen noch ausbaufähige Vorbildverhalten sowie die Kritikfähigkeit und die Teamfähigkeit.

Als besonders positiv wird regelmäßig ein Führungsverhalten bewertet, das folgende Kriterien erfüllt: Mut zu einer sachgerechten und konsequenten Delegation und Vertrauen in das Leistungsvermögen und die Leistungsbereitschaft der Mitarbeiterinnen und Mitarbeiter, Stärkung der Eigenverantwortung und Schaffung geeigneter Handlungs- und Entscheidungsspielräume, keine ungerechtfertigte oder unsachliche Kritik, Förderung der Eigeninitiative und die Bereitschaft, die Leistung der Mitarbeiterinnen und Mitarbeiter als Teamleistung und nicht nur als eigenen Erfolg der Führungskraft darzustellen.

Ein weiteres Defizit von Führungskräften stellt die bisweilen fehlende Bereitschaft dar, sich intensiv mit den bereits implementierten Managementinstrumenten und deren Sinn und Zweck sowie mit den Erfordernissen einer kooperativen oder partizipativen Personalführung auseinanderzusetzen. Es fehlten auch ein entsprechendes Menschenbild und ein funktionsangemessenes systemisches und methodisches Verständnis sowie eine deutlich ausgeprägte Systemkompetenz vieler Führungskräfte. Soziale Organisationen würden als lebende, von Menschen und deren Handlungen geschaffene und erhaltene Systeme viel zu technokratisch und mechanistisch wahrgenommen und behandelt.

Die Berechenbarkeit menschlichen Verhaltens und die Besonderheiten „gruppendynamischer" Prozesse werden insbesondere in Zeiten radikaler struktureller Veränderungen tatsächlich häufig falsch eingeschätzt. Führung ist und bleibt situativ und erfolgt interaktiv. Sie ist untrennbar mit dem Handlungskontext, der Persönlichkeit und den Fähigkeiten des Führenden, mit dessen Menschenbild und Verhalten sowie mit der Persönlichkeit der Geführten, deren Kenntnissen, Fähigkeiten und Erfahrungen verbunden. Letztlich entscheidet die gelebte Organisations- und Führungskultur mit den vielfältigen zwischenmenschlichen Beziehungen über den dauerhaften Erfolg einer Organisation. Eine nachhaltige Verwaltungsentwicklung ist kaum vorstellbar, wenn die Führungskräfte nicht nachdrücklich und glaubhaft hinter den Zielen des Wandels stehen und auch bereit sind, sich selbst im Sinne der Reformziele weiter zu entwickeln.

Die in vielen öffentlichen Verwaltungen mittlerweile gewohnte Übung, die im Kontext der Reformen aufkommende Kritik der Organisationsmitglieder primär auf das wahrgenommene Führungsverhalten der einzelnen Leitungsebenen zu konzentrieren, verkürzt das eigentliche Modernisierungs- und Reformproblem jedoch in unzulässiger Art und Weise und beleuchtet zudem nur eine Seite der Reformmedaille. Ein nicht unerheblicher Anteil der Organisationsmitglieder der öffentlichen Verwaltungen kann mit den – reformbedingt – erweiterten Handlungs- und Entscheidungsspielräumen, mit Delegation, Empowerment, Selbstorganisation und Eigenverantwortung infolge der bürokratischen Sozialisierung nur wenig anfangen und verlangt demzufolge wieder nach direkterer Führung, genaueren Vorgaben und möglichst konkreten Handlungsanweisungen. Auch eine wirksame Delegation muss von beiden Seiten oftmals erst mühsam erarbeitet, verinnerlicht und immer wieder gemeinsam eingeübt werden.

Traditionelle bürokratische Ordnungen, zu denen normalerweise auch die primär hoheitlich tätigen Verwaltungen zählen, sind insbesondere durch fachliches Expertentum, durch eine vorrangig auf formale Macht und formale Autorität gestützte hierarchische Ordnung sowie durch besondere Werte der Verbundenheit gekennzeichnet (vgl. Geißler, 2003, 12 ff.).

Unabhängig vom konkreten Organisationstyp gibt es grundlegende Empfehlungen für ein wirksames, kooperatives oder partizipatives Führungsverhalten in sozialen oder soziotechnischen Systemen. Dazu zählen in Anlehnung an Geißler (2003, 60 ff.) insbesondere:

- Gemeinsame Werte definieren und durch das eigene Vorbild authentisch vorleben.
- Strukturen und Prozesse definieren und die Organisation weiterentwickeln.
- Zielorientiert handeln und delegativ führen.
- Regelmäßiges Feedback über Zielerreichung, Ergebnisse und Wirkung im Rahmen der Delegation geben.
- Dafür sorgen, dass die Arbeit auch Freude bereitet und als sinnvoller Beitrag des Einzelnen zur gemeinsamen Aufgabenerfüllung und zum Erfolg der gesamten Organisation wahrgenommen wird.
- Gute Leistungen angemessen belohnen, Kritik sachlich, offen und fair kommunizieren, Probleme gemeinsam und konstruktiv lösen.
- Würdevoll und respektvoll miteinander umgehen und gute, vertrauensvolle Zusammenarbeit ermöglichen.
- Konsequent nach Lern-, Verbesserungs- und Entwicklungsmöglichkeiten suchen und diese auch zeitnah umsetzen.
- Für eine kontinuierliche Entwicklung zum „Besseren" sorgen und gegen vermeidbaren Stillstand und Rückschritt kämpfen.

Daraus abgeleitet ergeben sich folgende grundlegende Elemente wirksamer, kooperativer Führung (vgl. Dauling & Eggers, 2003, 112 unter Hinweis auf das kooperative Führungsprinzip der Polizei):

- Delegation von Aufgaben, Kompetenzen und Verantwortung unter strikter Beachtung des Kongruenzgesetzes der Organisation.
- Partizipation im Sinne einer aktiven Einbindung der Mitarbeiterinnen und Mitarbeiter in die Prozesse der Problemlösung, Entscheidungsfindung, Zielfindung und Zielerfüllung. Die eigentliche Führungsentscheidung und die Verantwortung dafür verbleiben jedoch stets bei den Führungskräften.
- Weitestgehende Transparenz der Führungs- und Steuerungsmaßnahmen (insbesondere des Zielprozesses) sowie offene und transparente Kommunikation.
- Repräsentation des eigenen Zuständigkeits- und Verantwortungsbereichs, konsequentes und überzeugendes Einstehen für die gemeinsamen Ziele und Werte der Organisation. Einstehen für die eigenen Mitarbeiterinnen und Mitarbeiter.
- Ziel-, qualitäts- und wirkungsorientierte Führung und Steuerung.
- Gerechte und transparente Leistungsfeststellung und Leistungsbewertung.

Voraussetzung für den Erfolg der praktischen Führungstätigkeit ist die Akzeptanz bestimmter, verbindlicher Werte und Normen. Diese gemeinsamen

Werte und Ziele sind die Basis erfolgreicher Kooperation, Kommunikation und Führung.

Zielführend ist zudem ein bestimmtes Menschenbild, das die Führungskräfte von ihren Mitarbeiterinnen und Mitarbeitern, aber auch von sich selbst und ihren eigenen Vorgesetzten und Kollegen haben müssen (vgl. Dauling & Eggers, 2003, 112 ff.). Unter dem Begriff „Menschenbild" versteht man die Einstellungen von Personen oder Gruppen gegenüber anderen Menschen, häufig im Sinne von Auffassungen, Grundannahmen, Meinungen, Erwartungen oder Vermutungen (vgl. Dauling & Eggers, 2003, 112 ff.; Häfele, 1990, 26 m.w.Nw.). Menschenbilder beeinflussen maßgeblich die Auffassung der Führungskraft von ihren Mitarbeitern und deren Persönlichkeit sowie die Interaktionen und Handlungen von kommunizierenden Menschen und damit die Zusammenarbeit innerhalb des sozialen Systems und zwischen Systemmitgliedern und Organisation (vgl. Häfele, 1990, 26 m.w.Nw.). Menschenbilder prägen das alltägliche Führungsverhalten und wirken sich auf die Handhabung der methodischen Steuerungsinstrumente sowie auf die Interpretation und Wahl der Führungsinstrumente unmittelbar aus.

Der ganzheitlichen Mitarbeitersicht, einem von Wertschätzung und Vertrauen geprägten Menschenbild und der aktiven Förderung und Entwicklung von Personal kommt eine immer stärkere Bedeutung zu. Personalentwicklung ist, wie bereits erörtert, keine Spezialdisziplin oder Aufgabe von externen Beratern, sie ist vielmehr integraler Bestandteil jeder Führungstätigkeit. Modernes Personalmanagement findet auf nahezu allen Hierarchieebenen statt. Der Mensch ist und bleibt die zentrale Erfolgsgröße und steht im Mittelpunkt von Führung und Steuerung. Zumindest sollte er dort stehen. Diese Erkenntnis gilt in besonderem Maße für Dienstleistungsbetriebe – im betriebswirtschaftlichen Sinne – wie sie auch die Organisationseinheiten (Behörden) der öffentlichen Verwaltung darstellen. Der betriebliche Erfolg von Dienstleistern und das öffentliche Erscheinungsbild der öffentlichen Verwaltungen sowie deren gesellschaftliche und politische Akzeptanz basieren in ganz besonderem Maße auf der Qualifikation, der Adressatenorientierung, der Leistungsfähigkeit und der Leistungsbereitschaft der Mitarbeiterinnen und Mitarbeiter und deren Außenwirkung.

Das Wissen, die Erfahrungen, die Kompetenzen und Einstellungen der Organisationsmitglieder bestimmen letztlich die Qualität und die Wirtschaftlichkeit der Auftragserfüllung (vgl. Nolte & Wöhner, 2009, 680).

Die öffentlichen Verwaltungen sind nur so gut, wie die Menschen, die dort arbeiten (vgl. Nolte & Wöhner, 2009, 680). Eine kooperative und vor allem authentische, vertrauensvolle und kommunikationsorientierte Personalführung kann auch in der öffentlichen Verwaltung als Motivator wirken. Sie kann das Vertrauen der Organisationsmitglieder und deren Bindung an die Organisation stärken, das Betriebsklima sowie die Mitarbeiterzufriedenheit und Leistungsbereitschaft nachhaltig verbessern und dadurch langfristig den Organisationserfolg sicherstellen.

2.7.9 Vermittlung von organisationalem Sinn als zentrale Führungsaufgabe

Wie bereits dargelegt, müssen auch die Führungskräfte der öffentlichen Verwaltung in der Lage sein, sich selbst und das eigene Führungsverhalten als Teil eines übergeordneten System- und Interaktionszusammenhangs zu erkennen, um zielgerichtet Einfluss auf das Verhalten der Organisationsmitglieder und auf die betrieblichen Strukturen und Prozesse nehmen zu können.

Von besonderer Bedeutung in produktiven Organisationen ist dabei die Vermittlung von organisatorischem Sinn durch die Führungskräfte. Soziale und psychische Systeme operieren in hohem Maße mit dem Medium Sinn, Maschinen und Organismen dagegen nicht (vgl. Schuldt, 2006, 20 unter Hinweis auf Luhmann). Sinn ist demzufolge der grundlegende Operationsmodus sozialer Systeme und ein ganz wesentliches Element einer effektiven Rahmen- oder Kontextsteuerung (vgl. Liebig, 1997, 134 ff.). Nur wenn die Organisationsmitglieder vom Sinn und Zweck des behördlichen Auftrags und von der Sinnhaftigkeit und dem Nutzen ihrer eigenen Arbeit überzeugt sind, werden sie ihr Handeln noch konsequenter als bisher an den entsprechenden Organisationszielen ausrichten und ihre persönlichen Ziele so weit wie möglich in Kongruenz zu den Organisationszielen bringen (vgl. Nolte & Wöhner, 2012, 57 ff.).

Dem Kriterium Sinn kommt zudem eine maßgebliche Selektions- und Ordnungsfunktion zu. Die Vermittlung und Erzeugung von organisatorischem Sinn muss auch im Hinblick auf dessen identitätsstiftende Wirkung als eine der zentralen Managementaufgaben verstanden werden (vgl. Nolte & Wöhner, 2012, 58 m.w.Nw.).

Das konkrete Verhalten der Organisationseinheiten der öffentlichen Verwaltung ist ebenso wie das Verhalten einzelner Menschen nur schwer prognostizierbar und sicherlich nicht in einem linear-kausalen Sinne beeinflussbar oder steuerbar (vgl. Nolte & Wöhner, 2012, 57 ff.). Soziale Systeme folgen einer eigenen (System-)Logik, sind dynamisch und daher in der Lage den Systemzustand permanent zu verändern. Organisationen verhalten sich nicht wie technomorphe Gebilde oder einfache Maschinensysteme, deren „Verhalten“ weitestgehend berechenbar, planbar und kontrollierbar ist. Deshalb sind die Erkenntnisse zur Steuerbarkeit und Berechenbarkeit von „Maschinensystemen" allenfalls mit deutlichen Einschränkungen auf komplexe produktive soziale Systeme übertragbar. Dies gilt auch für die – wegen ihrer relativen Einfachheit – häufig implementierten kybernetischen Regelkreismodelle (1. Ordnung) im Rahmen eines eindimensionalen Verwaltungscontrollings.

Da soziale Systeme zudem über einen gewissen Eigensinn verfügen, gehört es zu den zentralen Aufgaben der Führungskräfte, im Wege einer geeigneten Kontextsteuerung mit klaren Entscheidungsprämissen den Kontext autonomen Handelns der Organisationsmitglieder im Sinne des Systemzwecks angemessen zu gestalten und eigenverantwortliches Handeln im Sinne einer möglichst effizienten und effektiven Aufgabenerfüllung zu fördern (vgl. Simon, 2009, 114 m.w.Nw.).

Die Entscheidungen über Entscheidungsprämissen bilden einen ausgesprochen wirksamen Mechanismus zur Steuerung von komplexen, produktiven sozialen Systemen (vgl. Simon, 2009, 114).

Die verschiedenen Ausprägungen des Führungs- und Steuerungsmodells der öffentlichen Verwaltung (einschließlich des Controllings) stellen nur den methodischen und instrumentalen Rahmen der betrieblichen Steuerung dar. Sie können erst dann die gewünschte Wirkung entfalten, wenn das gelebte Führungsverhalten in der Organisation und die gesamte Führungskultur des Systems mit dem gewählten Führungs- und Steuerungsmodell kompatibel sind.

Im Führungsalltag können Leitbilder und Leitideen beispielsweise nur dann auf Dauer bestehen, wenn sie durch geeignete Führungskräfte und deren authentisches Verhalten überzeugend vorgelebt werden. Die Führungskraft erzeugt und vermittelt organisatorischen Sinn und steht durch ihr konkretes und erlebbares Handeln persönlich für die Werte der Organisation ein.

Es ist daher von ausschlaggebender Bedeutung, dass die Führungskräfte nicht nur in der Lage sind, den Sinn und die ganzheitliche, integrative Wirkungsweise der Steuerungsinstrumente zu verstehen und diese in ihrer praktischen Arbeit sachgerecht zur Führung der Mitarbeiter und zur Steuerung der betrieblichen Abläufe einzusetzen, sondern ebenso in der Lage sind, auch den Sinn des New Public Management oder des neuen, wirkungsorientierten Steuerungsmodells glaubhaft zu vermitteln (Element der „Sinnstiftung" von Führung). Die eigene Führungsrolle ist dabei unter Berücksichtigung des spezifischen Systemkontextes, das heißt innerhalb der Grenzen des jeweils „Machbaren", stets pragmatisch, ziel- und wirkungsorientiert zu definieren und zu interpretieren.

2.8 Autorität und Macht in sozialen Systemen

Von besonderer Bedeutung sind in sozialen Systemen der gezielte Einsatz und die spezifische Verteilung von Macht und Autorität. Insbesondere für Führungskräfte ist es von grundlegender Bedeutung, die eigene Führungsrolle und den eigenen Führungsanspruch auch unter den gegebenen, teilweise suboptimalen Rahmenbedingungen des öffentlichen Dienstes und unter Beachtung der vorhandenen Restriktionen nötigenfalls gegen Widerstände und widrige Umstände durchsetzen zu können (vgl. dazu auch Steiger, 2004, 62).

Mit dem Begriff Autorität (im Sinne von Macht) werden die Möglichkeiten bezeichnet, die eine Führungskraft hat, Einfluss auf andere Personen auszuüben und eigene Vorstellungen und Konzepte - auch gegen den Willen anderer und gegen Widerstände - durchzusetzen (vgl. Staehle, 1999, 398). Autorität wird als legitime Form der Macht bezeichnet und stellt eine Form der Macht dar, die sich rechtfertigt und die eines Mindestmaßes an Zustimmung von Seiten der zu Beeinflussenden bedarf (vgl. Staehle, 1999, 398 ff.).

Die Autorität gliedert sich in einen formalen, einen funktionalen und einen personalen Aspekt.

Abbildung 7: Formen der Autorität

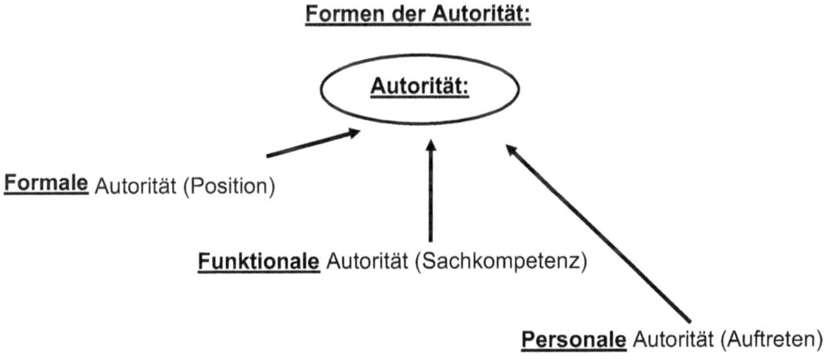

Die formale Autorität leitet sich primär aus der hierarchischen Stellung oder Position der Führungskraft („Amt“) innerhalb der Organisationseinheit ab. Sie ist auf der Seite der Organisation unabhängig vom jeweiligen Rollenträger eng mit der Position oder Stelle verbunden (vgl. Steiger, 2004, 62).

Die funktionale oder fachliche Autorität basiert auf Sachkompetenz, Fachwissen, Erfahrung und Qualifikation, die personale oder persönliche Autorität basiert auf der Ausstrahlung, dem Auftreten und Verhalten, dem Ansehen sowie bestimmten persönlichen Eigenschaften und Merkmalen der Führungskraft. Vorgesetzte, die über ein hohes Maß an persönlicher Autorität verfügen, brauchen zur Durchsetzung ihrer Ziele und Absichten in der Praxis deutlich weniger institutionelle oder formale Machtmittel, als Führungskräfte mit geringerer personaler Autorität (vgl. Steiger, 2004, 63).

Insbesondere im Bereich der Machtgrundlagen gibt es unterschiedliche Quellen der Macht (vgl. dazu ausführlich Staehle, 1999, 400 ff. m.w.Nw.). Dazu zählen die Macht durch Bestrafung, die allenfalls kurzfristigen Gehorsam erzeugt, letztlich aber zu Angst, Frustration und Entfremdung führt, sowie die Macht durch Belohnung, die mit primär extrinsischen Anreizen gewünschtes Verhalten verstärken soll. Eine weitere Machtquelle ist die legitime Macht in Form der Expertenmacht, die noch am stärksten mit Zufriedenheit und Leistung korreliert sowie die Vorbildmacht, die insbesondere auf Vertrauen und Identifikation beruht. Von besonderer und zunehmender Bedeutung in sozialen Systemen ist auch die so genannte Informationsmacht (vgl. Staehle, 1999, 400 ff.).

Bei einer Betrachtung der intra-organisatorischen Macht lassen sich in Anlehnung an Staehle (1999, 405 m.w.Nw.) folgende Machtgrundlagen unterscheiden, die auch in der Verwaltungspraxis von erheblicher Bedeutung sind:

Die Fähigkeit notwendige Ressourcen zu beschaffen, die Fähigkeit, kompetent mit Unsicherheiten und Widersprüchen umgehen zu können, die Fähigkeit, Entscheidungsprozesse wirksam beeinflussen zu können, sowie die Fähigkeit, Konsens in Gruppen herstellen zu können. Über eine Machtgrundlage eigener Art verfügen die Personen, die über systemrelevante, nicht-redundante Fähigkeiten und Fertigkeiten sowie über spezifisches Management- und Expertenwissen verfügen (vgl. Staehle, 1999, 405 ff. unter Hinweis auf Pfeffer und Mintzberg).

Die Begriffe „Autorität“ und „Macht“ im Sinne von Herrschaft sind regelmäßig eng miteinander verbunden. Einflusspotentiale sind stets Ausdruck von Macht. Als Macht bezeichnet man – wie zuvor dargestellt – die Chance, innerhalb einer sozialen Beziehung (eines sozialen Systems) den eigenen Willen auch gegen Widerstände durchzusetzen (vgl. Schäfer, 2005, 76; Steinmann & Schreyögg, 2000, 582).

Erfolgreiche Machtausübung führt dazu, dass der Entscheidung der Betroffenen über ihr Verhalten fremdgesetzte Daten zugrunde liegen, das heißt ihr Bereich alternativer Handlungs- und Gestaltungsmöglichkeiten ist zum Teil deutlich eingeschränkt (vgl. Steinmann & Schreyögg, 2000, 582).

Obwohl eine wirksame, ergebnisorientierte und damit erfolgreiche Führung ohne den Einsatz von Macht und die Ausübung von „Herrschaft“ gar nicht denkbar ist, wird in der alltäglichen Führungspraxis der öffentlichen Verwaltung eine offene, konstruktive und sachdienliche Diskussion um die Notwendigkeit des Einsatzes legitimer Leitungsmacht zur Durchsetzung der betrieblichen Ziele und die ebenfalls notwendige Definition der Grenzen dieser Macht kaum geführt. Grundsätzlich gilt, dass Macht im Sinne der Lenkung sozialer Gruppierungen nur dort funktioniert, wo Rollenträgern im Sinne einer Projektion Macht zugeschrieben und diese Zuschreibung von der Mehrheit der Betroffenen auch akzeptiert wird (vgl. Schäfer, 2005, 76).

Die Signaturen der Macht definieren dabei den Spielraum und die Grenzen, innerhalb deren sich die Interessen und Handlungsstrategien der Mitarbeiterinnen und Mitarbeiter entfalten können (vgl. Schäfer, 2005, 76). Innerhalb sozialer Systeme laufen permanent Machtprozesse unterschiedlichster Art und Intensität ab. An dieser Tatsache kommen weder die Führungskräfte, noch die sonstigen Organisationsmitglieder vorbei. Voraussetzung für den konstruktiven und wirksamen Umgang mit formeller und informeller Macht ist ein klares Verständnis von Macht und Machtausübung. Es ist Schäfer (2005, 80 ff.) zuzustimmen, dass Führungskräfte ein positives und extrem verantwortungsvolles Verhältnis zum Umgang mit Machtprozessen entwickeln müssen. Ein positiver Machtgebrauch liegt insbesondere dann vor, wenn die Führungskräfte die Interessen der Gesamtorganisation gegenüber den persönlichen Interessen oder den Individualinteressen einzelner Systemmitglieder durchsetzen. Dagegen liegt ein Missbrauch der Macht regelmäßig dann vor, wenn die Führungskräfte ihre eigenen Ziele, Bedürfnisse und Befindlichkeiten über die Ziele und Interessen der Organisation stellen oder wenn nachgeordnete Organisationsmitglieder nach „Lust und Laune“ geführt werden (vgl. Schäfer, 2005, 80). In diesen Fällen mutiert die so genannte „Rule of Law“ zur „Rule of Man“. Die Führung erfolgt quasi nach „Gutsherrenart“ willkürlich und mehr oder weniger „frei“ von sachlichen Erwägungen.

In Anlehnung an Weber unterscheidet man drei Herrschaftsformen, die auf unterschiedlichen Machtgrundlagen beruhen: Während die legale Herrschaft kraft Satzung besteht, stellt der Glaube an tradierte, überkommene Werte die Grundlage für die so genannte traditionelle Herrschaft dar (vgl. Macharzina & Wolf, 2008, 39; Staehle, 1999, 399 unter Hinweis auf Weber).

Die charismatische Herrschaft beruht hingegen auf der affektiven Hingabe der „Beherrschten“ gegenüber dem „Herrschenden“ (vgl. Macharzina & Wolf, 2008, 40; Staehle, 1999, 399 unter Hinweis auf Weber).

Mit der so genannten Machtgrundlage einer Partei wird die Gesamtheit ihrer Ressourcen bezeichnet, auf die sie zur Beeinflussung des Verhaltens einer anderen Partei zurückgreifen kann (vgl. Macharzina & Wolf, 2008, 614). Zur

Aktivierung der Machtgrundlagen dient der Einsatz von Machtmitteln unter Berücksichtigung des Machtbereichs und der Machtfülle. Je gleichmäßiger und ausgeglichener die Machtfaktoren zwischen den Parteien verteilt sind, desto mehr kommt es auf das Verhandlungsgeschick der einzelnen Parteien an (vgl. dazu Macharzina & Wolf, 2008, 614).

3. Die öffentliche Verwaltung im Kontext der allgemeinen Staats- und Verwaltungsmodernisierung

Bei der inhaltlichen Auseinandersetzung mit modernen Management- und Führungskonzepten ist stets zu berücksichtigen, dass diese von den jeweils vorherrschenden gesellschaftlichen, politischen und ökonomischen Rahmenbedingungen und Strömungen maßgeblich beeinflusst werden und permanenten Veränderungen und Entwicklungen unterworfen sind.

Management erfolgt immer in einem spezifischen technischen und institutionellen Kontext und unter Berücksichtigung der historischen und sozialen Entwicklungen.

Der institutionelle Kontext ist wegen der ausgesprochen engen Bindung des öffentlichen Sektors an die politischen Vorgaben und politisch-strategischen Rahmenbedingungen sowie wegen der strikten Bindung an Recht und Gesetz insbesondere für die Organisationseinheiten der öffentlichen Verwaltung von großer Bedeutung. Aus diesem Grunde folgt der gesamte Modernisierungs- und Entwicklungsprozess bislang auch eher einer politisch-institutionellen Logik, als einer Orientierung an den markt- und wettbewerbsorientierten Anforderungen der so genannten ökonomisch-technischen Umwelt.

3.1 Wesentliche Entwicklungen in der Managementlehre – von der technokratischen Steuerung zur systemischen Steuerung, vom Bürokratiemodell zum Public Management

Das Bild vom Menschen sowie das Bild vom Mitarbeiter und die Betrachtung des Betriebes haben sich seit 1900 mehrfach grundlegend verändert. Im Zeitablauf ist ein deutlicher Wandel von einem anfangs noch sehr mechanistischen Menschenbild hin zu einem die sozialen und individuellen Belange der Organisationsmitglieder immer stärker berücksichtigenden Menschenbild erkennbar (vgl. Dietrich, 2001, 139). Ein solcher radikaler Wandel ergibt sich für die öffentlichen Verwaltungen auch gegenwärtig als Folge des politisch gewollten Paradigmenwechsels vom Bürokratiemodell zum New Public Management und von der traditionellen Hoheitsverwaltung zum modernen, adressatenorientierten „Verwaltungsdienstleister".

Um den Prozess des Wandels und die daraus resultierenden Umsetzungsprobleme und Systemwiderstände verstehen und die Reformelemente kontextbezogen einordnen zu können, ist es sinnvoll, sich zunächst die wesentlichen Entwicklungen in der Management- und Organisationslehre zu vergegenwärtigen.

Die wesentlichen Entwicklungsstufen der Managementlehre und der Organisationswissenschaften waren der technologisch-klassische Ansatz (Betrieb als technisches System; Taylor, Fayol, Weber u.a.), der (verhaltensorientierte) Human-Relations-Ansatz (Betrieb als soziales System; Roethlisberger, Dickson u.a.) und der Human-Resources-Ansatz (Betrieb als sozio-technisches System). Aus dem verhaltensorientierten, motivationstheoretischen Ansatz (Maslow, Herzberg, Simon, March u.a.) und dem Systemansatz (Barnard, Ulrich u.a.) entwickelten sich im weiteren Verlauf die evolutionstheoretischen Ansätze (z.B. Malik, Kieser), der selbstorganisationstheoretische Ansatz (Probst, Kasper), der Interpretationsansatz (z.B. Weick, Marchazina) sowie der institutionalistische Ansatz (z.B. Di Maggio, Powell, Scott). Neben diesen Ansätzen entwickelten sich der so genannte Kontingenzansatz oder Situationsansatz (Child, Pugh u.a.), der Gestaltansatz (Macharzina, Engelhard u.a.), sowie der informationsökonomische Ansatz mit dem Agenturansatz, dem Transaktionskostenansatz und dem Verfügungsrechteansatz (vgl. dazu ausführlich Macharzina & Wolf, 2008, 400 m.w.Nw.).

Der technologische Ansatz ist eng mit dem Namen Taylor (Scientific Management, wissenschaftliche Betriebsführung, Arbeitsteilung, Mensch als Maschine und Produktionsfaktor) verbunden. Die wesentlichen Akzente des so genannten „Taylorismus“ sind die strikte Trennung von Leitung und Ausführung, die Einführung wissenschaftlicher Arbeitsmethoden und systematischer Zeitstudien, das Einsetzen von Kontrollmechanismen durch das Management, das Prinzip der Gewinnmaximierung, das Prinzip maximaler Produktivität sowie die Funktionalität der Organisation.

Neben Taylor sind im Zusammenhang mit der Aufgaben- und Prozessorientierung noch Fayol und Weber zu nennen. Die Arbeiten Webers und Fayols sind auch in der heutigen Zeit noch für das Verständnis der Funktionsweise bürokratischer Organisationen von erheblicher organisationstheoretischer und verwaltungspraktischer Bedeutung.

Fayol entwickelte grundlegende Managementprinzipien, stellte die betrieblichen Funktionsbereiche dar und gliederte die Unternehmensführung in die Elemente Planung, Organisation, Leitung, Koordination und Kontrolle (vgl. Macharzina & Wolf, 2008, 400 m.w.Nw.).

Die traditionelle Betriebswirtschaftslehre und die klassischen Organisationsansätze (Taylor, Fayol, Weber) sind sehr stark mechanistisch-technokratisch geprägt. Es dominiert ein insgesamt noch deutlich negativ geprägtes Menschbild. Der operativ, insbesondere körperlich arbeitende Mensch wurde tendenziell für unwissend, träge, inaktiv, verantwortungsscheu und opportunistisch gehalten (vgl. Dietrich, 2001, 139), während der dispositiv tätige Mensch (Führungskraft im weitesten Sinne) über das für eine optimale und umfassende Gestaltung notwendige „führungstechnische" Wissen verfügen sollte. Die gängigen Organisations- und Führungsprinzipien waren demzufolge autoritär oder direktiv und restriktiv ausgerichtet (vgl. Dietrich, 2001, 139).

Für die Organisation und die Arbeit der öffentlichen Verwaltung von besonderer Bedeutung sind bis heute die grundlegenden Arbeiten Webers. Der Name Weber ist eng mit dem sogenannten „Bürokratiemodell" verbunden, das unter anderem für genau abgrenzbare Aufgaben- und Kompetenzbereiche, feste Laufbahnen und für das Prinzip der Amtshierarchie steht.

Das Bürokratiemodell kann auch nach vielen Jahren der Staats- und Verwaltungsreform noch immer als das faktisch vorhandene und mehrheitlich akzeptierte organisationstheoretische Fundament der öffentlichen Verwaltung in Deutschland bezeichnet werden.

Bürokratie im Sinne von Weber war der gesellschaftliche Gegenentwurf zu staatlicher Willkür, Feudalismus und Machtmissbrauch, quasi ein Wandel von der „Rule of Man" zur „Rule of Law". Bürokratie war Ausdruck legaler, rationaler Herrschaft und als solche sachlich, unpersönlich und berechenbar. Kennzeichnend für diese Form der Bürokratie sind Amtspflichten, feste Verantwortlichkeiten, konkrete Weisungsbefugnisse und Zuständigkeiten, genau definierte Aufgaben, Kompetenzen und Pflichten, eine hohe fachliche Qualifikation und Eignung der beamteten Staatsdiener, feste Besoldung und eine vorgezeichnete Laufbahn sowie einfache Berichts- und Weisungswege, ein vielschichtiges System von Über- und Unterordnungen, Aktenmäßigkeit der Vorgänge, eine Kodifizierung der Verwaltungsordnung, eine einheitliche Amtsdisziplin und Kontrolle sowie Amtsführung nach Maßgabe fester Regeln und Normen (vgl. dazu ausführlich Kieser, 2006, 73 ff. unter Hinweis auf Weber). Die in der heutigen Verwaltungswirklichkeit häufig vorzufindende Überzeichnung bürokratischer Strukturen und Prozesse im Sinne eines extrem ineffizienten und dysfunktionalen „Bürokratismus" stellt eine deutliche Abkehr von der ursprünglichen bürokratischen Grundidee Webers im Sinne einer möglichst effizient und wirksam handelnden öffentlichen Verwaltung dar.

Die Effizienz und Effektivität der Bürokratie beruhte nach der Vorstellung Webers primär auf ihrer Maschinenartigkeit und der daraus resultierenden Austauschbarkeit standardisierter menschlicher Arbeitsleistungen. Auch an dieser Stelle werden Parallelen des klassischen Bürokratiemodells zum Scientific Management Taylors und zum Administration Management Fayols deutlich und sind ebenfalls Ausdruck eines bestimmten Zeitgeistes, der in einem ganz konkreten historischen, ökonomischen und gesellschaftlichen Kontext steht. Nach Weber verhält sich ein voll entwickelter bürokratischer Mechanismus mit hoher funktionaler Differenzierung und Spezialisierung – im Vergleich zu anderen Formen der Verwaltung – wie eine Maschine zu den nicht mechanischen Arten der Gütererzeugung (vgl. Kieser, 2006, 73 ff. m.w.Nw.).

Vergleicht man die bürokratische Verwaltungspraxis („Maschinenmodell") und das entsprechende Menschenbild mit den Anforderungen des neuen, wirkungsorientierten Steuerungsmodells und der Lernenden Organisation so wird deutlich, dass die rein bürokratische Verwaltungspraxis durch eine neue, integrative, systemische, lern- und wissensbasierte Verwaltungspraxis ergänzt und modifiziert werden muss.

Die bürokratische Prägung und Sozialisierung des öffentlichen Dienstes erklärt aber auch, weshalb so viele Führungskräfte und sonstige Systemmitglieder immer noch von einer Wirklichkeit ausgehen, in der die bürokratische Organisation und deren Umwelt als stabil, berechenbar und nahezu vollständig planbar und beherrschbar gelten, während die Verwaltungswirklichkeit und das Systemumfeld sich infolge des Paradigmenwechsels schon lange gewandelt haben.

Da die öffentlichen Verwaltungen in Deutschland auch tatsächlich über einen sehr langen Zeitraum auf ausgesprochen stabile, berechenbare und sich allenfalls nur sehr langsam und moderat verändernde Rahmenbedingungen und Anforderungen vertrauen konnten, entsprachen die bürokratisch verfassten Organisationskonzepte durchaus den wenig komplexen und fast statisch anmutenden öffentlichen Systemumwelten (vgl. dazu auch Nolte & Wöhner, 2012, 97). Die Komplexität und Eigenvarietät der öffentlichen Verwaltungen entsprachen im Wesentlichen ebenfalls der Komplexität und Varietät der öffentlichen Systemumwelten. Den gegenwärtigen und zukünftigen, ungleich komplexeren, dynamischeren und immer weniger berechenbaren öffentlichen Systemumwelten in Verbindung mit den deutlich gestiegenen Erwartungen und Anforderungen der Gesellschaft, Wirtschaft und Politik an den öffentlichen Sektor entsprechen die Eigenvarietät und Komplexität der traditionellen bürokratisch-technomorphen Strukturen jedoch nicht mehr in dem notwendigen Maße (vgl. Nolte & Wöhner, 2012, 97). Aus diesem Grund bedarf es einer spürbaren Steigerung der Eigenvarietät und eines grundlegenden Wandels zu wesentlich innovativeren, flexibleren und anpassungsfähigeren Organisationstypen (vgl. in diesem Sinne auch Pawlowski & Geppert, 2005, 273 ff.). Dies ist auch ein zentraler Grund, weshalb die bürokratischen Grundstrukturen der öffentlichen Verwaltung in Deutschland in geeigneter Art und Weise dringend modifiziert und konsequenter in Richtung Selbststeuerung, Selbstregulierung und Wettbewerbsorientierung fortentwickelt werden müssen.

Nahezu zeitgleich mit den Arbeiten Taylors, Fayols und Webers entwickelte sich ein deutlich personen- oder mitarbeiterorientierterer Ansatz, der als Psychotechnik bezeichnet wird und insbesondere mit dem Namen Münsterberg verbunden ist. Hier ging es bereits um die Anwendung psychologischer Erkenntnisse auf die Eignung der Mitarbeiter und auf die Arbeitsgestaltung.

Als Ausgangspunkt für den ebenfalls stark personenorientierten Human-Relations-Ansatz wird die Hawthorne-Studie (Western Electric Company) erachtet. Der Human-Relations-Ansatz stellt den Menschen als soziales Wesen in das Zentrum seiner Betrachtungen. Dennoch ist das Menschenbild der Human-Relations-Bewegung noch von deutlichen Manipulationsvorstellungen geprägt (vgl. Dietrich, 2001, 139). Ähnliches gilt für Teile der verhaltenswissenschaftlich geprägten Organisationslehre. Auch hier stehen behavioristisch geprägt Reiz-Reaktions-Mechanismen im Vordergrund, durch die Menschen und deren Handlungen manipuliert und gesteuert werden können und sollen (vgl. Dietrich, 2001, 140 m.w.Nw.). Eng mit den Hawthorne-Experimenten (Beleuchtung und Gruppenverhalten, Gruppendynamik und Gruppenzwang) verbunden sind die Namen Mayo, Roethlisberger und Dickson. Wesentlich beeinflusst wurde der spätere Human-Resources-Ansatz durch die Arbeiten von Maslow (Bedürfnispyramide), Herzberg (Zwei-Faktoren-Theorie), Mc. Gregor (X- und Y-Theorie) und Lewin (Gruppendynamik und klassische Führungsstile). Aufbauend auf den Erkenntnissen der rein technologischen und rein sozialen Ansätze trat die soziotechnische Betrachtung des Betriebes in den Vordergrund.

Das Tavistock-Institut untersuchte das Verhalten innerhalb autonomer und teilautonomer Arbeitsgruppen und betrachtete den Betrieb als offenes und dynamisches System. Das Leistungsvermögen des Mitarbeiters sollte durch eine Erhöhung der Arbeitszufriedenheit (Motivation, Leistungsanreize) erhalten und gesteigert werden. Die Führungskraft steht nach der soziotechnischen Betrachtung nicht nur im Zentrum des offenen Systems „Unternehmung“ (hier: die Organisationseinheiten der öffentlichen Verwaltung als Betriebe im Sinne der Betriebswirtschaftslehre), sie trägt auch die Gesamtverantwortung für den Erfolg des „Unternehmens“ (hier: öffentliche Verwaltung) in sach- und personenbezogener Hinsicht.

Einen Einblick in die Struktur eines produktiven sozialen Systems gibt das folgende einfache „Modell“ eines so genannten Arbeitssystems. Als Arbeitssystem wird die Zusammenfassung oder Synthese von Arbeitsaufgabe, Arbeitsmittel und Aufgabenträger bezeichnet (vgl. Staehle, 1999, 685). Ein so genanntes Arbeitssystem dient der Erfüllung einer Arbeitsaufgabe. Hierbei wirken Mensch und Arbeitsmittel im Arbeitsablauf am Arbeitsplatz in einer Arbeitsumgebung unter den Bedingungen eines spezifischen Arbeitssystems zusammen (vgl. Staehle, 1999, 686 m.w.Nw.).

Abbildung 8: Modell eines Arbeitssystems

Auch der soziotechnische Ansatz betrachtet Organisationen als zweckgebundene, offene, dynamische Systeme, deren Primäraufgabe die Transformation von Input in einen Output (Produkt oder Leistung) darstellt. Das Sachziel legt dabei die jeweilige Arbeitsaufgabe fest und definiert damit den Input und Output des Arbeitssystems (vgl. Staehle, 1999, 686). Der Output als Ergebnis des Arbeitsprozesses wird nach Quantität und Qualität festgelegt (Staehle, 1999, 686).

Mensch, Arbeit, Organisation und Technik werden dabei grundsätzlich gleichgewichtig angesehen (vgl. Schulte-Zurhausen, 2010, 30). Die betriebswirtschaftliche Organisationslehre betrachtet Aufgaben, Menschen, Informationen und Sachmittel als Elemente einer produktiven Organisation (vgl. Schulte-Zurhausen, 2010, 37).

Diese Betrachtungsweise, die auch den Menschen als Teil oder Element der Organisation definiert, steht – wie bereits dargestellt – in einem Widerspruch zur modernen Systemtheorie, die nicht den Menschen in seiner personalen Gesamtheit, sondern nur als personale Rolle (Kommunikation, Handlungen und Verhalten) oder als Funktionsträger in das produktive soziale System integriert. Eine optimale Gesamtleistung derartiger Arbeitssysteme kann nur dann erreicht werden, wenn die technischen und sozialen Subsysteme gleichzeitig und integrativ verbessert werden (vgl. Schulte-Zurhausen, 2010, 37).

Die Wechselbeziehung zwischen der Organisation (System) und dem betrieblichen Umfeld kennzeichnet auch das soziotechnische System „öffentliche Verwaltung“ als ein umweltoffenes System. Das Management eines solchen soziotechnischen Systems ist gleichermaßen auf die Erreichung sachlicher und formaler Ziele, als auch auf die Erfüllung personaler Ziele ausgerichtet.

Im Zuge des Human-Resources-Ansatzes, des Management-by-Objectives und des Organisationsentwicklungsansatzes fand ein nachhaltiger Wandel zu einem Menschenbild statt, welches im Menschen ein Wesen erkennt, das eigene Ziele verfolgt sowie nach persönlichem Wachstum strebt und dessen Beeinflussung die Entwicklung neuer Organisations- und Führungsprinzipien notwendig macht (vgl. Dietrich, 2001, 140).

3.2 Wesentliche Theorieansätze des New Public Management

Das Neue Steuerungsmodell, dessen Konzept maßgeblich durch die Kommunale Gemeinschaftsstelle für Verwaltungsmanagement (KGSt) geprägt wurde (vgl. Jann, 2011, 98; Dincher & Scharpf, 2012, 86), überträgt – entsprechend der Grundkonzeption des Basismodells NPM – allgemeine betriebswirtschaftliche Erkenntnisse und Verfahren auf den öffentlichen Sektor und orientiert sich vorrangig an der Public-Choice-Theorie, an der neueren Institutionenökonomie sowie am so genannten Managerialismus. Für das Verständnis der Funktionsweise öffentlicher Organisationen und deren Anpassungsverhalten an sich wandelnde technische, politische und institutionelle Umwelten in grundlegenden Reform- und Modernisierungsprozessen ist der stark umweltorientierte institutionalistische Ansatz der Organisationstheorie ebenfalls von erheblicher Bedeutung (vgl. Nolte & Wöhner, 2012, 100 m.w.Nw.).

3.2.1 Institutionalistische Organisationstheorie

Die so genannte institutionalistische Organisationstheorie geht von der Annahme aus, dass auch produktive Organisationen ihre Strukturen entsprechend den Anforderungen und Erwartungen in ihren institutionellen Umwelten gestalten (vgl. Walgenbach, 2006, 353). Die traditionellen Organisationstheorien oder Unternehmensführungstheorien sind von der Grundüberlegung geprägt, dass das Management seinen betrieblichen Entscheidungen klare Effektivitäts- und Effizienzkalküle zu Grunde legt (vgl. Macharzina & Wolf, 2008, 89). Es wird angenommen, dass die Manager eines produktiven sozialen Systems insofern rational handeln, als sie kontextspezifisch jene Gestaltungsalternativen auswählen, die den größtmöglichen Erfolg in einem ökonomisch-rationalen Sinne versprechen (vgl. Macharzina & Wolf, 2008, 90). Demgegenüber vertritt der institutionalistische Ansatz die Auffassung, die Manager bevorzugten tatsächlich jene Gestaltungsmöglichkeiten, die die größte Chance hätten, von der sozialen – und nicht primär von der ökonomischen Umwelt – akzeptiert und toleriert zu werden. Danach geht es vorrangig um das Erreichen einer möglichst hohen sozialen Legitimation und gesellschaftlichen Akzeptanz der Organisation. Organisationen, die in gleichen sozialen Umwelten agieren, werden sich im Zeitablauf insbesondere in strategischer, struktureller und kultureller Hinsicht immer ähnlicher (vgl. dazu ausführlich Macharzina & Wolf, 2008, 90). In den Umwelten, in denen sich als Folge einer weitestgehenden Wettbewerbsfreiheit keine kompetitive Ähnlichkeit (kompetitiver Isomorphismus) ausbilden kann, kommt der institutionellen, politisch gewollten oder erzwungenen Ähnlichkeit (institutioneller Isomorphismus) eine noch größere Bedeutung zu. Insbesondere in der sozial- und rechtsstaatlich geprägten Umwelt der primär gemeinwohlorientiert handelnden, regelgesteuerten Organisationseinheiten der öffentlichen Verwaltung ist die soziale und politische Akzeptanz und Legitimation des produktiven sozialen Systems mangels eines realen Wettbewerbs von existenzieller Bedeutung. Dies gilt insbesondere im Hinblick auf eine möglichst dauerhafte Sicherstellung des notwendigen Ressourcenzuflusses und die Zuweisung eines aufgabenangemessenen Budgets durch die politischen Entscheidungsträger.

Ausfluss dieser besonderen Konstellation ist im öffentlichen Sektor auch im Kontext der Staats- und Verwaltungsmodernisierung ein eher normativer, institutioneller Isomorphismus im Sinne von politisch gewollten strukturellen Ähnlichkeiten. Diese Ähnlichkeiten betreffen sowohl die Struktur- und Prozessorganisation der Behörden, als auch zum Beispiel die vorgeschriebenen Führungsprinzipien, Regelführungsstile, Wertesysteme und Leitbilder sowie eine Vielzahl sonstiger „standardisierter“ oder „normierter“ Reformelemente des Neuen Steuerungsmodells. Als Folge eines institutionellen Isomorphismus und als Folge des fehlenden realen Wettbewerbs wird die formale Organisationsstruktur in der öffentlichen Verwaltung auch von vielen Führungskräften weniger als technisch-rationales Instrument verstanden, sondern primär als Mittel zur Verschaffung organisationaler Legitimität und der erforderlichen politisch-gesellschaftlichen Akzeptanz.

3.2.2 Public-Choice-Theorie

Neben der Förderung von Wettbewerb beinhaltet die Public-Choice-Theorie insbesondere auch die Schaffung besserer Wahlmöglichkeiten für die Nutzer öffentlicher Leistungen, eine deutliche Stärkung der „Kundenmacht“ und eine stärker nutzerbasierte Finanzierung öffentlicher Güter.

Die Public-Choice-Theorie überträgt somit marktwirtschaftliche Mechanismen, Instrumente und Prinzipien auf den öffentlichen Sektor und geht davon aus, dass auch bürokratisch geprägte Organisationen von rational handelnden, nutzenmaximierenden Individuen im Sinne des Modells eines „homo oeconomicus" beeinflusst werden, die ihr Verhalten konsequent an den eigenen Präferenzen und den gegebenen Anreizsystemen ausrichten (vgl. Dincher et al., 2010, 148). Diese Annahme stellt einen deutlichen Widerspruch zu den Grundannahmen der zuvor dargestellten institutionalistischen Organisationstheorie dar.

Im Kontext der Annahmen der Public-Choice-Theorie ist auch zu berücksichtigen, dass die von der bürokratischen Organisation des öffentlichen Dienstes zur Verfügung gestellten individuellen Anreizsysteme – insbesondere die stereotypen Karriere- und Belohnungsmuster des öffentlichen Dienstes – eng mit dem organisatorischen Zuschnitt der übertragenen funktionellen Verantwortungsbereiche und deren personeller Ausstattung verbunden sind und weniger mit der Wirkung und dem öffentlichen Nutzen der jeweiligen Organisationseinheit. Solange die Belohnungs- und Sanktionsmuster des öffentlichen Dienstes nicht mit dem Erfolg der Organisationseinheiten im Sinne einer möglichst effizienten und effektiven Auftragserfüllung zur Erreichung eines möglichst hohen kollektiven Nutzens – Gemeinwohlmaximierung – verknüpft sind, orientieren sich die handelnden Akteure erfahrungsgemäß an den bestehenden Mustern. Aus diesem Grund war das Verwaltungshandeln in der Vergangenheit durch ein eher „additives" Personal- und Ressourcenmanagement gekennzeichnet. Die Erweiterung des eigenen Aufgabenspektrums wurde im Hinblick auf die organisatorische Wertigkeit des eigenen Funktionsbereichs stets mit einer Forderung nach mehr Personal und mehr hierarchisch unterstellten Ebenen verknüpft, anstatt vorhandene Effizienzreserven und Optimierungspotentiale aufzudecken und durch flachere Hierarchien und weitestgehende Delegation konsequent zu nutzen. Das wirtschaftlich nicht mehr tragbare und auch über angemessene öffentliche Abgaben nicht mehr finanzierbare „Prinzip der permanenten Budgetmaximierung" soll in seiner Funktion als „Mittel zum Zweck" durch die Ansätze der Public-Choice-Theorie nachhaltig durchbrochen werden. Vor diesem Hintergrund erklärt sich auch die deutliche Forderung nach mehr Wettbewerb, Transparenz, Kundenorientierung und Ergebnis- sowie Wirkungskontrolle. Dadurch soll das individuelle, am eigenen Nutzen orientierte Handeln der Akteure stärker in Richtung des kollektiven Nutzens der Organisation im Sinne einer strikten Gemeinwohlmaximierung beeinflusst werden (vgl. Dincher, 2010, 148 ff.).

Wie bereits erörtert, kommt dem Wettbewerbsgedanken im Rahmen des ursprünglichen New-Public-Management-Ansatzes eine ganz zentrale Rolle zu. Ein bürokratisch geprägtes System, das sich von seinem Selbstverständnis her strukturell als wettbewerbsfreier Raum versteht, erkennt jedoch Wettbewerb richtigerweise nur dann als systemrelevante Gefahr an, wenn eine Bedrohung des Systems aus der Perspektive der Systemmitglieder zumindest als möglich erscheint. Auch Dysfunktionalität im Verwaltungshandeln, mangelnde Effizienz, fehlende Effektivität und selbst eine permanent hohe Kundenunzufriedenheit stellen bis heute keine wirkliche Gefahr für das bürokratische System der öffentlichen Verwaltung dar.

Die Übernahme einer persönlichen Verantwortung durch die Führungskräfte für Wirkung und Erfolg des Verwaltungshandelns setzt allerdings auch angemessene Handlungs- und Entscheidungsspielräume der Verantwortungsträger, insbesondere bei der Gestaltung der Aufbau- und Ablauforganisation sowie beim Personal- und Ressourcenmanagement im Rahmen eines angemessenen Budgets, voraus. Insoweit sei auch an dieser Stelle nochmals ausdrücklich auf die Sinnhaftigkeit einer konsequenten Verknüpfung von Fach-, Prozess-, Ergebnis- und Ressourcenverantwortung als Grundlage für wirtschaftliches Handeln (vgl. KGSt-Bericht 2007, 16) hingewiesen sowie auf die kontraproduktiven Auswirkungen einer Zersplitterung von Zuständigkeiten und Verantwortlichkeiten im Kontext fortgeltender funktionaler Strukturen und bürokratischer Leitprinzipien. Es ist Schneider (2013, 60 ff. unter Hinweis auf KGSt-Bericht 1993, 18 ff.) in vollem Umfang zuzustimmen, dass grundsätzlich derjenige, der eine Aufwendung veranlasst, sie auch verantworten soll. Wenn es den einzelnen Organisationsmitgliedern überlassen bleibt, wie sie ihren Leistungsauftrag erfüllen, dann muss ihnen auch die entsprechende Verantwortung für den Einsatz der Ressourcen übertragen werden. Um die persönliche Ergebnisverantwortung der handelnden Akteure wirksam werden zu lassen, müssen fachliche Produktverantwortung, Ressourcenverantwortung und Leistungsverantwortung kongruent sein (vgl. KGSt-Bericht, 1993, 18 ff.; Schneider, 2013, 60).

3.2.3 Neuere Institutionenökonomie mit Verfügungsrechteansatz, Agenturtheorie und Transaktionskostentheorie

Im Mittelpunkt der neueren Institutionenökonomie steht die Analyse von Institutionen, in deren Rahmen der ökonomische Austausch vollzogen wird. In der ursprünglichen Theorie der Unternehmung oder „theory of the firm“ stellt die Unternehmung eine Institution dar, in der Menschen unter Einsatz von weiteren Ressourcen Güter oder Dienstleistungen erstellen, wobei die so genannten „Inputs“ Kosten verursachen, während die so genannten „Outputs“ zur Generierung von Umsatzerlösen führen sollen (vgl. Staehle, 1999, 421).

Unternehmungen streben nach einem maximalen Überschuss der Erlöse über die Kosten und verhalten sich insofern gewinnmaximierend (vgl. Staehle, 1999, 421). Dies unterscheidet sie grundlegend von den primär gemeinwohlorientiert handelnden öffentlichen Institutionen. Das Ziel der Analyse der Institutionen besteht nach Ebers und Gotsch (2006, 247) darin, die Struktur, die Verhaltenswirkungen, die Effizienz und den Wandel von ökonomischen Institutionen mittels der vier Komponenten Institution, Austausch, Kosten und Effizienz zu erklären. Zu den wesentlichen Strömungen der Institutionenökonomie zählen die Theorie der Verfügungsrechte (Property-Rights-Theorie), die Agenturtheorie (Principal-Agent oder Agency-Theorie) sowie die Transaktionskostentheorie (vgl. dazu ausführlich Ebers & Gotsch, 2006, 249; Schröter, 2011, 83).

Der **Verfügungsrechteansatz** analysiert Institutionen unter den Aspekten der Verfügung über und Veränderung von Vermögensgegenständen sowie der Aneignung der durch sie erzeugten Vermögensströme (Macharzina & Wolf, 2008, 55). Property Rights stellen Verfügungsrechte an Ressourcen dar, die einem Akteur aufgrund von Rechtsordnungen und Verträgen zustehen (vgl. dazu ausführlich Peters, 2008, 266 ff.). Diese Verfügungsrechte können sich sowohl auf materielle als auch auf immaterielle Güter beziehen (vgl. Peters, 2008, 267 m.w.Nw.).

Die Theorie der Verfügungsrechte oder Property-Rights-Theorie geht davon aus, dass unterschiedliche Akteure knappe Ressourcen zur Zielerreichung insbesondere zur Maximierung des individuellen Nutzens einsetzen (vgl. Macharzina & Wolf, 2008, 56). Die geltenden Verfügungsrechte an bestimmten Ressourcen regeln, wer diese Ressourcen legitimerweise wann und wie nutzen kann (vgl. dazu ausführlich Ebers & Gotsch, 2006, 248 ff.). Zu den Verfügungsrechten zählen das Recht zum Ressourceneinsatz oder zur Nutzung eines Gutes, das Recht zur Einbehaltung des Ertrages, das Recht zur Einwirkung auf die Ressource im Sinne einer Substanzänderung und das Recht zur Veräußerung und Übertragung eines Gutes.

Der Property-Rights-Theorie liegen folgende Annahmen zu Grunde: Die Individuen verhalten sich begrenzt rational und streben nach einer Maximierung des individuellen Nutzens. Die Spezifizierung, Übertragung und Durchsetzung von Verfügungsrechten verursacht Kosten. Es besteht grundsätzlich Vertragsfreiheit (vgl. dazu auch Peters, 2008, 272 m.w.Nw.).

Inhalt und Ausmaß der Verfügungsrechte werden durch die im institutionellen Kontext geltenden Werte, Regeln und Normen wie zum Beispiel die verfassungsrechtlich verankerte Sozialpflichtigkeit des Privateigentums, bestimmt (vgl. Ebers & Gotsch, 2006, 249; Staehle, 1999, 423).

Die **Agenturtheorie** beschäftigt sich mit den Austauschbeziehungen zwischen einem Auftraggeber, dem Prinzipal, und einem Auftragnehmer, der als

Agent bezeichnet wird. Im Rahmen einer Auftrags- oder Agenturbeziehung überträgt der Auftraggeber zur Realisierung seiner Interessen bestimmte Aufgaben und Kompetenzen auf der Grundlage einer Vereinbarung, im Regelfall gegen Vergütung, auf einen Auftragnehmer. Von besonderem Erkenntnisinteresse ist die Auftraggeber-Auftragnehmer-Beziehung unter Berücksichtigung divergierender Interessen der Akteure, unter Berücksichtigung von Risiken und Unsicherheit sowie unter der Bedingung ungleich verteilter Informationen (vgl. dazu ausführlich Ebers & Gotsch, 2006, 278 ff.; Staehle, 1999, 423 m.w.Nw.).

Die **Transaktionskostentheorie** definiert und differenziert alternative institutionelle Arrangements und basiert ursprünglich auf einer dreigliedrigen Klassifizierung alternativer Vertragsformen – klassisch, neoklassisch oder relational – oder vertraglichen Beziehungen (vgl. Ebers & Gotsch, 2006, 284 m.w.Nw.). Sie ermittelt einen Kostenvergleich verschiedener institutioneller Arrangements der Abwicklung und Organisation so genannter Transaktionen. Darunter versteht man den Leistungsaustausch zwischen zwei Akteuren (vgl. Peters, 2008, 200 ff. m.w.Nw.). Ein Transaktionspartner kann sowohl ein Individuum als auch eine Gruppe von Individuen oder eine Organisation sein (vgl. Peters, 2008, 201).

Der Transaktionskostentheorie liegen folgende Annahmen zu Grunde (vgl. dazu ausführlich Peters, 2008, 217 m.w.Nw.): Die Transaktionskostenpartner verhalten sich begrenzt rational, opportunistisch und risikoneutral. Sämtliche Produktionsfaktoren sind sofort am Markt verfügbar. Die Produktionskosten sind invariant gegenüber der Kooperationsform. Es besteht Vertragsfreiheit und die Verträge sind grundsätzlich unvollständig spezifiziert (vgl. Peters, 2008, 217 m.w.Nw.).

Berücksichtigt werden im Zusammenhang mit den Transaktionen sowohl die mit der eigentlichen Leistungserstellung unmittelbar verbundenen Ressourcenverbräuche im Sinne von Produktionskosten (Kosten der institutionellen Struktur und Kosten der Leistungserstellung), als auch die mit der Leistungserstellung mittelbar verbundenen Ressourcenverbräuche (Informations- und Suchkosten, Verhandlungs- und Vertragskosten, Überwachungskosten, Konflikt- und Durchsetzungskosten, Anpassungskosten) im Sinne von Austausch- oder Transaktionskosten im engeren Sinne (vgl. Ebers & Gotsch, 2006, 278, 290).

3.2.4 Managerialisierung und Ökonomisierung der öffentlichen Verwaltung sowie Governance-Ansatz

Dem so genannten „Managerialismus“ liegt ebenfalls eine eindeutig betriebswirtschaftliche Ausrichtung des gesamten Verwaltungshandelns zu Grunde. Die managerialistische Strömung ist dabei weniger von zusammenhängenden

Theorieansätzen als vielmehr von einer pragmatischen Herangehensweise, sich an erfolgreichen Vorbildern der Privatwirtschaft zu orientieren, geprägt (vgl. Schröter, 2011, 83). Dies hat zur Folge, dass das bislang eher latente Spannungsverhältnis von Rechtmäßigkeit und Wirtschaftlichkeit der öffentlichen Auftragserfüllung im Rahmen der Verwaltungsreform noch deutlicher in den Blickpunkt der Akteure gerückt ist. Auch die Politik greift dieses Problem immer wieder in diversen Programmen auf und bemüht sich, die notwendige Harmonisierung von Rechtmäßigkeit und Wirtschaftlichkeit staatlichen Handelns zumindest thematisch anzureißen.

Die **Ökonomisierung** der öffentlichen Verwaltung hat auch erhebliche Auswirkungen auf die Funktion und die Rolle der Führungskraft. Im Zentrum des Managerialismus steht die professionelle Managementqualifikation der Führungskraft und weniger deren Fachexpertise (vgl. Schröter, 2011, 79 ff.). Die Behördenleitungen sind als Träger der zentralen Managementfunktionen insbesondere für die strategische Ausrichtung der Behörden unter Berücksichtigung der rechtlichen und politischen Vorgaben, für die angemessene Harmonisierung und den Ausgleich der verschiedenen Stakeholderinteressen, für die Erreichung der Organisationsziele sowie für den Erfolg der gesamten Organisation und für ein zeitgemäßes Organisations- und Personalmanagement verantwortlich.

Diese – auch nach Auffassung von Schröter (2011, 83) – zum Teil mit „heroischen" Annahmen versehene Führungs- und Managementleistung soll durch entsprechende Führungs- und Steuerungsinstrumente, die das Neue Steuerungsmodell auch in seiner Funktion als „Tool-Box" bereitstellt, unterstützt werden. Nur in absoluten Ausnahmefällen wird eine Behördenleitung sämtliche Fähigkeiten in einer Person bündeln und alle Funktionen der Management-Tool-Box alleine bedienen können. Insofern muss bei der Personalauswahl der verschiedenen Managementebenen insbesondere auch auf die richtige Auswahl sich ergänzender Kenntnisse, Fähigkeiten und Fertigkeiten der Organisationsmitglieder Wert gelegt werden. Dies setzt allerdings eine entsprechende Kompetenz und Handlungsfreiheit für die Auswahl und den Einsatz des hierfür geeigneten Personals sowie ein zeitgemäßes Organisations- und Personalmanagement voraus.

Im Rahmen des New-Public-Management-Ansatzes und im Kontext des so genannten Gewährleistungsstaates kommt es auch zu einer verstärkten Nutzung weitreichender Kooperationsformen zwischen Staat, Gesellschaft und Wirtschaft, wie der Public-Private-Partnership und der Public Governance.

Public Governance stellt einen derzeit noch sehr schillernden Sammelbegriff für eine neuere Generation von Reformen dar, die das wirksame, transparente und partnerschaftliche Zusammenwirken der öffentlichen Verwaltungen, der

Privatwirtschaft und der Zivilgesellschaft zur innovativen Bewältigung gegenwärtiger und zukünftiger gesamtgesellschaftlicher Probleme und Herausforderungen zum Gegenstand haben (vgl. Dincher et al., 2010, 166 unter Hinweis auf Löffler). Unter dem Schlagwort „Public Governance“ wird dabei im Allgemeinen der Einsatz unterschiedlicher, jeweils situativ geeigneter Steuerungsformen für die Erfüllung öffentlicher Aufgaben verstanden (vgl. Proeller & Schedler, 2011, 42).

Nachdem zu Beginn der Staats- und Verwaltungsmodernisierung in den 90er Jahren noch eindeutig das Paradigma der Neuen Steuerung die bundesdeutsche „Reformszene“ dominierte, beeinflusst seit etwa 10 Jahren zunehmend das eher politkwissenschaftlich orientierte Paradigma der Public Governance den staatlichen Reformprozess.

Im Fokus der Governance-Perspektive stehen nicht mehr vorrangig die Binnenmodernisierung der Verwaltung, deren Managerialisierung und die Beseitigung der internen staatlichen Wirtschaftlichkeits- und Legitimationsdefizite als Folge einer dysfunktional gewordenen bürokratischen Steuerung, sondern die externen Kooperationen von Staat und Verwaltung mit Akteuren des privaten Sektors (vgl. Vogel, 2013, 177). Im Kontext des so genannten Steuerungsparadigmas ging es noch vorrangig um die „Optimierung“ der Verwaltungsstrukturen und -prozesse, um die Effizienz und Effektivität öffentlicher Dienstleistungen wirksam zu steigern (vgl. Vogel, 2013, 185). Es ging um eine verbesserte Prozess-, Ergebnis- und Wirkungssteuerung. Output und Outcome der öffentlichen Leistungserstellung sollten durch den gezielten Einsatz betriebswirtschaftlicher Instrumente und privatwirtschaftlicher Methoden erfolgreicher gemanaget werden. Aus der Governance-Perspektive geht es nunmehr darum, durch Freisetzung zivilgesellschaftlicher Steuerungspotenziale und Nutzung unterschiedlichster Formen der Interaktion und des Zusammenwirkens eine staatliche „Gewährleistung“ im Sinne eines „New Public Service“ zu erbringen, ohne die öffentlichen Dienstleistungen als Staat zwingend selbst erbringen zu müssen (vgl. Vogel, 2013, 186; Koch, 2013, 85). Es geht im Ergebnis darum, dem Staat zu einer Planungs- und Entscheidungsfähigkeit zu verhelfen, die es ihm nach Koch (2013, 91) ermöglicht, als „Gewährleister“ anforderungsgerecht die bestmögliche Wahl unter den insgesamt zur Verfügung stehenden Erstellungsformen für die Fertigung und Verteilung gesellschaftlich- und gemeinwohlrelevanter Leistungen zu treffen.

Public Governance folgt dabei der Einsicht, dass eine gute und wirksame Steuerung in „unübersichtlichem Gelände“ nicht nur regel- oder zielorientiert sein darf (konditionale Sichtweise der Bürokratie und finale Sichtweise des Managements), sondern über Bürokratie und Managerialismus hinaus die Entwicklung des Umfeldes und das Gesamtsystem im Auge behalten muss (vgl. Halblützel, 2012, 288).

„Die systemische Governance-Sichtweise mit ihrer deutlich stärkeren Ausrichtung auf Nachhaltigkeit nimmt in gewisser Weise Abstand vom Machbarkeitswahn der Moderne, dem der traditionelle Public-Management-Ansatz noch weitgehend verpflichtet ist. Gleichzeitig zeigt der Governance-Ansatz einerseits die Notwendigkeit, andererseits aber auch die innovativen Möglichkeiten der politischen und politisch-strategischen Steuerung von Staat und Verwaltung auf" (vgl. Halblützel, 2012, 288).

Nach dem Modell der Public Governance bestimmt nicht mehr vorrangig die hierarchische Steuerung das staatliche Handeln, sondern es gewinnt die Selbststeuerung autonomer und gleichberechtigter Akteure von Staat, Wirtschaft und Gesellschaft erheblich an Bedeutung (vgl. Dincher et al., 2010, 166). Es geht somit im Kern nicht nur um die Frage der staatlichen Verantwortung für die Sicherstellung öffentlicher Aufgaben und Leistungen im Sinne einer Gewährleistung, es geht vielmehr um eine Neuverteilung und Neuordnung der tatsächlichen Aufgabenwahrnehmung im Sinne von mehr Wettbewerb und Konkurenz zwischen Gesellschaft, Wirtschaft und öffentlicher Verwaltung. Für die in fachlich-qualitativer Hinsicht ausgesprochen hochwertig und zuverlässig arbeitenden öffentlichen Verwaltungen in Deutschland sind die Governance-Konzepte von besonderer Bedeutung, da sie den erfolgreichen Umgang mit Expertenkulturen erlauben. Moderne öffentliche Verwaltungen stellen nach Halblützel (2012, 291) Expertenorganisationen dar, die über ein hoch differenziertes und spezialisiertes Wissen und Können verfügen.

Obwohl die zuvor dargestellten Ansätze der Bürokratie und des Public Management sowie der Governance-Ansatz verschiedene Konzepte einer (politischen) Steuerung des öffentlichen Sektors darstellen und Koch und Vogel (2013, 9 ff.) insoweit von einer bestehenden Paradigmenkonkurrenz sprechen, erscheint es in Anlehnung an Halblützel (2012, 289) durchaus zielführend, diese unterschiedlichen Ansätze im Rahmen eines ganzheitlichen Managementmodells miteinander zu kombinieren und so zu verknüpfen, dass im Ergebnis das Repertoire staatlichen Handelns im Sinne der Staats- und Verwaltungsreform sowie der jeweiligen behördlichen Mission deutlich erweitert, fortentwickelt und flexibilisiert werden kann.

Deshalb ist es zwingend erforderlich, dass die Organisationsmitglieder einer Gewährleistungsverwaltung moderner Prägung über vertiefte Kenntnisse und Anwendungskompetenzen aller praxisrelevanten Führungs- und Steuerungsformen im Sinne einer interdisziplinären Governancefähigkeit verfügen (vgl. Proeller & Schedler, 2011, 43).

4. Wirkungs- und ergebnisorientierte Führung und Steuerung der öffentlichen Verwaltung durch Ziele

4.1 Zielorientierung als verbindendes Merkmal von Führung und Steuerung

Ein wesentliches, verbindendes Merkmal von Führung und Steuerung ist das Kriterium der Zielbezogenheit. Organisationen werden gegründet, um bestimmte Zwecke und Ziele zu verfolgen und diese im Ergebnis auch so weit wie möglich zu erreichen. Unter dem Begriff „Zweck" versteht man im organisatorischen Sinne die Leistung, die eine Organisation für ihre Umwelt erbringt und aus deren Erfüllung die Organisation ihre Existenzberechtigung und ihre Akzeptanz in der Umwelt ableitet (vgl. Staehle, 1999, 438; Nolte & Wöhner, 2012, 68). Dies gilt auch für die öffentlichen Verwaltungen, die nur bei einer möglichst wirksamen und nutzbringenden Erfüllung des jeweiligen gesetzlichen Auftrags (im Sinne einer Maximierung des Gemeinwohls und einer Sicherung der Daseinsvorsorge) ihrem originären Errichtungszweck entsprechen.

Unter dem Zielbegriff versteht man erwünschte oder angestrebte organisatorische Zustände oder Verhaltensweisen (vgl. Staehle, 1999, 438; Macharzina & Wolf, 2008, 202 m.w.Nw.). Ziele enthalten Aussagen über gewollte zukünftige Zustände, deren Eintritt von bestimmten Handlungsmaßnahmen abhängt (vgl. Schmidt, 2009, 145). Ziele stellen grundsätzlich keine feststehenden Normen oder Werthaltungen dar, sie sind vielmehr das Ergebnis eines permanenten und umfangreichen Prozesses der Zielbildung und Zielrevision. Ziele haben zentrale Bedeutung für die Organisation und bilden den Ausgangs- und Orientierungspunkt („Wegweiser") für das betriebliche Handeln (vgl. Schmidt, 2009, 145). Zudem sind Ziele in ihrer Eigenschaft als Ordnungskriterien unverzichtbare Grundlage für die systematische, rationale Lösung von Entscheidungsproblemen und Grundlage betrieblicher (rationaler) Entscheidungen (vgl. Schmidt, 2009, 148). Ziele haben somit die Funktion eines Entscheidungskriteriums. Ihnen kommt eine bedeutende Handlungs- und Orientierungsfunktion sowie eine Steuerungs- und Koordinationsfunktion zu (vgl. Macharzina & Wolf, 2008, 205).

Auch die Führungskräfte der öffentlichen Verwaltung stehen unterschiedlichsten Interessen und Zielen gegenüber. Ein wesentliches Merkmal des

Managements als zielbezogene Einflussnahme ist die Ausrichtung der Organisation und der Organisationsmitglieder an konkreten Zielen, die einer möglichst optimalen Erfüllung des (gesetzlichen) Leistungsauftrags und Errichtungszwecks („Mission") dienen.

Dies gilt gleichermaßen für die sachbezogene, als auch für die personenbezogene Komponente des Managements sowie für die strategische und die operative Ausrichtung der Organisation.

Die Führungskraft steht dabei fast immer in einem Spannungsfeld zwischen den übergeordneten, politischen und strategischen Zielen, den operativen Geschäftszielen, den individuellen Zielen der ihm nachgeordneten Mitarbeiterinnen und Mitarbeiter, den Zielen „Dritter" (z.B. Kunden oder Stakeholder als Einflussgrößen außerhalb der Organisation) und den eigenen (persönlichen) Zielvorstellungen.

Das Zusammenwirken von Organisationszielen, Führungskraft sowie von Führung und Steuerung verdeutlicht die nachfolgende Darstellung:

Abbildung 9: Das Zusammenwirken von Organisationszielen, Führungskraft, Führung und Steuerung

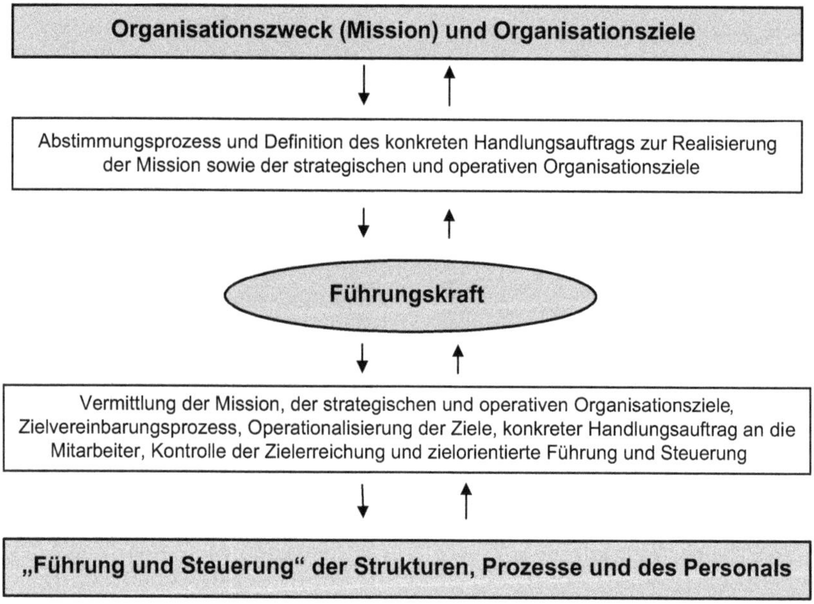

4.2 Wesentliche Zielarten, insbesondere Sach- und Formalziele

Bei den Zielarten können nach dem Zielinhalt zunächst die Sach- und Formalziele einer Organisation unterschieden werden. Die Sachziele geben Auskunft über das, was von der Organisation erreicht werden soll, die Formalziele definieren, wie die Sachziele angestrebt und erreicht werden sollen (vgl. Dincher et al., 2010, 53 ff.).

Während bei privaten, gewinnorientierten Unternehmungen insbesondere die Finanz- und Ergebnisziele (z.B. Rendite, Betriebsergebnis, Gewinn) als wirtschaftliche Formalziele der Organisation im Zentrum der Betrachtung stehen, gilt dies für die gemeinwohlorientierten öffentlichen Verwaltungen natürlich nur eingeschränkt. Hier geht es nicht um die Erzielung von Gewinnen (Gewinnmaximierung), sondern um die möglichst wirtschaftliche und wirksame Erfüllung des konkreten gesetzlichen Handlungs- oder Leistungsauftrags (Daseinsvorsorge und Gemeinwohlmaximierung) unter Beachtung der maßgeblichen und für das Verwaltungshandeln verbindlichen rechts- und sozialstaatlichen Kriterien.

4.3 Ergebnis- und wirkungsorientierte Führung und Steuerung mittels vereinbarter Ziele

Eine wesentliche Managementfunktion ist neben der Planung, Organisation und Realisation auch die Zielsetzung und die Kontrolle der Zielerreichung. Die Führungskraft muss strategische und operative Ziele entweder (Top-down) vorgeben (Management by Results oder „harte" Variante des Management by Objectives) oder im Wege eines zeitintensiven Abstimmungsprozesses (Zielvereinbarungsprozess im so genannten Gegenstromverfahren) mit den Mitarbeitern (Zielnehmern) aushandeln und vereinbaren („weiche" Variante des Management by Objectives).

Die Führungskraft muss auch im Rahmen von (partizipativen) Zielvereinbarungsprozessen die echten (dispositiven) Führungsentscheidungen selbst treffen.

Entscheidungen, die in ihrer Tragweite erhebliche Auswirkungen auf die Gesamtorganisation haben und die für die Organisation selbst und deren Erfolg von grundlegender Bedeutung sind, können und dürfen im Regelfall nicht delegiert werden und sollten grundsätzlich auch nicht zum Gegenstand „basisdemokratischer" Aushandlungsprozesse gemacht werden.

Im Rahmen der ziel- und ergebnisorientierten Führung und Steuerung werden aus den zunächst noch regelmäßig abstrakten Visionen und Leitideen (im

Sinne einer Unternehmensphilosophie und als Basis einer spezifischen Unternehmenskultur) konkrete Leitbilder entwickelt, die die wesentlichen Unternehmensprinzipien, die Grundsätze der Führung und Steuerung sowie die strategische Ausrichtung der Organisation bestimmen.

4.3.1 Vision und Leitidee

Unter dem Begriff der **Vision** versteht man positive Vorstellungsbilder der Zukunft, die im Regelfall noch offen lassen, wie der angestrebte Zustand erreicht werden soll (vgl. Bertels, 2008, 77). In lernenden Organisationen beinhaltet die Vision die Leit- oder Grundidee der Organisation und bildet die gemeinsame Wertebasis sämtlicher Aktivitäten und den eigentlichen Existenzgrund des Systems (vgl. Bertels, 2008, 77). Im Rahmen der Verwaltungsmodernisierung hat die Politik die Vision oder Leitidee eines modernen „Dienstleistungsunternehmens" für die öffentlichen Verwaltungen definiert. Diese Leitidee stellt eine noch sehr abstrakte aber durchaus plakative Orientierungshilfe für die Verwaltungsorganisationen im Reform- und Transformationsprozess dar.

Die Vision als anzustrebende Realität kanalisiert das Denken und Handeln der Organisationsmitglieder, gibt einen Rahmen für einen Verhaltenskodex vor, stellt eine Orientierungshilfe zur Selektion von Außenreizen und Informationen dar und ermöglicht eine Sinngebung für das soziale System (vgl. Bertels, 2008, 77).

Es ist Unger (2008, 198) zuzustimmen, dass eine wesentliche Grundbedingung für eine gemeinsam geteilte Vision ist, dass die Menschen daran glauben, dass sie ihre Zukunft selbst kreieren. In Anlehnung an Unger (2008, 198) ist eine Vision kein Gegenstand, den man besitzt oder hat, sondern ein andauernder Prozess. Nicht was die Vision ist, sondern was sie tatsächlich bewirkt, macht sie letztlich aus (vgl. Unger, 2008, 198). Daher arbeiten Visionen häufig auch mit starken Emotionen, die für die Entstehung eines „Wir-Gefühls" als Folge einer kollektiven Identifikation mit grundlegenden Werten und einer engen und nachhaltigen Systembindung von großer Bedeutung sind. Zudem schaffen Visionen die Rahmen für die strategische Ausrichtung von Organisationen (vgl. Bock, 2008, 29; Radenheimer, 2002, 68; Schneider, 2013, 42 m.w.Nw.).

4.3.2 Organisationskultur und Corporate Identity

Unter dem Begriff Unternehmens- oder **Organisationskultur** im Sinne eines „collecitve programming of mind" versteht man die Gesamtheit der von den

Organisationsmitgliedern bewusst oder unbewusst verinnerlichten und vertretenen Werte und Normen, an denen sich ihr Verhalten ausrichtet und die ihnen auch in unklaren und mehrdeutigen Situationen Maßstäbe und Entscheidungshilfen für das eigene Verhalten an die Hand geben (vgl. Radenheimer, 2002, 67 ff.; Bertels, 2008, 78; Macharzina & Wolf, 2008, 233 m.w.Nw.).

Erworben, weiterentwickelt und weitergegeben wird eine Organisationskultur, die durch die Geschichte des sozialen Systems und seine Umwelt geprägt ist, durch die konkrete innerbetriebliche Sozialisation der Organisationsmitglieder und damit durch einen permanenten an der Organisationsrealität orientierten Lern- und Anpassungsprozess (vgl. in diesem Sinne auch Bertels, 2008, 788). Die Organisationskultur ist individuell und in ihrer komplexen Gestalt genauso einzigartig wie die Persönlichkeit der Organisationsmitglieder sowie die Handlungskontexte, in denen das jeweilige produktive soziale System agiert (vgl. Macharzina & Wolf, 2008, 234). Jede Organisation verfügt über eine typische und charakteristische Kultur (Macharzina & Wolf, 2008, 234). Eng verbunden mit der von den Organisationsmitgliedern gemeinsam erschaffenen und getragenen Organisationskultur sind nach Macharzina und Wolf (2008, 235 ff.) weitere Konstrukte, die unter dem Sammelbegriff der so genannten Corporate Identity gefasst werden können.

Wesentliche Elemente der **Corporate Identity** sind die visuelle Gestaltung der Organisationsartefakte (Corporate Design), die interne und externe Kommunikation (Corporate Communication), das Handeln und Verhalten der Organisation (Corporate Behavior) sowie das Fremdbild (Corporate Image), das die Organisation in der Öffentlichkeit vermittelt (vgl. Macharzina & Wolf, 2008, 237).

4.3.3 Ebenen und Elemente des Zielprozesses

Unter Berücksichtigung der Grundannahmen, Werte und Artefakte der Organisationskultur werden die Vision der Organisation und das spezifische Leitbild des sozialen Systems entwickelt. Das Leitbild stellt wiederum die Basis des strategischen Zielesytems dar. Die strategischen Ziele werden im Rahmen eines umfassenden Zielprozesses in taktische und operative Ziele überführt und letztlich team- oder mitarbeitergerecht operationalisiert.

Abbildung 10: Die Ebenen und Elemente der zielorientierten Führung und Steuerung

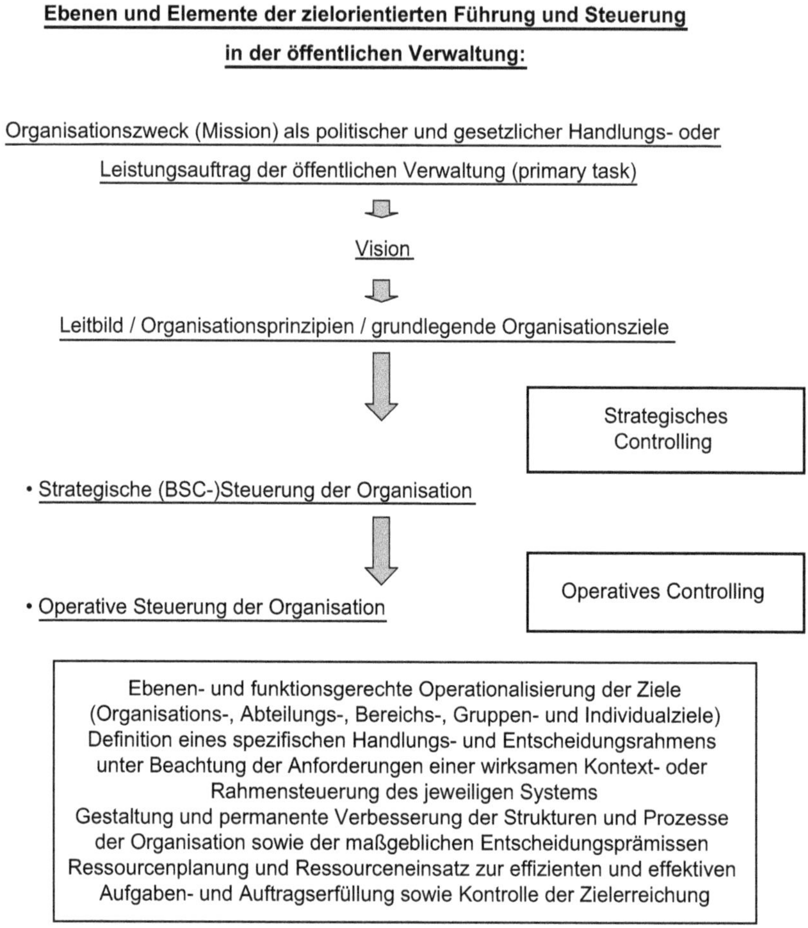

Ein in der betrieblichen Praxis nach wie vor bedeutsames und durchaus wirksames Managementkonzept, das auch im Rahmen der Neuen Verwaltungssteuerung praktische Anwendung findet, ist das MbO-Konzept (Management by Objectives) der Führung und Steuerung durch (im Regelfall vereinbarte) Ziele. Auch das MbO-gestützte Führungs- und Steuerungsmodell der öffentlichen Verwaltungen basiert auf einem mehrstufigen, transparenten, partizipativen, strategischen und operativen Zielvereinbarungsprozess mit Zielrevision und standardisierten Feedbackprozessen.

Die Steuerung über Ziele kann grundsätzlich durch vorgegebene Ziele oder definierte Ergebnisse oder durch vereinbarte Ziele oder Ergebnisse geschehen. Da das Management by Objectives, das primär auf die Arbeiten von Drucker, Douglas, Mc. Gregor und Odiorne zurückzuführen ist, verschiedenste Managementansätze in sich vereinigt, kommen der Zieldefinition, dem betrieblichen Zielvereinbarungsprozess im sogenannten Gegenstromverfahren und der Zielsteuerung eine besondere praktische Bedeutung zu.

4.3.4 Die SMART-Regel des Zielprozesses

Abschluss, Inhalt und Bedeutung von Zielvereinbarungen

Ziele sind in der Zukunft liegende, angestrebte Handlungsergebnisse.
Sie müssen daher nach der so genannten „SMART" Regel:

- **S**pezifisch und zukunftsgerichtet gestaltet werden
- **M**essbar, bewertbar, motivierend und handlungsorientiert sein
- **A**nspruchsvoll
- **R**ealistisch sein
- **T**erminiert und verbindlich vereinbart – gegebenenfalls – auch vorgegeben sowie mitarbeitergerecht operationalisiert werden.

Es müssen ein konkreter Zielinhalt (z.B. Senkung der Stückkosten einer behördlichen Maßnahme oder Entscheidung), ein konkretes Zielausmaß (z.B. Senkung der Stückkosten um 10 %) und ein konkreter zeitlicher Rahmen (z.B. Senkung der Stückkosten innerhalb eines Rechnungsjahres) gegeben sein.

Der Zielinhalt bezeichnet die sachliche Festlegung dessen, was von der Organisation angestrebt wird und als Ergebnis erreicht werden soll. Das Zielausmaß legt in absoluter oder relativer Form das im Hinblick auf den Zielinhalt verfolgte Anspruchsniveau fest (vgl. Macharzina & Wolf, 2008, 204). Der zeitliche Bezug bestimmt, bis zu welchem Zeitpunkt ein Ziel erreicht werden soll und definiert den Zeitraum, der zur Zielerreichung zur Verfügung steht (vgl. Macharzina & Wolf, 2008, 204).

Ziele sollten nach Möglichkeit im Rahmen eines echten Mitwirkungs- und Aushandlungsprozesses vereinbart werden (vgl. dazu sowie zur Wirkung von Zielen ausführlich Schneider, 2013, 30 ff.; Nolte & Wöhner, 2012, 65 ff.). Sofern eine einvernehmliche Zielgestaltung im Einzelfall nicht möglich ist, müssen die Ziele Top down durch das Management verbindlich vorgegeben werden.

Die Ziele müssen sich stets an der Erfüllung des gesetzlich definierten Auftrags (primary task) und am Organisationszweck („Mission"), an den zu beachtenden rechtlichen und wirtschaftlichen Rahmenbedingungen und Restriktionen sowie an der politisch-strategischen Ausrichtung orientieren. Sie müssen eindeutig und möglichst widerspruchsfrei formuliert werden. Etwaige Zielkonflikte sind nach Möglichkeit bereits im Vorfeld zu klären und aufzulösen. Ziele sollten überprüfbare Zwischenergebnisse beinhalten, einen genauen zeitlichen Rahmen und ein quantifizierbares Ergebnis. Sofern die angestrebten und bereits team- oder mitarbeitergerecht operationalisierten Ziele nicht erreicht werden und die Zielabweichungen nicht mehr innerhalb der festgelegten Toleranz liegen, ist durch die verantwortlichen Führungskräfte rechtzeitig „gegenzusteuern". Es ist insbesondere zu klären, weshalb es im konkreten Fall zur Zielabweichung gekommen ist und wie die Zielerreichung zukünftig sichergestellt werden kann.

Ausnahmsweise können auch bestehende Zielvereinbarungen inhaltlich nachgebessert werden, wenn sich die Rahmenbedingungen wesentlich verändert haben, sich die Veränderungen auf die Aufgabenerledigung auswirken und diese Änderungen nicht von den Parteien, insbesondere nicht vom Zielnehmer zu vertreten sind. Hier erweisen sich viele Steuerungsmodelle und Controllingmechanismen in der behördlichen Praxis als viel zu unflexibel und starr, so dass eine notwendige und rechtzeitige Anpassung der Ziele oder der maßgeblichen Rahmenbedingungen und Kontextfaktoren unterbleibt.

- Die Parteien müssen wissen, welchen Sinn und Zweck ein angestrebtes Ziel hat und weshalb bestimmte Aufgaben im Sinne der Zielerreichung erledigt werden müssen.
- Die Ziele müssen verständlich, eindeutig und verbindlich formuliert und nach Möglichkeit schriftlich fixiert sein.
- Die Ziele sind zugleich Handlungsorientierung und Kontrollgröße / Erfolgsmesser (Output, Impact und Outcome).
- Die zur Zielerreichung notwendigen Rahmenbedingungen müssen durch die Leitung der Organisation (Zielgeber) gewährleistet werden.

4.3.5 Der Zielbildungsprozess

Die Struktur des Zielbildungsprozesses im Überblick:

- Zielsuche – Aufzeigen möglichst vieler Zielalternativen im Rahmen der Mission
- Operationalisierung der Ziele – genaue Zielbeschreibung nach Ausmaß, Inhalt, Verantwortlichkeit und Ressourcen
- Zielanalyse und Zielordnung – Festlegung von Zielbeziehungen und Zielhierarchien, Festlegung einer Prioritätenliste
- Überprüfung der Realisierbarkeit – Erreichbarkeit der Ziele

- Zielentscheidung – Auswahl und Festlegung der konkreten Ziele
- Zieldurchsetzung – Realisation mit Zielrevision und Feedback.

4.3.6 Ordnungskriterien und Zielbeziehungen

Die wesentlichen Ordnungskriterien in Zielsystemen:

Zielgerichtetes Handeln ist nur dann möglich, wenn ein Zielsystem vorhanden ist, das möglichst klar und widerspruchsfrei die zu erreichenden Ober-, Zwischen- und Unterziele sowie die Primär- und Sekundärziele abbildet.

Der Rang eines Ziels innerhalb eines hierarchisch aufgebauten Zielsystems verdeutlicht die Position oder den Stellenwert eines Ziels in Relation zu anderen Zielen, während die Priorität oder Präferenz von Zielen vorrangig der Bewertung der Zielinhalte dient (Macharzina & Wolf, 2008, 207 ff.). Die Zielbeziehungen beschreiben das gegenseitige Verhältnis von Zielen im Hinblick auf sich ergänzende, gleich- oder gegenläufige Ziele (vgl. dazu ausführlich Macharzina & Wolf, 2008, 207 ff.).

Die einzelnen Teilziele müssen stets operabel sein, das heißt sie müssen in der praktischen Arbeit für die nachgeordneten, ausführenden Stellen im Rahmen der bestehenden Möglichkeiten umsetzbar sein.

Die verschiedenen Ziele der Organisationsumwelt, der Organisation, der Führungskräfte und der sonstigen Organisationsmitglieder beeinflussen sich regelmäßig wechselseitig. Es sind folgende drei Zielbeziehungen denkbar: Kongruenz, Konkurrenz und Indifferenz (vgl. dazu auch Dincher et al., 2010, 56 ff.).

- **Kongruente** oder **komplementäre** (ergänzende) Ziele: Die Verfolgung eines Ziels schließt die Erreichung eines anderen Ziels mit ein. Mit der Erhöhung des Zielerreichungsgrades für das eine Ziel wird auch eine Erhöhung des Zielereichungsgrades für das andere Ziel bewirkt.
- **Konkurrierende** („wetteifernde") Ziele: Ein Ziel kann nur zu Lasten eines anderen Ziels erreicht werden. Sofern ein vollständiger Ausschluss vorliegt, handelt es sich um so genannte antinomische Ziele.
- **Indifferente** (sich nicht beeinflussende) Ziele: Die Verfolgung eines Ziels hat keinen Einfluss auf das Erreichen eines anderen Ziels. Die Ziele können voneinander unabhängig angestrebt und realisiert werden.

Die Festlegung der wesentlichen Organisationsziele und der sonstigen strategischen Ziele ist eine zentrale Aufgabe des (Top-)Managements. In der öffentlichen Verwaltung werden die wesentlichen strategischen Ziele sowie insbesondere der spezifische Organisationszweck („Mission") und der jeweilige Leistungs- oder

Handlungsauftrag durch den Gesetzgeber und durch die politische Ebene definiert.

Die weitere inhaltliche Ausgestaltung des Zielsystems – innerhalb des vorgegebenen Rahmens – und die Erreichung der Ziele sind Kernaufgabe des Managements der öffentlichen Verwaltungen. Der Festlegung der von der Organisation zu erreichenden Ziele geht ein intensiver und komplexer Prozess der Entscheidungsfindung voraus. Als Entscheidung bezeichnet man allgemein eine zielbezogene Wahlhandlung zwischen Alternativen zum Zwecke der Problemlösung oder das Abwägen von Handlungsalternativen, um sich auf eine Variante festzulegen, die umgesetzt werden soll (vgl. Müller & Rippel, 2011, 153). Die Entscheidung entsteht in einem mehrstufigen und häufig sehr zeitaufwändigen Prozess, der in der Regel arbeitsteilig verläuft.

Bei der Analyse der Entstehung von Zielen in Organisationen stellt sich die Frage, ob Organisationen überhaupt eigene Ziele haben können oder nur die Organisationsmitglieder. Daneben stellt sich die Frage, ob die Begriffe „Zweck“ und „Ziel“ organisationsbezogen synonym verwendet werden sollten.

Für die öffentlichen Verwaltungen erscheint es sinnvoll, den Begriff „Zweck“ als die Leistung der Organisation für die Umwelt (Gesellschaft oder Gemeinwohl) zu definieren, aus deren Erfüllung die Organisation ihre (gesellschaftliche) Existenzberechtigung ableitet (vgl. Staehle, 1999, 438). Unter dem Zielbegriff im engeren Sinne würden dann die von der Organisation oder ihren Mitgliedern selbst formulierten Vorstellungen über erwünschte (angestrebte) organisatorische Zustände, Ergebnisse oder Verhaltensweisen zu verstehen sein (vgl. Staehle, 1999, 438).

Die Ziele der Organisationsmitglieder kann man mit den Begriffen „Individualziele“ (persönliche Ziele) oder „Motive“ umschreiben. Sofern sie als Forderung der Organisationsmitglieder an das Management gestellt werden, werden sie zu Zielen für die Organisation. Bestätigt das Management diese Ziele und legt sie für das System verbindlich fest, so entstehen eigene Ziele der Organisation (vgl. Staehle, 1999, 440 ff.). Um Ziele der Organisation wiederum zu handlungsrelevanten operativen Zielen der Handlungsträger werden zu lassen, ist es von Vorteil, wenn die Ziele der Organisation instrumental zur Erreichung der persönlichen oder individuellen Ziele sind (vgl. dazu ausführlich Staehle, 1999, 440 ff.). Bei einer „optimalen“ Übereinstimmung von Individual- und Organisationszielen können sowohl der Organisationszweck (Handlungs- und Leistungsauftrag) als auch die Motive (persönliche Bedürfnisse) so weit wie möglich durch die Erbringung einer entsprechenden Arbeitsleistung erfüllt werden.

Bei einer möglichst wirksamen Erfüllung des Organisationszwecks und des Handlungs- oder Leistungsauftrags entfalten die öffentlichen Verwaltungen in ihrer Funktion als Dienstleister am Gemeinwohl einen entsprechend hohen gesamtgesellschaftlichen Nutzen im Sinne der politischen Reformvision und Leitidee. Dieser wahrnehmbare gesellschaftliche Nutzen sowie die dauerhafte Erfüllung institutioneller Erwartungen (Performance der öffentlichen Verwaltungen) führen zu der notwendigen gesellschaftlichen und politischen Akzeptanz der staatlichen Einrichtungen, stellen den notwendigen Mittelzufluss und eine aufgabenangemessene Ressourcenausstattung sicher und begünstigen nachhaltig die Existenzsicherung der jeweiligen Organisation.

5. Die Balanced Scorecard als integraler Bestandteil eines ganzheitlichen, praxis- und wirkungsorientierten Managementkonzepts für die öffentliche Verwaltung

5.1 Die Grundlagen der Balanced Scorecard

Trotz zahlreicher Versuche, Modelle von Zielsystemen produktiver Organisationen zu entwickeln, liegt ein konsensfähiges Modell eines allgemein anerkannten Zielsystems bis heute nicht vor (vgl. Macharzina & Wolf, 2008, 210). Traditionelle kennzahlenorientierte Zielsysteme richten sich in erster Linie an finanziellen Größen aus und bilden damit die vorrangigen Gewinn- oder Renditeerwartungen der privatwirtschaftlichen Betriebe ab. Demgegenüber stellt das Konzept der Balanced Scorecard ein Modell dar, das einerseits der zeitlichen Verzögerung zwischen den ökonomischen Aktivitäten einer Organisation und dem ökonomischen Erfolg Rechnung trägt und andererseits einen umfassenden Überblick über die Organisation aus verschiedenen internen und externen Perspektiven ermöglicht (vgl. Macharzina & Wolf, 2008, 215).

Das Konzept der Balanced Scorecard (BSC) ist auf die grundlegenden wissenschaftlichen Arbeiten von Kaplan und Norton im Rahmen eines Forschungsprojekts zurückzuführen, das primär die Leistungs- und Performance-Messung von Unternehmen zum Gegenstand hatte. Bei dem von Kaplan und Norton entwickelten BSC-Ansatz handelt es sich um ein ganzheitliches, integriertes Managementmodell, das das strategische und das operative Management systematisch miteinander verbindet und eine differenzierte Bewertung des wirtschaftlichen Erfolgs ermöglicht (vgl. Haldemann et al., 2011, 8; Hinkelmann et al., 2002, 86).

„Der „Siegeszug“ der Balanced Scorecard hat deutlich gemacht, dass Unternehmensführung eine Kunst ist, in der es darum geht, einen Blick für das Wesentliche zu haben und die systemrelevanten internen und externen Komponenten und Zielfelder der Organisation wirksam auszubalancieren und dadurch das System in einem dynamisch-stabilen Fließgleichgewicht zu halten“ (vgl. in diesem Sinne auch Geißler, 2003, 5).

Mit der Balanced Scorecard werden die strategischen Ziele mit Indikatoren, Kennzahlen und Maßnahmen verknüpft und kommuniziert (vgl. Simon, 2008, 136; Schneider, 2013, 45). Sie ist ein Managementinstrument, mit dem die Vision einer Organisation in ein geschlossenes Strategie-, Ziel- und Maßnahmenbündel gegossen werden kann (vgl. Schneider, 2013, 45). Die BSC übersetzt Mission und Strategie in konkret messbare Ziele und Kennzahlen und ist – im Regelfall (vgl. dazu auch Haldemann et al., 2011, 10; Nolte & Wöhner, 2009, 681; Schäfer, 2005, 134; Geißler, 2003, 5; Löffler, 2011, 493; Endrich & Metz, 2013, 14 ff.) – in vier verschiedene Perspektiven unterteilt:

- Die finanzwirtschaftliche Perspektive
- Die Kundenperspektive
- Die interne Prozessperspektive und
- Die Lern- und Entwicklungsperspektive

Bei der BSC handelt es sich um ein in der Praxis bereits bewährtes Steuerungsinstrument, das den Entscheidungsträgern einen wirksamen Überblick über die Wirtschaftlichkeit und Leistungsfähigkeit der Organisation liefert und dabei gleichermaßen interne wie externe Faktoren berücksichtigt (vgl. Endrich & Metz, 2013, 14; Nullmeier, 2011, 472).

5.2 Die Balanced Scorecard als integraler Bestandteil des neuen, wirkungsorientierten Steuerungssystems

Das Modell der BSC kann als ein dynamisches, flexibles, ausgewogenes und ausbalanciertes Steuerungssystem auch für das Management der öffentlichen Verwaltungen von großem Nutzen sein kann. Das ursprünglich für die Privatwirtschaft geschaffene Modell eignet sich prinzipiell auch für Nonprofit-Organisationen und für diverse Organisationseinheiten in der öffentlichen Verwaltung (vgl. in diesem Sinne auch Haldemann et al., 2011, 10; Geißler, 2003, 5 ff.; Nullmeier, 2011, 472; Löffler, 2011, 494; Schneider, 2013, 45, für den kommunalen Sektor; Endrich & Metz, 2013, 14 ff.).

Voraussetzung ist jedoch, dass die Grundidee und die Struktur der BSC den spezifischen Rahmenbedingungen des öffentlichen Sektors entsprechend modifiziert werden und das handlungsleitende, unternehmerische Ziel „Gewinnmaximierung“ durch das kollektive, gesellschaftliche Ziel „Gemeinwohlmaximierung“ ersetzt wird. Zum Wohl einer Gemeinschaft gehört – in Anlehnung an Schneider (2013, 41) – in besonderem Maße die gleichzeitige, gleichberechtigte und nachhaltige Sicherung der ökonomischen, ökologischen und sozialen Lebensgrundlagen für alle Generationen.

Auch der ohnehin sehr unscharfe Begriff der Strategie ist im Kontext eines BSC-Modells für die öffentliche Verwaltung umfeldspezifisch zu definieren. In Anlehnung an Mintzberg et al. (1999, 29 ff.) gibt eine Strategie die Richtung im Sinne eines langfristigen Kurses einer Organisation vor. Die Strategie bündelt

Aktivitäten und fördert dadurch die Fokussierung und Koordination der Organisation und der Organisationsmitglieder im Hinblick auf die Aufgaben- und Zweckerfüllung. Die Strategie definiert die Organisation und weckt Sinn und Verständnis für die Strukturen und Prozesse. Die Strategie sorgt in Verbindung mit der Organisationskultur und dem gelebten Wertesystem für Beständigkeit und stellt der Organisation vereinfachte Erklärungs- und Interpretationsmuster (der Realität) zur Verfügung (vgl. dazu ausführlich Mintzberg et al., 1999, 29 ff.). Dies gilt auch für die grundlegenden organisationalen Komponenten:

- Arbeit und fachliches Expertentum
- Machtgestützte und machtverteilende Ordnung
- Übergeordnete Werte
- Sozial-emotionale Beziehungen
- Markt und Tausch
- Auseinandersetzung und Kampf
- Individueller Egoismus und Hedonismus
- Kritik und Lernen (vgl. Geißler, 2013, 12 ff.).

Diesen Komponenten liegt eine so genannte Leitdifferenz zu Grunde (vgl. dazu ausführlich Geißler, 2003, 12 ff.). „Die Funktion dieser Leitdifferenzen besteht darin, bei der Erfassung und Gestaltung der Wirklichkeit zu erkennen, was wichtig und unwichtig ist, und zwar bei der Wahrnehmung der Wirklichkeit, bei der geistigen Verarbeitung des Wahrgenommenen, bei der Planung und Gestaltung der zukünftigen Realität und beim Handeln in der Wirklichkeit“ (vgl. Geißler, 2003, 19).

Ein grundlegendes Problem, das in der Verwaltungspraxis immer wieder deutlich wird, sind die unterschiedlichen Lebenswirklichkeiten innerhalb des politischen und des administrativen Systems und die sich daraus ergebenden Interpretationsschemata und Maßstäbe. Das politische System, das aus machtpolitischen und wahltaktischen Gründen häufig kurzfristige und plakative Erfolge anstrebt, folgt im Regelfall einer völlig anderen – primär auf Machterhalt basierenden – „Logik“ und „Strategie“ als das System der öffentlichen Verwaltung.

Die ministerielle Ebene oder oberste Verwaltungsebene, die im Rahmen des New-Public-Management-Ansatzes und des neuen Steuerungsmodells eigentlich als Schnittstelle und Transformator zwischen Politik und Verwaltung gedacht ist (Kontraktmanagement), hat den Auftrag, die politischen und legislativen Ziele und Handlungsfelder in konkrete Handlungs- und Leistungsvorgaben für die öffentlichen Verwaltungen umzusetzen.

Der politisch-normative Auftrag beinhaltet in seiner Gesamtheit und Vielschichtigkeit eine Vielzahl unterschiedlichster Missionen für die öffentlichen

Verwaltungen. Aus diesen spezifischen Missionen ergeben sich der jeweilige konkrete Organisationszweck sowie der organisationale Sinn. Zur Umsetzung der Missionen bedarf es einer kompatiblen Organisationskultur, eines entsprechenden Wertekatalogs, einer praxistauglichen Vision und eines Leitbildes, das bereits inhaltlich und strukturell auf den Balanced-Sorecard-Ansatz zugeschnitten ist. Unter dem Begriff „Werte" versteht man in diesem Kontext Handlungsleitlinien, wie die Ziele der Organisation zu erreichen sind, sowie die Restriktionen, die das Verhalten der Organisationsmitglieder bei der Zielerreichung und der Auftragserfüllung begrenzen (vgl. Haldemann et al., 2011, 241). Der Begriff Valuing bezeichnet in diesem Zusammenhang die „Prägung" und Veränderung der in einer Organisation dominierenden Werte, die das Verhalten der Organisationsmitglieder in Bezug auf gewünschtes und unerwünschtes Verhalten steuern (vgl. Bertels, 2008, 89). Das „Management" dieser Wertvorstellungen sowie der kreative Prozess des Etablierens neuer Werte verändern die organisatorischen Fundamente im Sinne der Zweckerfüllung (vgl. Bertels, 2008, 89).

Eine Vision beinhaltet das Zukunftsbild einer Organisation (vgl. Haldemann et al., 2011, 241; Nolte & Wöhner; 2012, 82; Schneider, 2013, 40 m.w.Nw.). Die Visionsentwicklung bezeichnet dabei den Prozess, die Existenzberechtigung der Organisation auf der Ebene der Sinnhaftigkeit herzustellen (vgl. Bertels, 2008, 88).

Aus der Vision und dem daraus entwickelten Leitbild ist eine entsprechende (Behörden-)Strategie abzuleiten. In Anlehnung an Haldemann et al. (2011, 243) erklärt die Strategie, wie eine Organisation ihre Mission erfüllen und ihre Ziele erreichen will.

Die Strategie beinhaltet einen Plan zur Zielerreichung und legt fest, was auf dem Weg zur Zielerreichung zu erledigen ist (vgl. Haldemann et al., 2011, 241). Im Kontext der Strategie der Organisation entsteht dann die Balanced Scorecard als Konzept zur Strategie-Operationalisierung und Strategie-Umsetzung durch ein integrales Management-System (Gesamtheit der Instrumente, Personen und Organisationseinheiten sowie Prozesse und Ergebnisse, die das Management ausmachen).

Die Strategie-Operationalisierung stellt eine Konkretisierung der strategischen Ziele mit Messgrößen und Zielwerten dar, die Strategie-Umsetzung ist die Verknüpfung der strategischen und operativen Planung sowie die Umsetzung geeigneter Maßnahmen (vgl. dazu ausführlich Haldemann et al. 2011, 243).

In Anlehnung an Kaplan und Norton gibt es bei der Umsetzung von Strategien häufig Schwachstellen, die auf fehlerhafte Funktionen der vorhandenen Systeme zurückzuführen sind: In einer Vielzahl von Fällen sind die (politischen) Strategien unklar und nicht konsistent. Es findet keine Verknüpfung der

Strategie mit den operativen Zielen statt und keine Verknüpfung der Strategien mit der Ressourcenallokation. Dies führt dazu, dass die (jährlichen) Ressourcen nicht nach den (langfristigen) strategischen Prioritäten zugeteilt werden. Es findet zudem häufig kein strategisches Feedback statt (vgl. dazu ausführlich Haldemann et al., 2011, 12 unter Hinweis auf Kaplan und Norton, 1997, 184 ff.). Im Ergebnis dürfte für die öffentlichen Verwaltungen aus verwaltungspraktischer Sicht ein BSC-Modell geeignet sein, das nicht mit Einzelkriterien und Indikatoren überfrachtet und gut handhabbar ist und folgende Zielperspektiven und Elemente beinhaltet:

- **Zielfeld I**:
  Politischer Handlungs- oder Leistungsauftrag, Mission (Zweck), Vision und Strategie
- **Zielfeld II**:
  Externe Perspektiven der Adressaten oder Kunden, externe Perspektive der Stakeholder
- **Zielfeld III**:
  Interne Perspektive, Struktur- und Prozessperspektive sowie Lern- und Entwicklungsperspektive
- **Zielfeld IV**:
  Finanzperspektive oder wirtschaftliche Perspektive.

Die folgende Übersicht stellt das Wirkungsgefüge und den Zusammenhang zwischen den einzelnen Steuerungs- und Führungsinstrumenten im Rahmen eines ganzheitlichen, systemischen Managementansatzes für die öffentliche Verwaltung dar:

1. Ebene:

Die politische Ebene (Gesetzgeber) definiert die unterschiedlichen Missionen in normativer, generell-abstrakter Hinsicht in Form einer Regel- oder Gesetzessteuerung als einen verbindlichen Handlungsrahmen für die öffentlichen Verwaltungen.

Die spezifische Mission enthält den legitimierten Handlungs- oder Leistungsauftrag der jeweiligen öffentlichen Verwaltung.

Erste Ebene der „Steuerung auf Abstand" (Kontraktmanagement zwischen Politik und Verwaltung auf der obersten Hierarchieebene zur Umsetzung des politischen und gesetzlichen Auftrags in einen konkreten Leistungs- und Arbeitsauftrag für die öffentlichen Verwaltungen)

2. Ebene:

Aus der spezifischen Mission ergeben sich die Vision zur Erfüllung der Mission (Systemzweck), das Leitbild (strategische Zielperspektiven und Werte) zur Konkretisierung der Vision sowie die Strategie (strategische Zielfelder) zur Erfüllung von Mission und Leitbild.

Die Schaffung einer Balanced Scorecard dient als dynamisches und flexibles Instrument der notwendigen Operationalisierung der Strategie und der Verzahnung der Zielebenen (Zielfelder): Leistungsperspektive (Auftrag), externe Perspektive, interne Perspektive, Lern- und Entwicklungsperspektive sowie Finanzperspektive.

Zweite Ebene der „Steuerung auf Abstand" (Zielvereinbarungen zwischen der obersten Hierarchieebene und der unmittelbar nachgeordneten Ebene)

3. Ebene:

Strategisches und operatives Zielsystem im Kontext der Inhalte und Zielperspektiven und Zielfelder der Balanced Scorecard, Kontextsteuerung.

Dritte Ebene der „Steuerung auf Abstand" (Definition eines verbindlichen Handlungsrahmens und geeigneter Entscheidungsprämissen, Delegation, Zielabsprachen, Selbststeuerung und Selbstregulierung zwischen den nachgeordneten Ebenen und innerhalb der einzelnen Ebenen)

Definition der konkret zu erfüllenden Bereichs-, Gruppen- oder Teamziele sowie der daraus abgeleiteten, verbindlichen Individualziele der Mitarbeiterinnen und Mitarbeiter.

Zielerreichungskontrollen, Feedback und Rückkopplungsprozesse im Gegenstromverfahren.

Es ist Schäfer (2005, 134) zuzustimmen, dass durch den gezielten Einsatz der Balanced Scorecard in der öffentlichen Verwaltung nicht nur die Verwaltungsspitze gezwungen wird, sich permanent mit den relevanten Steuerungsfeldern der jeweiligen Organisationseinheiten auseinanderzusetzen, sondern die Implementierung einer BSC sämtliche Organisations- und Managementebenen dazu zwingt, geeignete Steuerungsgrößen und Steuerungskriterien zu entwickeln, verbindlich festzulegen und laufend anzupassen, um so die gesamte Systemleistung in quantitativer und qualitativer Hinsicht messbar und bewertbar zu machen.

Die Balanced Scorecard dient einer konsequenten Fokussierung des produktiven sozialen Systems auf definierte Leistungsindikatoren und Kennzahlen sowie auf konkrete Handlungsergebnisse und deren Wirkung und Nutzen im Sinne einer öffentlichen oder staatlichen Performance.

Daher dürfte auch aus der Sicht der Verwaltungspraxis das Modell der Balanced Scorecard eine ausgesprochen sinnvolle und zielführende Ergänzung des neuen, wirkungsorientierten Führungs- und Steuerungskonzepts darstellen.

6. Organisationales Lernen in der öffentlichen Verwaltung

6.1 Begriff und Notwendigkeit organisationalen Lernens

Der entscheidende Erfolgsfaktor für das Überleben von sozialen Systemen (Organisationen) liegt in deren Fähigkeit, notwendige Veränderungen vorwegzunehmen und sich den veränderten Rahmenbedingungen und Kontextfaktoren rechtzeitig und flexibel anzupassen (vgl. Glass, 1997, 226). Jedes lebende System bricht dann zusammen, wenn es nicht mehr in der Lage ist, sich so schnell weiterzuentwickeln wie seine spezifische Umwelt (vgl. Bertels, 2008, 53). Diese „darwinistisch" geprägte Aussage gilt zukünftig um so mehr, als das Geschehen in den In- und Umwelten von produktiven Organisationen ständig dynamischer, instabiler, unvorhersehbarer und damit immer komplexer wird (vgl. dazu auch Radenheimer, 2002, 7 m.w.Nw.).

In Anlehnung an Luhmann (1987, 46 ff.) entsteht Komplexität, wenn in einer Menge von Elementen aufgrund beschränkter Kapazität zur Verknüpfung nicht mehr jedes Element jederzeit mit einem anderen Element verknüpft werden kann. Eine derartige Verknüpfung zweier Elemente wird als Relation bezeichnet. Diese stellt einen Wirkungszusammenhang des einen Elements auf ein anderes Element dar (vgl. Luhmann, 1987, 52 ff.). Die Relationen, die zwischen den Elementen eines Systems bestehen und deren Ausgestaltung führen zu einer systemspezifischen Struktur. Die Systemstruktur wiederum determiniert die Relationen, die zwischen den Systemelementen gebildet werden können (vgl. Luhmann, 1987, 62 ff.).

Des Weiteren stellt Komplexität im Sinne Luhmanns (vgl. 1987, 50 ff.) einen Mangel an Informationen eines Systems dar, um die Umweltkomplexität oder die eigene Systemkomplexität vollständig zu erfassen und zu beschreiben (vgl. dazu auch Peters, 2008, 149 m.w.Nw.).

Durch das Phänomen einer stetig zunehmenden Komplexität werden Dauer, Maß und Inhalt sinnvoller Überlebensstrategien limitiert und soziale Systeme zu risikobehafteteren Selektionsprozessen gezwungen (vgl. Radenheimer, 2002, 7 unter Hinweis auf Luhmann). Für Organisationen gilt diese evolutionstheoretische Überlegung zumindest vom Grundgedanken her ebenfalls (vgl. Bertels, 2008, 53). Auch die Organisationseinheiten der öffentlichen Verwaltung sind, trotz der operationalen Geschlossenheit und Autonomie, prinzipiell offene, umfeldabhängige, ziel- und zweckgerichtete, produktive soziale Systeme, die mit ihrer zunehmend komplexeren Umwelt in unterschiedlichen

Austauschbeziehungen stehen, wobei der Organisationszweck (primär) in der Erstellung jeweils spezifischer Leistungen für die Systemumwelt liegt (vgl. dazu Reinhardt, 1993, 228; Schwarz et al., 2009, 31). Daher müssen sich nach König und Volmer (2000, 232) soziale oder soziotechnische Systeme in einer Art von Koevolution mit ihrer Systemumwelt befinden und über eine permanente Lern- und Anpassungsbereitschaft und Entwicklungsfähigkeit verfügen.

Mit dem Anbruch des so genannten „Wissenszeitalters", das die industrielle Ära und das damit verbundene Prinzip der Arbeitsteilung in immer stärkerem Maße zurückdrängen wird, erfolgt ein Wandel, der die Art und Weise, wie wir arbeiten und kommunizieren, fundamental verändert (vgl. Bertels, 2008, 49). Es ist Bertels (2008, 49) zuzustimmen, dass der zentrale Erfolgsfaktor in dem neuen Zeitalter die effektive Nutzung von Wissen und Kreativität sein wird (vgl. dazu auch Schneider, 2013, 65 ff.). Starre hierarchische Strukturen, funktionale Organisationsprinzipien, feste Zuständigkeiten und Routinen, ein hohes Maß an Pfadabhängigkeit sowie ein Übermaß an bürokratischem Regelwerk und Detailsteuerung schränken die Reaktions- und Anpassungsgeschwindigkeit produktiver sozialer Systeme deutlich ein. Gerade in bürokratisch geprägten Organisationen, die ein Maximum an Stabilität und Sicherheit anstreben, versucht man der wachsenden Komplexität und Dynamik durch technologische Lösungsansätze und durch mehr oder weniger wirksame Maßnahmen der Komplexitätsreduzierung zu begegnen. Das Problem ist nur, dass sich die tatsächlich vorhandene oder als solche wahrgenommene Komplexität nicht im eigentlichen Sinne des Wortes reduzieren lässt. Die Reduzierung der Wirklichkeit auf ein sehr stark vereinfachtes mentales Modell der Realität mit nur ganz wenigen Faktoren, Variablen, Elementen und Kausalbeziehungen kann im Einzelfall eine gefährliche Scheinsicherheit verursachen, die wiederum eine deutliche Einschränkung der Wahrnehmungs-, Interpretations- und Reaktionsmöglichkeiten des Systems und im Ergebnis sogar einen zumindest partiellen Realitätsverlust bewirken kann. Maslow soll einmal so treffend formuliert haben: „Wenn ich als Werkzeug nur einen Hammer habe, sieht jedes Problem aus wie ein Nagel." Gleichermaßen gilt für den Umgang mit Komplexität: „ Wenn ich in jedem Problem nur noch einen Nagel sehe, dann werde ich mit hoher Wahrscheinlichkeit auch nur noch den Hammer benutzen." Eine solch undifferenzierte Sichtweise befördert jedenfalls nicht die notwendige Lernfähigkeit und Lernbereitschaft produktiver sozialer Systeme.

Die Lernfähigkeit von Organisationen (sozialen Systemen) ist ein aktuelles und sehr zentrales Thema der modernen Managementlehre und zunehmend auch des New-Public-Management-Ansatzes (vgl. dazu auch Radenheimer, 2002, 9 m.w.Nw.; Schridde, 2011, 281). Im Kontext des Konzepts Lernender

Organisationen wird grundsätzlich zwischen stark lernorientierten, flexiblen und nur wenig lernorientierten, statischen Organisationskulturen differenziert (vgl. Bertels, 2008, 79).

Die eher statischen Organisationskulturen haben insbesondere in den Bereichen eine Existenzberechtigung, die nur einem geringen Wandel unterliegen (vgl. Bertels, 2008, 79). Derartige Organisationen, zu denen grundsätzlich auch die öffentlichen Verwaltungen zählen, erreichen bei sonst günstigen Kontextfaktoren und in einem nahezu stabilen Umfeld ein durchaus angemessenes Maß operativer Zweckmäßigkeit und Nützlichkeit, sind aber gegenüber Veränderungen der Rahmenbedingungen ausgesprochen anfällig und verbrauchen in grundlegenden Entwicklungs- und Lernprozessen dann extrem viel Zeit und Energie (vgl. in diesem Sinne auch Bertels, 2008, 79). Der gegenwärtige und seit mehr als 25 Jahre andauernde, zum Teil sehr zäh und schleppend verlaufende staatliche Reform- und Modernisierungsprozess spricht insoweit für sich selbst und unterstreicht diese These deutlich.

Im Rahmen derartiger organisationaler Lern- und Entwicklungsprozesse geht es – entgegen einer weit verbreiteten Auffassung – weniger um Fragen und Inhalte der betrieblichen Aus- und Weiterbildung, es geht viel mehr um die Gestaltung von Kulturen, Strategien, Strukturen und Prozessen mit dem Ziel einer verbesserten Entwicklungsfähigkeit der gesamten Organisation (vgl. Duden der New Economy, 2001, 215).

In Anlehnung an Radenheimer (2002, 9 ff.) kann man sich der Thematik des Organisationslernens nur dann wirklich sinnvoll nähern, wenn ein geeigneter lerntheoretischer Bezugsrahmen existiert und der Organisationsbegriff als Grundlage für ein Verständnis des Lernbegriffs reflektiert wird. Es geht somit um eine konzeptionelle Verknüpfung der lern- und organisationstheoretischen Bezüge mit den Inhaltskonzepten des Lernens, dem organisationalen Lernprozess durch Kommunikation sowie der Steuerungs- und Gestaltungsperspektive organisationaler Lernprozesse (vgl. Radenheimer, 2002, 9 ff.).

6.1.1 Die Lernende Organisation

Versteht man den Begriff der Lernenden Organisation nicht nur in einem abstrakten oder bildhaften Sinne sondern konkret anwendungsbezogen, so stellen Lernende Organisationen soziale Gebilde dar, die auch konzeptionell und strukturiert in der Lage sind, den sich ständig verändernden Umweltanforderungen durch geeignete Anpassungen und eine permanente Erweiterung der Wissensbasis im Innern der Organisation zu begegnen (vgl. in diesem Sinne auch Unger, 2008, 196; Radenheimer, 2002, 9 ff.). Senge beschreibt die Lernende

Organisation sehr einprägsam als den Ort, an dem Menschen erleben, dass sie ihre Realität und ihre Zukunft selbst schaffen und gestalten können (vgl. Senge, 1998, 1 ff.). Inwieweit diese Definition Senges derzeit auf die Arbeits- und Lebenswirklichkeit in den meisten öffentlichen Verwaltungen zutrifft, mag der geneigte Leser an dieser Stelle selbst bewerten.

In Anlehnung an Senge sind die wesentlichen Bausteine für die Gestaltung einer Lernenden Organisation: Die Fähigkeit zum systemischen Denken, die Explikation (Erklärung) mentaler Modelle, die Förderung und Gestaltung einer gemeinsamen Vision, die persönliche Reife und Verantwortungsfähigkeit sowie das Lernen von Gruppen oder besser das Lernen im Team (vgl. dazu ausführlich Reinhardt, 1993, 130 ff. unter Hinweis auf Senge; Unger, 2008, 196 ff. m.w.Nw.).

Eine derartige Sichtweise beinhaltet ein neues, modifiziertes Rollen- und Selbstverständnis von Führungskräften und den sonstigen Organisationsmitgliedern (vgl. in diesem Sinne auch Reinhardt, 1993, 130 ff.). Des Weiteren setzt diese Sichtweise neue Formen der Kommunikation und Kooperation voraus. Das Individuum, die Gruppe oder das interorganisationale Netzwerk sollen im Rahmen organisationaler Lernprozesse mal Impulsquelle, mal Wissensträger und mal Adressat sein (vgl. Duden der New Economy, 2001, 88). Unter dem Begriff des Netzwerkes versteht man im organisatorischen Kontext ein Geflecht sowohl „loser" als auch formeller Beziehungen zwischen mehreren Interaktionspartnern mit ähnlichen Interessen (vgl. Duden der New Economy, 2001, 88). Ein derartiges Netzwerk soll insbesondere die Effizienz und Innovationskraft synergetisch fördern. Die Lernfähigkeit wissensbasierter Systeme ist in besonderem Maße von der Selbststeuerungs- und Vernetzungsfähigkeit der Systemmitglieder abhängig (vgl. Halblützel, 2012, 277). Beim Organisationslernen geht es nicht darum, noch größere Datenberge anzuhäufen oder noch mehr Informationen IT-basiert vorzuhalten und bereitzustellen, es geht vielmehr darum, „Effizienzwissen" (Wissen zur Realisierung effizienter Prozesse) zu kollektivieren, zu vereinigen, neu anzuordnen und umzuwandeln (vgl. in diesem Sinne auch Duden der New Economy, 2001, 277).

6.1.2 Organisationale Lern- und Entwicklungsprozesse

Organisationales Lernen kann somit als die spezifische Fähigkeit bezeichnet werden, die es Systemen ermöglicht, relevante Veränderungen ihres Umfeldes rechtzeitig, proaktiv und wirksam umzusetzen (vgl. Bertels, 2008, 54; Unger, 2008, 196 ff.), wobei im Rahmen organisatorischer Lernprozesse der ursprünglich auf Individuen bezogene Lernbegriff auf soziale Systeme (Organisationen) sinngemäß übertragen wird (vgl. König & Volmer, 2000, 232).

Unter dem Begriff des Lernens wird ganz allgemein die Fähigkeit eines Individuums verstanden, bestehende Handlungsmuster (gewohntes Verhalten) zu hinterfragen und zu revidieren, neue Handlungsmuster (neues Verhalten) anzunehmen und dadurch eine gezielte Anpassung an Veränderungen des Umfeldes rechtzeitig zu ermöglichen. Lernen ist somit im Kern eine Veränderung von Wissen, eine Verhaltensänderung oder eine Änderung und Erweiterung des vorhandenen Verhaltenspotentials (vgl. dazu auch Bertels, 2008, 62). Der Lernanstoß wird dabei ausgelöst durch eine „Störung" etablierter Strukturen und Muster, wobei das Lernen den Weg darstellt, mit derartigen „Störungen" wirksam umzugehen (vgl. Bertels, 2008, 632).

Organisatorisches Lernen stellt – ebenso wie das individuelle Lernen – einen Prozess der Erhöhung oder Veränderung der organisatorischen Wert- und Wissensbasis, die Verbesserung der Problemlösungs- und Handlungskompetenz sowie der Veränderung des gemeinsamen Bezugsrahmens von und für Mitglieder innerhalb der Organisation dar (vgl. König & Volmer, 2000, 320).

Die im Rahmen der organisatorischen Lern- und Entwicklungsprozesse notwendigen Anpassungen und Veränderungen können sich in unterschiedlicher Dynamik und in unterschiedlicher Intensität vollziehen. Permanente und bisweilen sprunghafte Innovationen sowie die massiven Auswirkungen der Globalisierung und der globalen Vernetzung führen immer wieder zu neuen, zum Teil völlig andersartigen Umweltbedingungen. Die Umweltveränderungen werden insgesamt immer weniger berechenbar und prognostizierbar. Der langfristige Erhalt vorteilhafter Positionen erfordert das Vorhandensein flexibler, autonomer oder autogener Selbstorganisation und Selbstregulierung fähiger Strukturen. Organisationen müssen auf der Basis spezifischer Kernkompetenzen neues Wissen und neue Kompetenzen generieren, weiterentwickeln und nutzbringend im Sinne der Aufgabenerfüllung und des Systemerhalts einsetzen können (vgl. dazu ausführlich Nolte & Wöhner, 2012, 101 ff.).

Grundlegende und nachhaltige Veränderungen in sozialen und sozio-technischen Systemen entstehen insbesondere durch Lernen, Kommunikation und durch entsprechendes Handeln der am System beteiligten Menschen (vgl. Heeg, 2000, 459). Das Verhalten der Menschen, deren Wahrnehmung und Kommunikation prägen und „konstituierten" die Organisation. Dennoch lässt sich auch das „Konstrukt" eines sozialen (wissenschaftlich definierten) Systems nicht aus sich selbst heraus verstehen und erklären. Es müssen regelmäßig zur Erklärung des Systems, der Systemfunktionen und des Systemverhaltens Annahmen von außerhalb des Systems hinzugezogen werden (vgl. in diesem Sinne auch Häfele, 1990, 63). Erst der konkrete Systemkontext und die maßgeblichen Kontextfaktoren ermöglichen die Erklärung und verleihen dem System die spezifische

Bedeutung (Sinn). Daraus folgt aber auch, dass der jeweilige (sich verändernde) Kontext ein System neu oder anders definieren und Systemaussagen relativieren, falsifizieren oder verifizieren kann (vgl. dazu ausführlich Häfele, 1990, 63). Dies gilt auch für die Organisationseinheiten der öffentlichen Verwaltung, wie der aktuelle Reformprozess der Staats- und Verwaltungsmodernisierung verdeutlicht. Ein langfristig erfolgreiches Management wird daher stets versuchen, die – unter Berücksichtigung der sich ändernden Kontextfaktoren und Systemumwelten – notwendigen Veränderungsprozesse aktiv und zielbezogen zu gestalten und den Organisationsmitgliedern die „Sinnhaftigkeit" des Wandels aus unterschiedlichen Perspektiven, und nicht nur aus der Binnensicht des Systems oder aus der Sicht der politischen Entscheidungsträger, zu vermitteln. Aus diesem Grund beinhaltet der zuvor dargestellte BSC-Ansatz, der auch für organisationale Lern- und Entwicklungsprozesse in der öffentlichen Verwaltung ausgesprochen förderlich sein kann, neben der internen Perspektive insbesondere auch die organisationsexterne Perspektive oder Systemumweltperspektive.

In Anlehnung an Liebig (1997, 134 ff.) ist „Sinn" das zentrale Steuerungskriterium und der grundlegende Operationsmodus, der soziale Systeme (Organisationen) in die Lage versetzt, Komplexität wirksam zu „reduzieren" und Informationen differenzorientiert zu gewinnen. Dem Kriterium Sinn kommt eine entscheidende Selektions- und Ordnungsfunktion im Kontext sozialer Systeme zu (vgl. Liebig, 1997, 134). Auch nach Luhmann (1987, 94 ff.) legt der systemspezifische Sinn, verstanden als eine „permanente Aktualisierung von Möglichkeiten", die Wahl einer entsprechenden systemkompatiblen Alternative nahe, sofern es einen Selektionszwang bezüglich verschiedener Alternativen gibt. Kernbegriffe der Theorie sozialer Systeme sind auch im Hinblick auf das Element der Sinnstiftung die Begriffe: Unterscheidung, Beobachtung und Referenz oder Beziehung (vgl. Reinhardt, 1993, 228). Diese Aussage gilt in besonderem Maße auch in den grundlegenden Prozessen des Wandels, der Transformation und radikaler Veränderungen. Kein System – auch keine traditionelle Hoheitsverwaltung – kann in Zeiten eines gesellschaftlich, wirtschaftlich und politisch gewollten und notwendigen Paradigmenwechsels mehr darauf vertrauen, derartig massive und zum Teil globale Veränderungen ohne eigene Anpassungen an die tatsächlichen Umweltbedingungen dauerhaft unbeschadet zu überstehen. An diesem Punkt wird die Bedeutung von systemtheoretischen Managementansätzen für das grundlegende Verständnis dessen, was in komplexen organisationalen Transformations- und Veränderungsprozessen vor sich geht, besonders greifbar. Auch die Organisationseinheiten der öffentlichen Verwaltung besitzen als autopoietische Systeme prinzipiell die Fähigkeit, sich selbst zu erhalten und zu reproduzieren, das heißt in ihrer Struktur selbst zu erzeugen. Sie weisen zudem eine spezifische System-Umwelt-Differenz auf, mit der Folge, das alles, was nicht als mit zum System gehörend betrachtet wird und sich demzufolge außerhalb der Systemgrenzen befindet, zur Systemumwelt gezählt wird. Neben der Selbstreferenz des sozialen Systems besteht noch das Merkmal der operationalen Geschlossenheit. Dies bedeutet in Anlehnung an Peters (2008, 144 ff. m.w.Nw.), dass Einflüsse aus der Umwelt in Form so genannter Irritationen des Systems die Veränderung eines Systems zwar initiieren können, das System jedoch autonom und nach den systemeigenen Regeln darüber entscheidet, wie es die Umwelteinflüsse systemintern sinnvollerweise behandelt. Dies schließt auch ein, dass ein Umwelteinfluss, der zum Beispiel im Rahmen eines politisch gewollten Reform- und Modernisierungsprozesses erfolgt, nicht die intendierte inhaltliche, sondern gegebenenfalls nur eine formale Anpassungsreaktion des Systems auslösen kann. Offensichtlich waren in der Vergangenheit die Irritationen, die die „politische" Systemumwelt in vielen Organisationseinheiten der öffentlichen Verwaltung ausgelöst hat, nur bedingt dazu geeignet, die einzelnen, bürokratisch geprägten und sozialisierten Systeme in dem politisch gewollten Reformsinne auch tatsächlich zu beeinflussen und inhaltlich zu verändern.

Es ist Bertels (2008, 63) zuzustimmen, dass in einem dynamischen und komplexen Weltbild kein Platz mehr für „ewige Wahrheiten" ist, da der Kontext, in dem sich die Organisationen bewegen, stetigen Veränderungen und permanentem Wandel unterworfen ist. Nur dann, wenn bestehende Handlungsmuster und Grundannahmen kontinuierlich auf ihre Gültigkeit hin überprüft und nötigenfalls angepasst werden, kann der Anschluss an die dynamische Umgebung dauerhaft gesichert werden (vgl. Bertels, 2008, 623).

6.2 Changemanagement – revolutionärer und evolutionärer Wandel

6.2.1 Grundlagen des Changemanagements und des organisatorischen Wandels

Mit dem Begriff des organisatorischen Wandels bezeichnet man ganz allgemein die nachhaltige Veränderung und Entwicklung eines Systems oder einer Organisation (vgl. Nolte & Wöhner, 2012, 107). Der Wandelprozess bezeichnet dabei den Weg von einem (organisatorischen) Ist-Zustand zu einem (organisatorischen) Soll-Zustand (vgl. Ebers & Maurer, 2002, 473). Unter dem Begriff Change- oder Veränderungsmanagement lassen sich die Aufgaben, Maßnahmen und Tätigkeiten zusammenfassen, die einen umfassenden Wandel zur Umsetzung neuer Strategien, Strukturen, Prozesse und Verhaltensweisen in einem

System bewirken sollen (vgl. dazu ausführlich Hill, 2013, 227 ff. m.w.Nw.; Nolte & Wöhner, 2012, 108).

Obwohl der Begriff „Change Management“ einen einheitlichen konzeptionellen Ansatz nahelegt, verbergen sich dahinter höchst unterschiedliche Modelle, Problemstellungen und eine Instrumentenvielfalt, die nur einen gemeinsamen Nenner haben: „Veränderungen“ (vgl. Schridde, 2011, 279 ff.).

Veränderungsprozesse können auf sehr unterschiedliche Art und Weise verlaufen. Es existieren die verschiedensten Auslöser und die aus ihnen resultierenden Einschnitte können mehr oder weniger drastisch sein (vgl. Leao & Hofmann, 2007, 9). Motivation und emotionale Betroffenheit sind ebenfalls sehr unterschiedlich ausgeprägt: „Vertrautes hört auf, Unbekanntes ist noch schwer greifbar und fassbar und das erforderliche Handeln erscheint oftmals noch unklar“ (vgl. Leao & Hofmann, 2007, 9).

Mit Hilfe des Changemanagements, das auch als Innovationsmanagement im weiteren Sinne bezeichnet werden kann, soll erreicht werden, dass Wandelprozesse und Innovationen möglichst zielorientiert ablaufen und Problemlösungen schneller gefunden und effizienter bearbeitet werden (vgl. Macharzina & Wolf, 2008, 751). Die Aufgabe des Veränderungs- oder Innovationsmanagements besteht primär darin, die in Neuerungsprozessen verborgenen Chancen wahrzunehmen und die bestehenden Risiken zu erkennen und zu minimieren (vgl. Macharzina & Wolf, 2008, 751; Nolte & Wöhner, 2012, 108).

Im Rahmen derartiger Changeprozesse lassen sich unterschiedliche Arten des Wandels unterscheiden: Man kann zwischen einem ungeplanten Wandel, einem ad-hoc eingeleiteten Wandel und einem geplanten organisatorischen Wandel unterscheiden. Der geplante Wandel setzt eine bewusste Entscheidung des Systems voraus, die Arbeits- und Funktionsweise – im Sinne einer zielgerichteten Umgestaltung – nachhaltig zu verändern und einen entsprechenden Wandelprozess einzuleiten (vgl. dazu ausführlich Staehle, 1999, 899 ff.; Schanz, 1994, 382). Die Reform der öffentlichen Verwaltung nach Maßgabe des so genannten neuen wirkungsorientierten Steuerungsmodells, des New-Public-Management-Ansatzes und des Governance-Ansatzes stellt einen intendierten Veränderungs- und Entwicklungsprozess und damit einen geplanten organisatorischen Wandel dar (vgl. Hill, 2013, 227 ff.; Nolte & Wöhner, 2012, 108).

Man kann die Arten des Wandels auch nach dem Ausmaß und der Intensität der Veränderung unterscheiden. Ein so genannter inkrementaler, evolutionärer Wandel erster Ordnung erfolgt durch eine schrittweise und kontinuierliche Modifikation der Arbeitsweise einer Organisation ohne Veränderung des vorherrschenden Bezugsrahmens oder des dominanten Interpretationsschemas (vgl. dazu ausführlich Staehle, 1999, 900; Robbins, 2001, 630). Evolutionäre

Veränderungsprozesse werden systematisch geplant und umgesetzt. Sie bewirken eine behutsame Weiterentwicklung der Organisationskultur über einen längeren Zeitraum hinweg. Die Beteiligten haben dabei langfristig die Möglichkeit, sich an die Veränderung zu gewöhnen und diese in hohem Maße mitzugestalten (vgl. Leao & Hofmann, 2007, 11).

Im Rahmen evolutionärer Veränderungsprozesse sind die meisten Organisationsveränderungen konsistent mit den Design-Elementen des gegenwärtigen Archetyps und spielen sich innerhalb der gegebenen Konfigurationen ab (vgl. Staehle, 1999, 932 m.w.Nw.). Unter dem Begriff der Archetypen im organisatorischen Sinne versteht man dabei die Cluster von formell geplanten und emergenten (informell entstandenen) Strukturen und Systemen, die durch gemeinsame geteilte Ideen, Werte und Normen (im Sinne eines kollektiven Interpretationsschemas) zusammengehalten werden (vgl. Staehle, 1999, 932 m.w.Nw.).

Übergänge von einem so genannten Archetyp zu einem anderen, neueren Archetyp sind relativ selten und werden dann als Transformation oder Wandel zweiter Ordnung bezeichnet.

Im Gegensatz zum Wandel erster Ordnung erfolgt bei einem radikalen oder revolutionären Wandel zweiter Ordnung eine einschneidende strukturelle, paradigmatische Änderung der Organisation in aufbau- und ablauforganisatorischer Hinsicht mit einer Veränderung des Bezugsrahmens. Verändert werden hier im Rahmen der so genannten Transformation die Grundannahmen über die Organisation, insbesondere das Organisationsparadigma, die Organisationskultur und zentrale Funktionsbereiche sowie die Grundannahmen über die Systemumwelt (vgl. dazu ausführlich Staehle, 1999, 928 ff.). Ein solcher (revolutionärer) Prozess des Wandels kann im Regelfall in die vier Stufen: Krise, Transformation (Umwandlung), Transition (Übergang) und Stabilisierung (Verfestigung) des Systems gegliedert werden (vgl. Staehle, 1999, 907).

Der Wandel, den produktive soziale Systeme gegenwärtig und zukünftig vollbringen müssen, beinhaltet mehr, als bloße Maßnahmen der Restrukturierung oder Rationalisierung, es handelt sich vielmehr um einen ganzheitlichen und vor allen Dingen nachhaltigen Lern- und Entwicklungsprozess (vgl. Bock, 2008, 15). Es ist Hill (2013, 227 m.w.Nw.) zuzustimmen, dass im Kontext einer Lernenden Verwaltung Wandel und kontinuierliche Veränderung ein selbständiger Bestandteil der täglichen Arbeit sind. Zur Erlangung langfristiger Vorteile muss der Wandel in den Dimensionen Inhalt (Tiefe), Zeit (Beschleunigung) und Nachhaltigkeit (Konsequenzen) verstärkt werden (vgl. Bock, 2008, 15 unter Hinweis auf Little). Grundlage und mentale Richtschnur eines solchen Wandels kann das „Modell der Hochleistungsorganisation" sein, das einen ganzheitlichen Rahmen für die „Optimierung" des Zusammenwirkens der Anforderungen, der an der Organisation Beteiligten (Stakeholder im weitesten Sinne), der Leistungsprozesse, der Ressourcen und der Organisationsstruktur liefert (vgl. dazu ausführlich Bock, 2008, 19 ff. m.w.Nw.).

Im Rahmen grundlegender organisationaler Veränderungsprozesse lassen sich in Anlehnung an Lewin folgende Grunddynamiken beobachten (vgl. Hill, 2013, 227; Staehle, 1999, 592 ff. unter Hinweis auf Lewin). Auf der ersten Stufe des Wandels erfolgt ein „Auftauen" (Unfreezing) des vorhandenen Systemgleichgewichts. Auf der zweiten Stufe erfolgt die „Bewegung" (Moving) oder „Ausrichtung" der Organisation zu einem neuen Gleichgewichtszustand. Auf der dritten Stufe vollzieht sich ein „Einfrieren" (Refreezing) oder – zutreffender ausgedrückt – „Stabilisieren" des neuen Gleichgewichts. Dieses von den Begriffen her statisch anmutende Modell des Wandels muss in Zeiten permanenter Veränderungen dynamisch im Sinne einer kontinuierlichen Organisationsentwicklung und eines dauerhaften Lern- und Anpassungsprozesses interpretiert werden (vgl. in diesem Sinne auch Hill, 2013, 227).

In jeder Organisation gibt es Kräfte, die auf einen Wandel drängen und Kräfte, die den Wandel blockieren oder behindern. Ein Systemgleichgewicht besteht nach Auffassung von Lewin dann, wenn die Summe der akzelerierenden Kräfte der Summe der retardierenden Kräfte in etwa entspricht. Gewinnen die Gegner des Wandels ein deutliches Übergewicht, so etabliert sich im System ein extrem starker Widerstand gegen die intendierten Veränderungen. Verselbständigen sich die progressiven, auf Veränderung drängenden Kräfte, so kann dies zu einer nicht gewünschten dauerhaften Destabilisierung des gesamten Systems führen. Grundlegende Veränderungsprozesse verbrauchen sehr viel Energie und binden über einen relativ langen Zeitraum wertvolle Ressourcen der Organisation. Es liegt somit auch im eigenen Interesse des Managements, das System möglichst zügig und zielorientiert zu reorganisieren und rechtzeitig, in einem dynamischen Sinne, wieder zu stabilisieren und kontinuierlich weiterzuentwickeln.

Viele organisatorische Veränderungs- und Transformationsprozesse werden – trotz der enorm hohen Komplexität derartiger Changevorhaben und den damit verbundnen Risiken und fachlich-methodischen Anforderungen – immer noch ohne ein professionelles Veränderungsmanagement und nahezu ohne die zwingend notwendigen Kenntnisse der Organisationstheorie und der Arbeits- und Organisationspsychologie durchgeführt. Ein professionelles Changemanagement hat die Aufgabe, die intendierten Veränderungsprozesse zielbezogen zu planen, zu „steuern" und zu realisieren (vgl. Jäger, 2004, 113, 114) und sich insbesondere zielführende Gedanken über die geeigneten Kontextfaktoren und Rahmenbedingungen des geplanten Wandels zu machen. Das jeweilige Top-Management der vom Wandel betroffenen Organisationen muss zudem die erforderlichen Rahmenbedingungen schaffen, die eine nachhaltige, wirksame und zielorientierte Entwicklung des sozialen Systems im Sinne der Reformen begünstigen und zugleich authentisch als Promotor des Wandels fungieren.

Der „Spielraum“ des Changemanagements in Organisationseinheiten der öffentlichen Verwaltung ist im Vergleich zur Privatwirtschaft jedoch relativ gering (vgl. dazu ausführlich Nolte & Wöhner, 2012, 117). Die Abhängigkeit des zu verändernden Systems von übergeordneten politisch-strategischen Zielen sowie vom Einfluss politischer Programme und institutioneller Erwartungen ist ausgesprochen hoch (vgl. Nolte & Wöhner, 2012, 117). In der nur ansatzweise vorhandenen Autonomie der Verwaltungsorganisationen in Deutschland liegt auch ein wesentlicher Grund für die bislang nur eingeschränkte praktische Anwendbarkeit der Konzepte der (autogenen und autonomen) Selbstorganisation. Dies gilt bei einem dreistufigen Verwaltungsaufbau in besonderem Maße für Veränderungsprozesse, die auf der Ebene der mittleren und örtlichen Verwaltungseinheiten durchgeführt werden sollen. Die Bindung der betroffenen, primär operativ tätigen Organisationseinheiten an die strategischen Vorgaben ist äußerst eng, die Umweltbedingungen sind komplex und häufig auch sehr instabil (vgl. Nolte & Wöhner, 2012, 117). Hinzu kommt die strikte rechtliche Bindung, die die vorhandenen theoretischen Veränderungsmöglichkeiten und Handlungsoptionen – auch im Interesse der Wahrung bewährter rechtsstaatlicher Prinzipien – deutlich reduziert (vgl. Nolte & Wöhner, 2012, 117).

Das Management der öffentlichen Verwaltungen muss daher im Rahmen von Veränderungsprozessen in einem ersten Schritt überlegen, welche alternativen Strukturen, Verfahren und Maßnahmen im konkreten Fall überhaupt zulässig und realisierbar sind. Es muss die Interessen und Positionen der vom Veränderungsprozess betroffenen Stakeholder definieren und im Rahmen des Changeprozesses berücksichtigen. Das Management muss feststellen, welche organisatorische Freiheit sich aus der Differenz zwischen den nicht dispositiven politisch-strategischen und rechtlichen Vorgaben und dem dispositiven Bereich organisatorischer Entwicklung noch ergibt und wie groß der „Spielraum“ zur Selbstorganisation und zur Selbstregulierung überhaupt noch ist (vgl. dazu ausführlich Nolte & Wöhner, 2012, 117).

Bislang haben weite Teile der Modernisierungsverantwortlichen im Rahmen der Staats- und Verwaltungsreform versucht, die Reformziele primär durch Rückkopplungen zur bestehenden (bürokratischen) Handlungs- und Verhaltensebene der öffentlichen Verwaltungen quasi im Wege eines „Single Loop“-Lernprozesses zu erreichen. Unter Beibehaltung der geltenden Kontextfaktoren, der handlungsleitenden Grundannahmen und der insgesamt eher innovationsfeindlichen rechtlichen und strukturellen Rahmenbedingungen des öffentlichen Dienstes sind die Lernerfolge und damit auch die Modernisierungs- und Reformerfolge naturgemäß eher begrenzt. Es erfolgt zunehmend eine kleinteilige Verbesserung innerhalb der Grenzen „suboptimaler“ Handlungskontexte. Erst ein Hinterfragen und Anpassen der handlungsleitenden Ziele und Basisannahmen im Wege einer umfassenden Aufgaben-, Zweck- und Vollzugskritik ermöglicht eine wirksame Transformation der öffentlichen Verwaltung nach Maßgabe der politischen Reformziele. Solange den Organisationseinheiten der öffentlichen Verwaltung die Möglichkeit eines „Double Loop“-Lernprozesses und der nötige Freiraum für mehr (autonome) Selbstorganisation und für selbstgesteuerte Lern- und Entwicklungsprozesse nicht zugebilligt wird, bleibt ein reines, in der Wirkung eng begrenztes Anpassungslernen die Folge. Man kann dieses Phänomen auch mit anderen Worten beschreiben: Der Bürokratismus verwaltet in weiten Bereichen die implementierten Reform- und Entbürokratisierungselemente mit hohem Aufwand, dafür oftmals nahezu wirkungsneutral und nach überkommenen bürokratisch-technokratischen Leitprinzipien (vgl. Nolte & Wöhner, 2012, 16 ff.). Insbesondere grundlegende Reformelemente des ursprünglichen NSM-Konzeptes wie die Kosten- und Leistungsrechnung, die Leistungsmessung mittels Indikatoren und Kennzahlen, das Berichtswesen sowie das Zielsystem sind in vielen öffentlichen Verwaltungen zu bürokratischen Pflichtübungen und Routinen ohne erkennbaren praktischen Nutzen verkommen. Die Bürokratie generiert selbst im Entbürokratisierungsprozess immer wieder neue Bürokratie und reproduziert sich als autopoietisches System auch in dieser Hinsicht quasi selbst. Es liegt auf der Hand, dass unter diesen Rahmenbedingungen Kreativität, Innovation und organisationales Lernen in vielen Organisationseinheiten der öffentlichen Verwaltung derzeit nicht wesentlich gefördert werden können.

Im Rahmen grundlegender Veränderungsprozesse stößt man zudem immer wieder auf das Phänomen, dass die betroffenen Organisationsmitglieder selbst gegen einen notwendigen Wandel opponieren, obwohl ein Unterlassen der Veränderungen letztlich zu wesentlich einschneidenderen Konsequenzen führen kann (vgl. Schanz, 1994, 387). Veränderungsprozesse berühren unmittelbar die persönlichen Interessen und Befindlichkeiten sowie die persönlichen Ziele und Werte der Systemmitglieder. Diese sind keineswegs immer mit den Zielen, Werten und Interessen der Organisation deckungsgleich. Im Regelfall wird sogar das persönliche Werte- und Zielsystem der Organisationsmitglieder erheblich von den organisationalen Zielen abweichen, insbesondere dann, wenn es sich um das Ziel der Leistungs- und Produktivitätssteigerung sowie der „Arbeitsverdichtung“ handelt.

Dort, wo eigene Interessen vermeintlich bedroht oder beeinträchtigt werden, ist Widerstand gegen den Wandel die logische Folge. Dieser kann offen oder verdeckt ausgeübt werden und in unterschiedlicher Intensität auftreten (vgl. Staehle, 1999, 977). Eine Hauptursache von Widerständen ist die fehlende Transparenz der wesentlichen und tatsächlichen Ziele des Veränderungsprozesses, der defizitäre Umgang des Systems mit Ambiguitäten, Spannungen und Konflikten sowie die daraus resultierende Verunsicherung und Orientierungslosigkeit vieler Systemmitglieder. Nach Radenheimer (2002, 164 m.w.Nw.) hängt der nicht immer bewusste individuelle Widerstand der Systemmitglieder gegen Wandel und Veränderung eng mit den psychologischen Rückzugsmustern und defensiven Routinen zusammen. Für viele Organisationsmitglieder sind die Absicht und Zielsetzung des Wandels unklar, es findet keine echte Partizipation statt, die möglichen Vorteile und Anreize des Wandels überzeugen nicht, das Vertrauen in den Initiator des Changeprozesses ist gering, es finden zu viele Veränderungen gleichzeitig statt, die Organisationsmitglieder fürchten Überforderung sowie persönliche Nachteile und die Notwendigkeit der Veränderung wird nicht wahrgenommen (vgl. Radenheimer, 2002, 164 unter Hinweis auf Mink und Argyris). „Generell – und nicht nur bei Mitarbeitern des öffentlichen Dienstes – gilt, dass die Kenntnis des Bestehenden und Gewohnten Sicherheit gibt und alles Neue und Unbekannte bei vielen Menschen Unsicherheit und eine diffuse Angst vor Veränderungen erzeugen kann“ (Hill, 2013, 229). Deshalb gehört es in Anlehnung an Hill (2013, 229 ff.) zum mittlerweile gesicherten Bestand methodischer Erkenntnisse bei der Umsetzung von Veränderungsprozessen nicht nur prozessuale Erfolgsfaktoren zu berücksichtigen, sondern auch emotionale und psychologische Hintergründe einzubeziehen. Ein besonders interessanter Ansatz im Umgang mit veränderungsbedingten Ängsten und Emotionen stellt das so genannte „SCARF“-Modell dar. SCARF steht für „status“ (Status), „certainty“ (Sicherheit), „autonomy“ (Autonomie), „relatedness“ (Verbundenheit) und „fairness“ (Fairness). „Es geht darum, Bedrohungen soweit wie möglich zu vermeiden, klare Erwartungen zu definieren, Verantwortung übernehmen zu lassen, authentisch zu handeln und Versprechen und Zusagen auch einzuhalten“ (Hill, 2013, 229).

Nach Hopfenbeck (2002, 670 ff.) stehen folgende verschiedene Verfahrensmöglichkeiten zur Verfügung, um einen möglichen Verhaltens- oder Systemwiderstand möglichst gering zu halten. Dies sind: Der Zwangsansatz, der Lernansatz (Entwicklung der gewünschten Fähigkeiten vor dem Wandel), der Krisenansatz („Sammeln der Truppe um die Fahne“), der Flexibilitätsansatz (Entwurf eines breiten Spektrums an Fähigkeiten gegenüber möglichen Herausforderungen) und der Lern-Aktions-Ansatz mit einer Parallelität von Implementation und Planung (vgl. dazu ausführlich Hopfenbeck, 2002, 670 ff.).

In der Verwaltungspraxis haben sich im Rahmen von partizipativen Veränderungsprozessen insbesondere folgende konkrete Maßnahmen als zielführend und wirksam erwiesen. Zur Vorbereitung und Implementierung organisatorischer Veränderungen ist eine möglichst frühzeitige, aktive Einbindung und Beteiligung der maßgeblichen Stakeholder sowie der Betroffenen und der „Schlüsselpersonen" der Organisation in professionell begleitete Changeprojekte, Arbeitsgruppen und Qualitätszirkel sinnvoll.

Die Durchführung speziell zugeschnittener Fortbildungs- und Informationsveranstaltungen zur wirkungsvollen Vorbereitung der Führungskräfte und der Mitarbeiter auf die veränderten Rollenerwartungen und Anforderungen sowie die Durchführung von prozessbegleitenden Führungskräfteworkshops sind ebenfalls zielführend.

Ein professionelles Marketing des Changeprozesses, eine Dokumentation und Kommunikation der bereits erzielten Erfolge und Fortschritte des Wandels sowie eine gezielte, regelmäßige Information der Stakeholder und der Organisationsmitglieder hilft vermeidbare Verunsicherung und Ängste ab- und rechtzeitig die notwendige Akzeptanz und Unterstützung aufzubauen.

6.2.2 Die Grundstruktur typischer Changeprozesse

Der „typische" Veränderungs- oder Changeprozess weist eine bestimmte Grundstruktur auf und durchläuft verschiedene Phasen. In der ersten Phase des Changeprozesses entscheidet regelmäßig das oberste Management über Inhalt und Dimension sowie über die grundlegenden Ziele des als notwendig erachteten Wandels. Es werden in der Anfangsphase ein primär strategisch ausgerichteter Projekt- oder Vorgehensplan erstellt und eine als Orientierungshilfe gedachte, noch eher plakative und emotional ausgerichtete Vision sowie die zentrale Leitidee für die Organisation erarbeitet.

Auf der Grundlage der strategischen Grobplanung oder Grobkonzeption wird in den folgenden Changephasen ein praxistaugliches Feinkonzept erarbeitet, das nach Möglichkeit aus eigener Kraft und Kompetenz der Organisation umgesetzt werden kann. Dieses Feinkonzept wird prozessbegleitend fortentwickelt und laufend angepasst. Es ist im Rahmen von Changeprozessen in der öffentlichen Verwaltung nicht zuletzt aus Gründen der Dokumentation der Projektfortschritte und der Rechenschaftslegung von grundlegender Bedeutung, den Ist-Zustand des Systems einschließlich der definierten Probleme und identifizierten Schwachstellen so genau wie möglich zu beschreiben und die daraus resultierende Notwendigkeit des Wandels zu kommunizieren. Die Erhebung und Analyse des Ist-Zustandes bildet die Basis für die folgende Diagnosephase. Die

Beobachtung und Bewertung des Systems erfolgt stets aus unterschiedlichen internen und externen Perspektiven sowie unter besonderer Berücksichtigung der vielfältigen und häufig äußerst komplexen Ursache-Wirkungs-Beziehungen. Nur mit einer ganzheitlichen Betrachtung des Systems, das heißt, mit seinen spezifischen Stärken und Schwächen sowie den bestehenden oder sich ergebenden Chancen und Risiken, lässt sich der zu erreichende Soll-Zustand einschließlich der geeigneten Handlungsalternativen definieren. Im Rahmen eines Aktions- oder Maßnahmenplans, der stets kontextbezogen und konkret situationsbezogen zu erstellen ist, werden die zu erreichenden Meilensteine oder Feinziele festgelegt. Die Realisation der einzelnen Meilensteine sollte im Ergebnis zur Erreichung des zuvor definierten Soll-Zustandes der Organisation führen. Der erreichte Soll-Zustand wiederum muss die Lösung der zuvor festgestellten Probleme und Schwachstellen des Systems beinhalten, ohne jedoch die Stärken des Systems zu beeinträchtigen. Die Kontrolle der Effizienz (Wirtschaftlichkeit) und Effektivität (Wirksamkeit) des Changevorhabens einschließlich der tatsächlich erreichten Ergebnisse ist die zentrale Aufgabe eines wirksamen Projekt- oder Changecontrollings. Für den Erfolg des gesamten Veränderungsprozesses einschließlich der Zielerreichung ist das Management der jeweiligen Organisation verantwortlich.

In Anlehnung an Jäger (2004, 120 ff.) lassen sich – losgelöst von der zuvor dargestellten Grundstruktur von Changeprozessen – drei unterschiedliche Veränderungsstrategien unterscheiden: Die rationale Strategie (Mensch als rationales Wesen, Nutzenmaximierer, Motivation über logische Argumente, Beratung durch Experten), die Machtstrategie (Menschen können durch Macht beeinflusst werden und sind am Erhalt der Macht interessiert, Motivation durch Sanktionen, Widerstand wird durch Zwang gebrochen, Lösungen werden angeordnet) und die Entwicklungsstrategie (Mensch als wertvollste Ressource, Motivation durch Lernen und Entwicklung, Sinn der Arbeit, Partizipation).

Im Regelfall wird zur erfolgreichen Durchführung von Veränderungsprozessen eine so genannte Hybrid- oder Kombinationsstrategie im Sinne einer systemischen Verknüpfung von rationalen, normativen und psychosozialen Ansätzen zielführend sein, wobei den Lern- und Entwicklungsstrategien, insbesondere im Hinblick auf eine kontinuierliche Verbesserung, eine ganz besondere Bedeutung zukommt. Die Wahl der situativ und kontextbezogen richtigen Mittel und die Auswahl der geeigneten Strategien, Instrumente und Maßnahmen zur Förderung des Wandels ist eine der zentralen Aufgaben der Führungskräfte in Veränderungsprozessen.

Eine weitere ganz zentrale Aufgabe ist die angemessene und rechtzeitige Kommunikation der Ziele und Erfolge des Wandels, die Vermittlung von Sinn und das konsequente Einstehen für die Ziele des Wandels. Gerade in Zeiten grundlegender, paradigmatischer und extrem einschneidender Veränderungen kommt dem Management eine nicht zu unterschätzende Orientierungs- und Vorbildfunktion zu. Die Vorbildfunktion der Führungskräfte und Promotoren des Wandels und deren funktionsangemessene Wahrnehmung kann in der Praxis der öffentlichen Verwaltung gar nicht deutlich genug betont werden.

6.2.3 Evolutionärer Wandel

Ein weiterer, ausgesprochen interessanter organisationswissenschaftlicher Aspekt des Wandels, der deutliche Anleihen bei der synthetischen, biologischen Evolutionstheorie macht, ist der so genannte Population Ecology-Ansatz, der auf den Ergebnissen einer Studie von Hannan und Freeman basiert (vgl. dazu ausführlich Kieser & Woywode, 2006, 311 unter Hinweis auf Hannan, Freeman und Carroll).

Wesentliche Annahmen der biologischen Evolutionstheorie werden auf die Entwicklung, den Wandel oder die Anpassungsfähigkeit von Organisationen übertragen. Gegenstand einer solchen organisationsbezogenen Evolutionsbetrachtung ist nicht primär das „organisationale" Individuum im Sinne einer einzelnen Organisation, sondern eine Vielzahl ähnlicher oder gleichartiger Organisationen, die eine gemeinsame Grundstruktur aufweisen, die biologisch einer bestimmten Population entspricht (vgl. Kieser & Woywode, 2006, 309 ff.). Der Population Ecology-Ansatz ist für den gesamten Reform- und Modernisierungsprozess der öffentlichen Verwaltungen deshalb so interessant, weil bestimmte Grundannahmen dieses Ansatzes durchaus auch für einen verstärkten Einsatz evolutionstheoretischer Konzepte und Ideen im Kontext des stockenden Transformationsprozesses sprechen könnten.

Der Population Ecology-Ansatz geht zunächst von der Annahme aus, dass einzelne Organisationen nur in sehr geringem Maße fähig sind, sich zielgerichtet an Umweltveränderungen anzupassen oder die maßgeblichen Kontextfaktoren proaktiv und im Sinne der Organisation zu beeinflussen. Innerhalb der Organisationen agieren Interessengruppen, die unterschiedliche, auch eigene Ziele verfolgen und durch „politische Manöver" einer notwendigen Anpassung im Sinne der Gesamteffizienz entgegenwirken (vgl. Kieser & Woywode, 2006, 311 ff.). Die Organisationsgestalter verfügen zum einen nur über unvollkommene Informationen und zum anderen verhindert die Trägheit von Organisationen, dass die Anpassungsbemühungen der Organisationsgestalter mit der Dynamik der maßgeblichen Umweltveränderungen mithalten können. Nach dieser evolutionstheoretischen Auffassung „bedingt die nur begrenzte Anpassungs- und Wandlungsfähigkeit einzelner Organisationen eine Interaktion der Gestalter auf der Metaebene, mithin auf der Ebene der gesamten Population" (vgl. dazu auch Kieser & Woywode, 2006, 311 ff. m.w.Nw.). Die Trägheit von Organisationen stellt in Anlehnung an Kieser und Woywode (2006, 312 ff.) einen wichtigen Mechanismus dar, der Populationen voneinander isoliert und dafür sorgt, dass sich Organisationen innerhalb einer (bürokratischen, nicht wettbewerbsorientierten) Population nur in einem relativ engen Rahmen wandeln und nicht – aus sich selbst heraus – zu einer Organisation werden können, die einer völlig anderen (gewinn- und wettbewerbsorientierten) Population angehört. So setzten auch der NPM-Ansatz, das Neue Steuerungsmodell sowie der Governance-Ansatz im Rahmen der Staats- und Veraltungsmodernisierung konsequenterweise auf der („Populations"-)Ebene des gesamten öffentlichen Sektors und der gesamten Verwaltungslandschaft an und nicht unmittelbar auf der Ebene der einzelnen Verwaltungsorganisation.

Infolge der Autonomie, des Eigensinns, der operationalen Geschlossenheit und „Trägheit" sozialer Systeme einerseits sowie deren Umweltoffenheit und struktureller Kopplung andererseits, kommt es auch im aktuellen Modernisierungs- und Reformprozess entscheidend darauf an, dass die Irritationen, die zielgerichtet in der Umwelt des jeweiligen Systems ausgelöst werden, auch tatsächlich zu den mit der politischen Reform intendierten „Irritationen" innerhalb des Systems führen und die beabsichtigte Verhaltensänderung auf der Populationsebene und der Organisationsebene bewirken.

Organisatorischer Wandel auf der Populationsebene kann nach dieser organisationstheoretischen Variante des Population Ecology-Ansatzes insbesondere durch die „Schließung" oder „Umwandlung" bestehender Organisationen, durch Abspaltungsprozesse von bestehenden Organisationen oder durch Gründung neuer Organisationen ermöglicht werden (vgl. Kieser & Woywode, 2006, 312 m.w.Nw.). Die Entstehung neuer, anpassungsfähigerer Organisationen kann insbesondere durch technologisch bedingte Veränderungen, ökonomische Krisen sowie durch Paradigmenwechsel in den gesellschaftlichen, politischen und rechtlich-institutionellen Rahmenbedingungen forciert werden. Organisationen, die nicht ausreichend an die Anforderungen der Umwelt angepasst sind, unterliegen nach dieser Theorie letztlich im so genannten „struggle for existence" (vgl. Kieser & Woywode, 2006, 312).

Da die Selektion öffentlicher Organisationen im Regelfall nicht nach Maßgabe der ökonomischen Effizienz erfolgt, scheitern Non-Profit-Organisationen oder sonstige öffentliche Organisationen spätestens dann, wenn sie ihrem gesellschaftlichen oder politischen Auftrag im Sinne der geforderten staatlichen Performance nicht mehr gerecht werden können und die überlebensnotwendigen Ressourcenzuflüsse dann langfristig ausbleiben. Die gesellschaftliche und politische Akzeptanz kann auf der Populationsebene der öffentlichen Organisationen – je nach Taxonomien oder Klassifikationen – einen ganz wesentlichen Selektionsfaktor darstellen (vgl. dazu ausführlich Kieser & Woywode, 2006, 315), sofern man über geeignete Selektionsmechanismen und den politischen Willen zu deren konsequenter Umsetzung verfügt.

Die einer Population angehörenden Organisationen zeichnen sich in Analogie zum biologischen Genotyp durch einen gemeinsamen Bauplan oder ein einheitliches Basismuster aus (vgl. Kieser & Woywode, 2006, 312 unter Hinweis auf Hannan und Freeman). Sie besitzen eine gemeinsame organisationale Form (Kieser & Woywode, 2006, 312). Im Hinblick auf den organisationalen Genotyp sind die so genannten „Comps“ (Competences) oder Elemente organisatorischen Wissens von besonderer Bedeutung. Sie stellen quasi das Basismaterial der Evolution produktiver sozialer Systeme dar. Eine Organisationspopulation ist durch einen so genannten kollektiven „Compool“ gekennzeichnet.

„Die Fokussierung auf die effektiven Comps der Population und damit auf die spezifischen erfolgskritischen Kompetenzen im Rahmen evolutionärer Changeprozesse begünstigt die Generierung und Verteilung neuen organisationalen Wissens und befördert nachhaltig soziale Evolutionsprozesse auch in produktiven Organisationen“ (vgl. dazu auch Kieser & Woywode, 2006, 230 ff.). Dies gilt auch für die Organisationseinheiten der öffentlichen Verwaltung. Insofern könnten auch im aktuellen Reformkontext die entsprechenden evolutionstheoretischen Ansätze pragmatisch angewendet und im Sinne der Reformziele wirksam genutzt werden.

Von den vielfältigen Konzepten evolutionären Wandels erster Ordnung zu unterscheiden sind die nicht minder vielfältigen Konzepte eines revolutionären, radikalen Wandels zweiter Ordnung. Hier sind aus praktischer Sicht insbesondere die Konzepte des Business Process Reengineering von besonderer Bedeutung.

6.2.4 Revolutionärer Wandel im Sinne des Business Process Reengineering

Während Organisationsentwicklung und Organisationslernen sowie die Konzepte des evolutionären Wandels dem sozialen System genügend Zeit und Raum geben, sich auf der Basis des Bewährten kontinuierlich und eher inkremental zu verbessern und weiterzuentwickeln, bedeutet Business Process Reengineering (BPR) einen radikalen, revolutionären Wandel. Bei der stark nutzen- und prozessorientierten Neuausrichtung der Organisationen erfolgt keine graduelle Veränderung bestehender Aufgabenzuweisungen und Arbeitsabläufe, es werden vielmehr sämtliche überkommene Regeln und die ihnen zugrunde liegenden Annahmen, im Sinne eines radikalen Bruchs mit der Vergangenheit, über Bord geworfen (vgl. Macharzina & Wolf, 2008, 512).

Für die Einführung eines derartig radikalen BPR-Konzepts benötigt man zwei Voraussetzungen: Den Willen zum Erfolg und den Mut, den ersten Schritt zu wagen (vgl. Unger, 2008, 208 ff. unter Hinweis auf Hammer und Champy). Eigentlich benötigt man noch eine dritte Voraussetzung, nämlich die Fähigkeiten eines „Sehers", mit denen man die zum Teil immensen Auswirkungen dieser extremen Methode auf die betroffenen Organisationen und deren Mitglieder voraussehen könnte. Da die wenigsten Berater jedoch über seherische Fähigkeiten verfügen, verlaufen eine Vielzahl der radikalen BPR-Projekte im Ergebnis langfristig relativ erfolglos. Selbst wenn man unterstellt, dass die vorhandene Struktur- und Prozessorganisation eine Menge gravierender Schwachstellen aufweist, so ist keineswegs sicher, dass die zunächst mit der „Planierraupe" durchgeführte Reorganisation und die quasi auf der grünen Wiese neu designte und errichtete Organisation nicht ebenfalls vergleichbare Schwächen und Mängel aufweist.

Da ein derartiger radikaler Wandel zudem enorme Ressourcen der Organisation bindet und einen Großteil der vorhandenen Kräfte des produktiven sozialen Systems verbraucht, fehlen in der Organisationswirklichkeit häufig die notwendigen Reserven, die das System noch benötigt, um die laufenden Anforderungen angemessen zu erfüllen und gleichzeitig die erforderlichen Korrekturen und Mängelbeseitigungen rechtzeitig und wirksam vorzunehmen.

Die bezüglich des BPR in Reinkultur vorgetragenen prinzipiellen Bedenken lassen sich in der Change- und Organisationspraxis jedoch dadurch relativieren, dass man als Organisator oder Changeagent die Grundidee des BPR-Konzeptes durchaus wirksam nutzen kann, um insbesondere auch die Systemmitglieder, die – aus prinzipieller Überzeugung – nur die weniger radikalen und einschneidenden Methoden des Wandels präferieren, mit den gestalterischen Möglichkeiten zu konfrontieren, die jenseits der vorherrschenden (traditionellen) Denkmuster und Gestaltungsprinzipien in bürokratisch geprägten Organisationen liegen. Diese dem BPR immanente synoptische und transformatorische Perspektive, die sich statt mit den Problemen der Vergangenheit nahezu ausschließlich mit den Anforderungen, Optionen und Chancen der Zukunft beschäftigt, ermöglicht auch im Rahmen evolutionärer oder inkrementaler Veränderungsprozesse einen kreativen und innovativen Umgang mit denkbaren Handlungs- und Gestaltungsoptionen jenseits des Bekannten und Vertrauten sowie eine stark akzentuierte und emotionale interne Diskussion von Visionen, Strategien und sonstigen Leitideen.

Es ist Macharzina und Wolf (2008, 516) zuzustimmen, dass sich die mit dem BPR erhofften Effekte dann am ehesten einstellen werden, wenn die radikale „Fitnesskur" nicht als einmaliger Akt, sondern als beständig einzusetzendes Medium der Verbesserung verstanden wird. Selbst das sehr harte und radikale Vorgehen des BPR muss noch eine angemessene Balance des Lernens mit dem Fortschritt zulassen (vgl. Macharzina & Wolf, 2008, 516 unter Hinweis auf Maier).

Insoweit ist eine gelungene Kombination und wirksame Verzahnung von Elementen des Wandels erster und zweiter Ordnung, von evolutionären und revolutionären Ansätzen sowie von kontinuierlicher Verbesserung und radikaler, top-down gestalteter Veränderung in grundlegenden Modernisierungs- und Reformprozessen, die mit einem Paradigmenwechsel verbunden sind, aus der Sicht eines wirksamen Transformations- oder Changemanagements ausgesprochen sinnvoll und zielführend.

6.3 Wettbewerb und Wettbewerbssurrogate im Kontext organisationaler Lernprozesse

Jeder nachhaltige organisationale Entwicklungsprozess benötigt einen zugkräftigen Motor als inneren Antrieb. Das Theoriegebilde des New Public Management geht davon aus, dass die privatwirtschaftlichen Markt- und Wettbewerbsmechanismen grundsätzlich auch auf den öffentlichen Bereich übertragbar sind und dort quasi als „Motor des Wandels" eine entsprechende, leistungsfördernde Wirkungen entfalten.

Wettbewerb im Sinne des NPM umfasst dabei sowohl den marktlichen, als auch den quasi-marktlichen sowie den nicht-marktlichen Wettbewerb (vgl. Schedler & Proeller, 2011, 206). Die Wettbewerbsorientierung umfasst die Förderung des Wettbewerbs innerhalb der Verwaltung, mit anderen Verwaltungen und staatlichen Organisationen sowie mit sonstigen – insbesondere privaten – Anbietern.

Die öffentlichen Verwaltungen Deutschlands verstanden und verstehen sich jedoch noch immer als weitestgehend wettbewerbsfreier Raum (vgl. Nullmeier, 2011, 150 ff.). Auf Grund der Gemeinwohlverpflichtung des Staates und der traditionellen Grenze zwischen Staat und Markt wurde eine konsequente und umfassende Übertragung von Marktmechanismen und realem Wettbewerb auf den öffentlichen Sektor im Rahmen des Neuen Steuerungsmodells bislang im Kern abgelehnt (vgl. Nullmeier, 2011, 150). Diese Sichtweise kann nunmehr im Kontext der Governance-Debatte als vollkommen überholt gelten (vgl. Nullmeier, 2011, 150 ff.).

Ein wesentliches Ziel der Implementierung von Wettbewerbselementen und Konkurrenzsituationen im Kontext des NPM-Ansatzes ist es, die Abgrenzung zwischen öffentlicher und privatwirtschaftlicher Leistungserstellung neu zu regeln und dadurch erweiterte Wahlmöglichkeiten für öffentliche Güter im Sinne konkurrierender Leistungsangebote zu ermöglichen. Auf die Anbieter öffentlicher Leistungen wird in Bezug auf Qualität, Flexibilität, Reaktionsgeschwindigkeit und Wirtschaftlichkeit des Leistungsangebots ein wettbewerbsähnlicher Druck ausgeübt, der zu einer spürbaren Effizienz- und Effektivitätssteigerung führen soll. Sofern man dieser Grundannahme des NPM-Konzeptes folgt, erscheint es durchaus konsequent, die Anbieter öffentlicher Leistungen zumindest der Konkurrenzsituation eines „Quasi-Marktes" oder eines „Quasi-Wettbewerbs" auszusetzen (vgl. Nolte & Wöhner, 2012, 61 ff. m.w.Nw.).

Sofern man den Begriff des Wettbewerbs oder der Konkurrenz nicht auf das Feld ökonomischer oder geldvermittelter Tauschbeziehungen beschränkt, bedeutet Wettbewerb das Streben von mindestens zwei Akteuren nach einem Ziel, wobei die Zielerreichung des einen die des anderen vermindert oder verhindert (vgl. dazu ausführlich Nullmeier, 2011, 150 ff.). Wettbewerb auf Märkten ist die durch den Markt als Institution vorgegebene Rivalität zwischen den Akteuren einer Marktseite, wobei die wesentlichen Funktionen des Marktes – in Anlehnung an Nullmeier (2011, 150 ff.) – die Allokationsfunktion, die Innovationsfunktion und die Distributions- oder Verteilungsfunktion sind.

Die charakteristischen Merkmale eines echten Wettbewerbs sind die Existenz von Märkten und mindestens zwei Anbieter oder Nachfrager von Leistungen, die sich antagonistisch verhalten (Hopfenbeck, 2002, 246). Unter einem Markt versteht man in abstrakter Form das Zusammentreffen von Angebot und Nachfrage (vgl. dazu ausführlich Wöhe, 2008, 414).

Dadurch, dass im Rahmen marktlicher Transaktionen Leistung und Gegenleistung unmittelbar miteinander verknüpft sind und der Nutzen der jeweiligen Transaktion den Geschäftspartnern direkt zufließt, besteht ein hohes Interesse der Marktteilnehmer, die eigenen Ressourcen so wirtschaftlich wie möglich einzusetzen.

Die Vergleichbarkeit vieler Güter, die sich daraus ergebende Konkurrenzsituation und der Preismechanismus des Marktes bilden die Grundlage für eine möglichst wirtschaftliche Ressourcenallokation. Zudem gewährleistet der Marktmechanismus eine permanente Entwicklungs- und Anpassungsfähigkeit an die sich ständig ändernden Umfeldbedingungen, insbesondere eine permanente Anpassung des Leistungsangebotes an die aktuellen Kundenwünsche (vgl. Ebers & Gotsch, 2006, 286; Wöhe, 2008, 42). In diesem Zusammenhang ist bemerkenswert, dass das Theoriegebilde des New Public Management offensichtlich immer noch von einem eher idealtypischen, vollkommenen und weitestgehend freien Marktgeschehen ausgeht.

Moderne marktwirtschaftliche Systeme existieren jedoch nicht in einem politik- und staatsfreien Raum. Wirtschaftliches Handeln ist vielmehr oftmals sehr eng durch einen von Staatsgewalt, Verfassung und Rechtsordnung gezogenen, institutionellen Rahmen begrenzt (vgl. Schierenbeck & Wöhle, 2008, 26). Insofern existiert auch in der Privatwirtschaft kein idealtypisches Marktgeschehen.

Zu berücksichtigen ist im Zusammenhang mit Wettbewerb und Konkurrenz zudem, dass insbesondere in der Bundesrepublik die gesamte Verwaltungsreformdebatte bislang fast ohne Anknüpfung an konkrete wettbewerbstheoretische Konstrukte stattgefunden hat (vgl. Nullmeier, 2011, 150 ff.). Auch die Übernahme von Gedanken des New Public Management ist lange Zeit ohne Betonung der Wettbewerbsausrichtung erfolgt. Dies gilt derzeit auch noch für die faktische Dimension des insgesamt deutlich wettbewerbsorientierteren Governance-Ansatzes, so dass die bereits implementierten Instrumente des NPM – ohne Konstruktion und Umsetzung eines geeigneten und angemessenen Wettbewerbsrahmens – weiterhin in ihrer Wirkung begrenzt bleiben. Selbst mildere Formen eines systematischen und strukturierten Leistungsvergleichs wie Benchmarking oder Best Practices werden in vielen öffentlichen Verwaltungen, insbesondere auf der Bundesebene, nur sehr zaghaft vorangetrieben, obwohl Leistungsvergleiche innovationsfördernd wirken können und Benchmarking ein durchaus effektives und effizientes Verfahren zur wirksamen Aufgabenerfüllung und Ressourcensteuerung darstellt (vgl. Schneider, 2013, 64). Benchmarking stellt ein kontinuierliches Bemühen dar, bei dem Sachgüter und Dienstleistungen, Prozesse und Methoden über mehrere Organisationen oder Bereiche hinweg verglichen werden mit dem Ziel, Unterschiede zu anderen Organisationen oder Bereichen offenzulegen, Ursachen für Unterschiede aufzuzeigen und wettbewerbsorientierte Zielgrößen oder Zielvorgaben zu ermitteln (vgl. Macharzina & Wolf, 2008, 327 unter Hinweis auf Horvath et al.). Im betriebswirtschaftlichen Verständnis geht es bei Benchmarking, Best Practice oder Best-of-Class-Vergleichen darum, einen Bezugs-, Referenz-, oder Nivellierungspunkt zu bestimmen, an dem die Handlungen der zu untersuchenden Organisationen oder des Bereichs gemessen werden können (vgl. Macharzina & Wolf, 2008, 327).

Das so genannte „Lernen vom Besten" als Adaption erfolgreicher, praxistauglicher Handlungsmuster hat sich insbesondere im Rahmen kommunaler Vergleichsringe als Methode kontinuierlicher Verbesserung nachhaltig bewährt (vgl. in diesem Sinne auch Schneider, 2013, 64).

Auch an den Reformelementen Wettbewerb und Konkurrenz wird deutlich, welche massiven Folgen die partielle Auflösung und Zersplitterung des ursprünglich ganzheitlichen Reform- und Modernisierungsansatzes und die isolierte Anwendung der einzelnen Elemente des NPM für den gesamten Reformerfolg, insbesondere für dessen Nachhaltigkeit und Entwicklungsgeschwindigkeit, hat. Die Frage, in welcher Art und in welcher Intensität Wettbewerbsinstrumente und Wettbewerbssurrogate auf die in rechts- und sozialstaatlicher Hinsicht ganz besonders geprägte bundesdeutsche Verwaltungslandschaft übertragen werden sollen und können, bedarf jedoch einer ausgesprochen differenzierten und kritischen Betrachtung sowie einer ausgesprochen sorgfältigen Güter- und Interessenabwägung (vgl. in diesem Sinne auch Nolte & Wöhner, 2012, 61 ff.).

Zum besseren Verständnis von Wettbewerb und Marktmechanismen erscheint es auch hier zielführend zu sein, die jeweiligen Organisationen in eine ganz konkrete, systemspezifische Beziehung zum Organisationsumfeld zu setzen und die Wechselwirkungen im Sinne des so genannten 5-Kräfte-Modells nach Porter zu analysieren (vgl. dazu auch Macharzina & Wolf, 2012, 311 ff. unter Hinweis auf Porter). Zu den fünf Faktoren oder „Treibern", die die Wettbewerbsintensität und Erfolgschancen in bestimmten Bereichen determinieren, zählen: Die Bedrohung durch neue Konkurrenten, die Rivalität unter den bestehenden Organisationen, die Verhandlungsmacht der Lieferanten, die Verhandlungsmacht der Abnehmer sowie die Bedrohung durch Ersatzprodukte und Ersatzdienstleistungen (vgl. Macharzina & Wolf, 2008, 313 unter Hinweis auf Porter).

Auch wenn es im öffentlichen Sektor Deutschlands noch keine so stark akzelerierte Beschleunigung der Märkte und des Marktgeschehens im Sinne eines Hyperwettbewerbs der globalisierten Wirtschaft gibt, so ist jedenfalls von einer deutlichen Relativierung der bislang vergleichsweise beständigen und stabilen Rahmenbedingungen auszugehen sowie von einem sich schon jetzt deutlich abzeichnenden und weiter zunehmendem Verteilungskampf um die zukünftige Wahrnehmung öffentlicher Aufgaben zwischen verschiedenen Organisationseinheiten der öffentlichen Verwaltung sowie zwischen öffentlichen und privaten Anbietern. Genau an diesem zentralen Punkt setzen diverse Strömungen des Governance-Ansatzes an.

Die Grundgedanken Porters zu den generischen Wettbewerbsstrategien (Kostenführerschaft, Differenzierung und Nischenstrategie) sowie zu den hybriden Strategieansätzen oder Kombinationsstrategien können demzufolge – nach einer entsprechenden Anpassung – auch analog in geeigneten Fällen und in stärkerem Maße als bisher auf den öffentlichen Leistungsauftrag und dessen strategische und operative Umsetzung angewendet werden.

6.4 Informations- und Wissensmanagement im Kontext organisationaler Lernprozesse

6.4.1 Definition der Begriffe „Informationsmanagement" und „Wissensmanagement"

Im Kontext organisationaler Lernprozesse kommt einem gezielten Einsatz des Informations- und Wissensmanagements eine Schlüsselrolle zu.

Die Begriffe Wissens- oder Knowledgemanagement stehen für die Gesamtheit der Strategien und Prozesse zur Wissensnutzung und Wissensentwicklung auf den verschiedenen Ebenen einer Organisation (Duden der New Economy, 2001, 232). Es handelt sich um einen systematischen, strukturierten und ganzheitlichen Ansatz zur Verbesserung der Innovationsfähigkeit, der Prozesseffizienz und der Anpassungsfähigkeit von Organisationen und deren Mitgliedern an ständig wechselnde Anforderungen und sich permanent verändernde Umweltbedingungen (vgl. Abecker et al., 2002, 1 ff.; Radenheimer, 2002, 193 m.w.Nw.).

Die Kernbestandteile des Wissensmanagements liegen in der Identifikation, im Erwerb, in der Entwicklung, Verteilung und schließlich in der Nutzung sowie Bewahrung von organisationalem Wissen (vgl. Thom & Piening, 2012, 68; Radenheimer, 2002, 195 ff.).

Der Terminus Wissen steht in einer starken Abhängigkeit unterschiedlicher Sichtweisen auf die Wahrnehmung und Beschreibbarkeit der Wirklichkeit. Auf der so genanten ontischen Dimension oder Perspektive wird unterschieden, ob die Realität unabhängig von einem erkennenden Subjekt existiert oder nur für ein erkennendes Subjekt existent ist (vgl. dazu ausführlich Peters, 2008, 37 m.w.Nw.). Auf der epistemischen Dimension wird unterschieden, ob die Realität von einem erkennenden Subjekt objektiv wahrgenommen werden kann oder nur durch Einflüsse des erkennenden Subjekts in „verzerrter", subjektiver Form erfasst wird (vgl. Peters, 2008, 37 m.w.Nw.).

Diese unterschiedlichen Sichtweisen haben ganz erhebliche Auswirkungen auf die Arbeit in und mit produktiven sozialen Systemen und deren Führung und Steuerung. Eine Vielzahl der traditionellen, klassischen Managementansätze geht in einem realistischen und kognitivistischen Sinn von einer objektiv gegebenen und damit auch objektiv eindeutig darstellbaren Wirklichkeit und deren unverzerrter Wahrnehmbarkeit aus. Auch viele Führungskräfte gehen ausschließlich von der objektiven Richtigkeit ihrer eigenen Sicht auf die wahrgenommene Realität aus, ohne ihre eigene Perspektive zu hinterfragen.

Demgegenüber gehen die Vertreter einer radikalen konstruktivistischen Sicht davon aus, dass jedes Subjekt nur ein Abbild von der Realität konstruiert und damit die Wirklichkeit vom erkennenden Subjekt abhängt. Nach dieser Auffassung existieren in der letzten Konsequenz so viele „Realitäten", wie es erkennende Subjekte gibt. Eine derartige Sichtweise steht der Annahme eines gemeinsamen, teilbaren und transferierbaren Wissens und gemeinsamen Erkenntnisbasis entgegen und ist im Ergebnis so unpraktikabel. Für das Management sozialer Systeme und das Management von Wissen ist vielmehr eine Sichtweise erforderlich und zielführend, die einerseits von einer Realität ausgeht, die unabhängig vom erkennenden Subjekt existiert und die zugleich dem Umstand Rechnung trägt, dass diese Wirklichkeit auch objektiv erkannt werden kann, der Wahrnehmungs- und Erkenntnisprozess jedoch durch einen subjektiven Filter läuft, also durchaus durch Einflüsse des erkennenden Subjekts verzerrt werden kann (vgl. Peters, 2008, 37 ff. m.w.Nw.).

Zusammenfassend kann man Wissen als die Kenntnisse und Fähigkeiten definieren, die kommuniziert werden und zu einer Erhöhung der Problemlösungsfähigkeit führen können (vgl. Peters, 2008, 41). Organisationales Wissen stellt in diesem Sinne die Gesamtheit des Wissens dar, das einer Organisation zur Verfügung steht und zur Problemlösung eingesetzt werden kann (vgl. Macharzina & Wolf, 2008, 891 ff.; Peters, 2008, 44 m.w.Nw.).

Die Hauptinterventionsfelder des Wissensmanagements liegen in der Entwicklung von (Organisations-)Strategien, in der Beeinflussung von Humanfaktoren, in der Gestaltung organisatorischer Gegebenheiten und in der Nutzung der Informations- und Kommunikationstechnologie (vgl. Abecker et al., 2002, 2).

Da unter dem Begriff „Wissensmanagement" die Gestaltung und Entwicklung eines systemischen Wissensbestandes verstanden wird, ist der Begriff deutlich umfassender ausgerichtet, als im reinen Informationsmanagement (vgl. Radenheimer, 2002, 193). Der Umgang mit der modernen Informations- und Kommunikationstechnologie stellt aus dieser Perspektive nur einen Teil des Wissensmanagements dar (vgl. Radenheimer, 2002, 193).

Die Nutzung der modernen IuK-Technologie ist zwar ein integraler Bestandteil eines wirksamen und professionellen Informations- und Wissensmanagements, sie löst jedoch nicht das eigentliche Problem der situations- und kontextbezogenen Verfügbarkeit von Wissen und der Generierung neuen Wissens und neuer Kompetenzen. Malik beschreibt ein immer noch aktuelles Problem des IuK-Managements zutreffend anhand der Begriffe „Storage" und „Memory" (vgl. Malik, 2001, 340 ff.).

Es geht im Rahmen des Wissensmanagements nicht nur darum, vorhandenes Wissen abzulegen, es geht vor allen Dingen darum, dieses Wissen genau dann wiederzufinden und verfügbar zu machen, wenn man es braucht und genau in dem Zusammenhang, in dem man es benötigt (vgl. Malik, 2001, 341). Der Kontext, in dem das Wissen benötigt wird, ist häufig ein völlig anderer, als im Zeitpunkt der „Wissensablage“ (vgl. Malik, 2001, 341).

Die Definition dieser Kontexte ist Aufgabe der Nutzer, nicht Aufgabe der Technik (in diesem Sinne auch Malik, 2001, 341). Die Technik stellt auch im Rahmen des Wissensmanagements lediglich ein Instrument, ein im Idealfall wirksames und wirtschaftliches Hilfsmittel dar. Knowledge- oder Wissensmanagement müssen als interdisziplinäre Ansätze verstanden werden, die unterschiedliche Themenfelder wie Organisations- und Personalmanagement, Qualitäts- und Innovationsmanagement, Informations- und Kommunikationstechnologie oder organisationales Lernen zusammenfassen. Wissensmanagement versteht implizites und explizites Wissen als strategische Schlüsselressource einer Organisation (vgl. Abecker et al., 2002, 2).

Explizites Wissen kann in natürlicher oder formalsprachlicher Form erfasst und transferiert werden, während tazites – oder hier synonym gebraucht – implizites Wissen primär auf persönlichen Erfahrungen, Einsichten, Intuition und Gefühlen basiert und demzufolge ausgesprochen schwierig zu artikulieren und zu transferieren ist.

Nach Malik sind in Zukunft und in den so genannten „neuen“ Organisationen Informationen und Wissen die wichtigsten Ressourcen (vgl. Malik, 2001, 11). Diese Einschätzung der Bedeutung von Informationen und Wissen gilt auch für die Organisationseinheiten der öffentlichen Verwaltung, die im Wesentlichen Informationen verarbeiten, Entscheidungen produzieren und diese kommunizieren. Aus diesem Grunde ist auch in den öffentlichen Verwaltungen zwischen dem eigentlichen Wissensmanagement und dem reinen Informations- und Datenmanagement zu unterscheiden. Eine derartige Differenzierung findet in der Verwaltungspraxis häufig jedoch nicht in dem notwendigen Maße statt. Im Gegenteil, die fast schon anachronistisch anmutende Reduzierung der vorhandenen Möglichkeiten der modernen Informations- und Kommunikationstechnologie auf das reine Datenmanagement und die primär technische Seite behindert den Aufbau und die Nutzung eines wirklich effektiven und praxistauglichen Wissensmanagements.

Wissensmanagement hat – wie bereits dargestellt – die strategische Aufgabe, die Wissenspotentiale eines sozialen Systems (Organisation), einschließlich der Daten und Informationsbestandteile, für den Organisationszweck und den Organisationserfolg nutzbar zu machen.

Die Daten bilden dabei die Grundlage für Informationen und Wissen. Daten können als noch nicht bewertete und noch nicht ziel- und anwendungsbezogene, strukturierte „Fakten“ oder als Angaben über bestimmte Sachverhalte (vgl.

Schwarz et al., 2009, 61) bezeichnet werden. Sofern diese („neutralen") Daten in einen konkreten Kontext gestellt werden, also ziel- und anwendungsbezogen, strukturiert und bewertet werden, spricht man von Informationen (vgl. in diesem Sinne auch Schwarz et al., 2009, 61). Die Verarbeitung von Informationen in menschlichen Denkprozessen im Sinne des Einbauens, der Verankerung und Speicherung erzeugt neues, individuelles Wissen, das vorhandenes Wissen ersetzt oder ergänzt und neue verbesserte Handlungsmöglichkeiten oder auch das bessere Verstehen von Sachverhalten eröffnet (vgl. Schwarz et al., 2009, 61). Wissen ist somit im Kern die zielorientierte und in einen Erfahrungskontext eingebundene Verknüpfung oder Vernetzung „verstandener" Informationen (vgl. Peters, 2008, 42 m.w.Nw.). Die Verbreiterung und Vertiefung der Wissensbasis im Sinne einer Generierung neuen Wissens stellt dann das Ergebnis komplexer Lernprozesse dar.

Bereits die inhaltlich ausgesprochen schwierige und uneinheitliche Abgrenzung zwischen „Informationen" und „Wissen" und die daraus resultierenden Folgen verdeutlichen, dass im Kontext des Informations- und Wissensmanagements der öffentlichen Verwaltungen begrifflich deutlicher als bisher zwischen dem reinen Informationsmanagement und dem Wissensmanagement differenziert werden muss.

Es ist die Aufgabe des Informationsmanagements, dem Nutzer die kontextbezogenen Daten oder Informationen in der erforderlichen Qualität und Menge, rechtzeitig und am richtigen Ort anwendungsbezogen zur Verfügung zu stellen. Die Aufgabe des Wissensmanagements besteht in der Nutzbarmachung des so genannten impliziten und expliziten Wissens eines sozialen Systems.

Der Wissensbegriff ist ebenfalls ausgesprochen vielschichtig und beinhaltet unterschiedlichste Aspekte. Der Begriff implizites Wissen oder synonym Tacit Knowledge bezeichnet das „stille" Wissen, das an die einzelne Person und an bestimmte Beziehungen gebunden und damit nur schwer übertragbar und teilbar sowie nicht oder nur schwer kodifizierbar ist (Duden der New Economy, 2001, 227). Im Gegensatz zum impliziten Wissen stellt das explizite Wissen oder Tangible Knowledge das von der konkreten Person abstrahierte Wissen dar, das beschreibbar, dokumentierbar, darstellbar und speicherbar ist und unabhängig vom eigentlichen („personalen") Wissensträger konferiert werden kann (vgl. Duden der New Economy, 2001, 227).

Vom impliziten und expliziten Wissen begrifflich zu unterscheiden sind zudem das strukturelle Wissen sowie das kollektive Wissen einer Organisation. Das strukturelle Wissen einer Organisation ist unabhängig von den Organisationsmitgliedern und verbleibt in der Organisation. Es ist quasi das Wissensgerüst des sozialen Systems, wird systematisiert und kodifiziert vorgehalten und umfasst auch die Kultur, die in den Prozessen und Strukturen eingebettet ist (vgl. Duden der New Economy, 2001, 226).

Das so genannte kollektive Wissen ist – im Gegensatz zum individuellen, privaten Wissen – das Wissen, das einer bestimmten Gruppe zugänglich gemacht wird. Das kollektive, geteilte Wissen einer Organisation sichert letztlich das Überleben und die Entwicklung des sozialen Systems (vgl. Duden der New Economy, 2001, 214 ff.).

6.4.2 Informations- und Wissensmanagement als Basis organisationalen Lernens und Wissen als strategische Ressource

Im Mittelpunkt des Informations- und Wissensmanagements steht deshalb die Förderung von individuellen und kollektiven oder organisationalen Entwicklungs- und Lernprozessen. Neben der Gestaltung von Lernprozessen schafft das Wissensmanagement geeignete Rahmenbedingungen, damit die Wissensprozesse kontinuierlich und zielorientiert ablaufen (können).

Auch für die öffentliche Verwaltung gilt, dass es erst mit Hilfe von Informationen und Wissen gelingt, die traditionellen Produktionsfaktoren sinnvoll zu kombinieren (vgl. Macharzina & Wolf, 2008, 869 ff.) und durch deren optimalen Einsatz den gesamten Leistungserstellungsprozess möglichst effizient und effektiv zu gestalten (vgl. Nolte & Wöhner, 2012, 99).

Es ist Macharzina und Wolf (2008, 891) zuzustimmen, dass die Informations- und Kommunikationstechnik für das Management bislang noch einen eher instrumentellen Charakter hat und die zu lösenden Probleme im Regelfall primär fachlicher Natur sind. Dennoch kommt der modernen IuK-Technologie, insbesondere den standardisierten IT-gestützten Arbeitsprozessen und Workflows auch im Rahmen der Staats- und Verwaltungsmodernisierung und der Effizienz- und Effektivitätssteigerung eine große Bedeutung zu (vgl. Nolte & Wöhner, 2012, 99). Dies gilt auch für die organisationalen Lernprozesse der öffentlichen Verwaltung im Kontext eines umfassenden Informations- und Wissensmanagements.

Im Kontext eines knowledge-based view und der Idee einer organisationalen Intelligenz stellt das fachliche und überfachliche Wissen die strategisch vielleicht bedeutendste Ressource produktiver Organisationen dar (vgl. Macharzina & Wolf, 2008, 896). Der langfristige Erfolg von Organisationen hängt maßgeblich davon ab, über welches Wissen ein produktives System verfügt und welche Fähigkeiten und Kompetenzen es zur Weiterentwicklung und Nutzung dieser strategischen Ressource besitzt (vgl. dazu auch Macharzina & Wolf, 2008, 896 m.w.Nw.).

Deshalb ist auch der Aufbau, die Pflege und Weiterentwicklung eines zeitgemäßen und wirksamen Informations- und Wissensmanagements für die dauerhafte Funktionsfähigkeit sowie für die permanente Lern- und Entwicklungsfähigkeit der öffentlichen Verwaltungen von hoher strategischer Bedeutung.

7. Qualitätsmanagement in der öffentlichen Verwaltung (TQM und EFQM)

7.1 Grundlagen eines umfassenden Qualitätsmanagements (TQM und EFQM)

Unter den Schlagworten Qualitätsmanagement (QM) oder Total Quality Management (TQM) werden auch in der öffentlichen Verwaltung höchst unterschiedliche Konzepte und Methoden der Qualitätssicherung und Optimierung zusammengefasst (vgl. v. Bandemer, 2001, 416; Löffler, 2011, 492 ff.). Die QM-Palette reicht dabei von einfachen Maßnahmen einer eher produkt- oder prozessbezogenen Qualitätssicherung, über die Implementierung von Qualitätszirkeln und Qualitätsbeauftragten, über die Schaffung von Standards nach DIN ISO 9001, über die Einführung von EFQM-Modellen, über die verwaltungsspezifische EFQM-Variante „CAF“ (Common Assessment Framework) bis hin zu einem TQM-Ansatz im Sinne eines umfassenden Managementsystems (vgl. dazu ausführlich Bruhn, 2004, 15 ff.; Dunkhorst, 1999, 45 ff.; Nolte & Wöhner, 2012, 91 ff.; Löffler, 2011, 492 ff.).

Im Rahmen der Qualität öffentlicher Aufgabenerfüllung ist zu berücksichtigen, dass der wesentliche Unterschied zwischen den traditionellen öffentlichen Dienstleistungen und den privatwirtschaftlich erstellten Leistungen nicht nur in den fehlenden Einflüssen des Marktes, in einem allenfalls stark eingeschränkten Wettbewerb, in einer Befriedigung kollektiver und nicht primär individueller Bedarfe, sondern insbesondere in der strikten Bindung der öffentlichen Verwaltung an Recht und Gesetz besteht.

Diese besonders enge rechtliche Bindung betrifft den gesamten Prozess der Leistungserstellung, die sich aus dem förmlichen Verwaltungsverfahren ergebenden Rechte und Pflichten und das Ergebnis der Leistungserstellung. Rechtmäßigkeit und Gesetzmäßigkeit des Verwaltungshandelns sind die tragenden rechtsstaatlichen Prinzipien (vgl. Nolte & Wöhner, 2012, 92). Sie bestimmen und prägen den gesamten Leistungserstellungsprozess öffentlicher Güter. Hinzu kommt das gleichfalls gesetzlich verankerte Wirtschaftlichkeitsprinzip (vgl. dazu auch Nolte & Wöhner, 2012, 92), das in seiner verfassungsrechtlichen Bedeutung und gesamtwirtschaftlichen Tragweite leider häufig verkannt und daher oftmals nur sehr inkonsequent und unvollständig beachtet wird.

Ein umfassendes Qualitätsmanagement in der öffentlichen Verwaltung muss sich daher sowohl auf das betriebliche Leistungserstellungssystem, auf dessen Umwelt, auf den gesamten Prozess (Ablauf) der Leistungserbringung – und zwar in rechtlicher, zweckmäßiger und wirtschaftlicher Hinsicht – als auch auf dessen Ergebnis beziehen. Im Rahmen einer konsequenten Output- und Outcomesteuerung steht das Produkt (Output) im Mittelpunkt der Betrachtung und zwar im Hinblick auf dessen Adressatenorientierung (intern und extern) und dessen Wirkung und Nutzen (Impact und Outcome) für die Zielgruppe und das Gemeinwohl (vgl. Nolte & Wöhner, 2012, 99 ff.).

Qualität ist somit ein ganz zentraler und strategisch ausgesprochen bedeutsamer Aspekt, der die gesamte Organisation einschließlich deren Führung und Steuerung sowie die Wertschöpfung des Systems insgesamt umfasst.

Deming, ein Pionier des Qualitätsmanagements, definiert Qualität und TQM folgendermaßen: „Qualität ist die kontinuierliche Zufriedenstellung der Bedürfnisse der Kunden. Totale Qualität ist die kontinuierliche Zufriedenstellung der Bedürfnisse der Kunden zu niedrigen Kosten. Totales Qualitätsmanagement im Sinne des TQM bedeutet den Bedürfnissen der Kunden zu niedrigsten Kosten gerecht zu werden, indem man das Engagement der gesamten Organisation in Anspruch nimmt" (vgl. Karlöf & Lövingsson, 2006, 285 ff. unter Hinweis auf Deming).

Der Grundgedanke dieser extrem kunden- und kostenorientierten Definition Demings kann zumindest sinngemäß auch auf das rechtsstaatliche und wirtschaftliche Handeln der öffentlichen Verwaltungen übertragen werden, wobei der Kundenbegriff in diesem Kontext verwaltungsspezifisch auszugestalten ist.

Ein effektives und umfassendes („totales") Qualitätsmanagement bezieht sich gleichermaßen auf den Handlungs- oder Leistungsauftrag, auf die Strukturen und Prozesse, auf die Rechtmäßigkeit, Zweckmäßigkeit und Wirtschaftlichkeit der Aufgabenerfüllung, auf sämtliche Organisationsmitglieder, auf die internen und externen Kunden oder Adressaten, auf die sonstigen Beteiligten und auf die Interessen der Stakeholder. Das „totale" Qualitätsmanagement umfasst dabei auch die Qualität der Führung und Steuerung der Organisation und des Personals sowie die Qualität des Organisations- und Personalmanagements.

Qualität in einem umfassenden Sinn bedeutet somit die Erfüllung festgelegter (definierter) und vorausgesetzter Anforderungen der Kunden (Adressaten) und der Gesellschaft an die Beschaffenheit eines Produkts (Leistung) durch wirtschaftliche Maßnahmen der Organisation (vgl. Dunkhorst, 1999, 34). Dienstleistungsqualität im Sinne öffentlicher Leistungserstellung bedeutet demnach die Fähigkeit der öffentlichen Verwaltung, die Beschaffenheit einer primär intangiblen und der Mitwirkung oder Beteiligung der Abnehmer (Adressaten oder Kunden) bedürfenden Leistung (Produkt) gemäß den Erwartungen der (Adressaten oder Kunden) auf einem definierten Anforderungsniveau (Rechtmäßigkeit, Zweckmäßigkeit, Wirtschaftlichkeit) zu erstellen (vgl. Bruhn, 2004, 33 ff.; Dunkhorst, 1999, 30 ff.; Nolte & Wöhner 2012, 94).

Im Rahmen des Qualitätsmanagements und der Bewertung von Qualität (Beschaffenheit) gibt es unterschiedliche Perspektiven und Ansätze. Der so genannte transzendente Qualitätsansatz beschreibt eine Art von qualitativem „Idealzustand", der wertbezogene Ansatz berücksichtigt die Aspekte von Qualität und Kosten und deren Verhältnis zueinander, der produktbezogene Ansatz setzt sich mit vorab – verbindlich – definierten Qualitätsmerkmalen und der Beschaffenheit eines Produkts auseinander, der prozessbezogene Ansatz legt (verbindliche) Standards für den Leistungserstellungsprozess fest und der so genannte kundenbezogene Ansatz betrachtet die Nützlichkeit eines Produkts oder einer Dienstleistung aus der Perspektive des Abnehmers im Sinne eines fittness for use (vgl. Macharzina & Wolf, 2008, 777 ff.; Bruhn, 2004, 16 ff. m.w.Nw.).

Die Definition der Qualität öffentlicher Leistungen hängt in besonderem Maße von der Art der zu erbringenden öffentlichen Leistung, vom spezifischen Organisationszweck im Sinne des gesetzlichen (behördlichen) Auftrags, vom Wahlrecht des „Kunden" und von der Definition des Kunden- oder Adressatenkreises ab (vgl. Nolte & Wöhner, 2012, 94). Qualität kann in der öffentlichen Verwaltung nicht vom konkreten gesetzlichen Auftrag und dessen Ergebnis- und Wirkungszielen losgelöst beschrieben und bewertet werden. Qualitätsanforderungen, Bewertungsmaßstäbe und Kriterien beziehen sich grundsätzlich auf die konkrete Leistungserstellung und deren Ergebnis (vgl. Nolte & Wöhner, 2012, 94). Die objektiven Qualitätskriterien, die für die öffentlichen Verwaltungen gelten, lassen sich produkt- und prozessbezogen in den wesentlichen Punkten unmittelbar oder mittelbar aus dem rechtlichen Regelwerk oder aus sonstigen verbindlichen formellen Anforderungen oder Rahmenbedingungen (Standards und definierte Prozesse der Aufgabenerfüllung) herleiten.

Die allgemeinen verfassungsrechtlichen Maßstäbe „guter Verwaltung" ergeben sich insbesondere aus dem Rechtsstaats- und dem Demokratieprinzip (vgl. Schliesky, 2014, 11 ff.). Es geht dabei primär um die Richtigkeit der getroffenen behördlichen Entscheidungen. Das Kriterium der Richtigkeit ist eine zentrale Kategorie des Verwaltungshandelns und Voraussetzung für die Rechtssicherheit und „Haltbarkeit" von Verwaltungsentscheidungen (vgl. Schliesky, 2014, 11). Des Weiteren sind in Anlehnung an Schliesky (2014, 10 ff.) die Schnelligkeit als Ausprägung des Zügigkeits- oder Beschleunigungsgebots, die Akzeptanz, die Bürgernähe, die „Europatauglichkeit" im Sinne einer gemeinschaftsrechtskonformen, harmonisierten Praxis der Rechtsanwendung, die Wirtschaftlichkeit im Sinne einer „treuhänderischen" Verwaltung des mit Hilfe von Abgaben zugänglich gemachten privaten Vermögens, der Schutz öffentlicher Güter und der Interessen Dritter im Sinne einer zweckgebundenen Verfolgung legitimer öffentlicher Interessen sowie die Zweckmäßigkeit des Handelns (vgl. dazu ausführlich Schliesky, 2014, 10 ff.).

Allgemeine Merkmale der Dienstleistungsqualität im Sinne des so genannten „SERVQUAL" – Ansatzes (Service-Qualität) sind nach Bruhn (2004, 45 ff., 110 ff. m.w.Nw.): Die Annehmlichkeit des Umfeldes der Leistungserstellung (Tangibles), die Zuverlässigkeit des Dienstleisters (Reliability), dessen Reaktionsfähigkeit (Responsiveness), die Leistungskompetenz (Assurance) und das Einfühlungsvermögen (Empathy).

Eine Qualitätssicherung „sui generis" findet im klassischen Bereich öffentlicher Verwaltung zudem durch die spezifischen Rechtsbehelfs- und Rechtsmittelverfahren statt (vgl. dazu ausführlich Nolte & Wöhner, 2012, 92). Letztlich entscheiden die zuständigen Widerspruchsbehörden oder die zuständigen Gerichte über die „Qualität und Haltbarkeit" hoheitlicher Verwaltungsdienstleistungen, verwaltungsvertraglicher Regelungsinhalte oder sonstigen Verwaltungshandelns.

7.2 Verzahnung von Total Quality Management, Balanced Scorecard und Informations- und Wissensmanagement im Rahmen eines ganzheitlichen und integrativen Managementansatzes für die öffentliche Verwaltung

Ein wirklich umfassendes, ganzheitliches und integriertes Qualitätsmanagementkonzept für die öffentliche Verwaltung setzt eine wirksame Verzahnung der im Rahmen des NSM bereits implementierten oder noch zu implementierenden Instrumente des TQM, der BSC und des Informations- und Wissensmanagements voraus. Da die öffentlichen Verwaltungen infolge ihrer „Sozialisierung" auf eine möglichst rechtskonforme, fehlerfreie und damit auf eine im rechtsstaatlichen Sinne qualitativ ausgesprochen hochwertige Aufgabenerfüllung ausgerichtet sind, bietet es sich an, die Dienstleistungsqualität staatlichen Handelns auch in das Zentrum eines ganzheitlichen Managementkonzeptes zu stellen. Versteht man Qualität als oberstes Ziel der Organisationen der öffentlichen Verwaltung und verbindet die angestrebt hohe Prozess- und Ergebnisqualität mit der Qualität der Performance staatlicher Auftragserfüllung hinsichtlich deren Wirkung und Nutzen (Impact und Outcome), so kann man die wesentlichen TQM-Perspektiven in Kongruenz zu den strategischen und operativen Zielfeldern der Balanced Scorecard und der sonstigen Zielsysteme bringen. In diesem Kontext kann auch sinnvoll ein wirksames Informations- und Wissensmanagement etabliert und in ein umfassendes QM-System integriert werden.

Von besonderer Bedeutung sind im Kontext eines umfassenden Qualitätsmanagements, einer wirkungsorientierten strategischen Planung und Steuerung, eines praxisorientierten BSC-Ansatzes sowie eines zeitgemäßen

Informations- und Wissensmanagements als Basis kontinuierlicher organisationaler Lern- und Entwicklungsprozesse ein Public-Management-Konzept, das das Denken und Handeln in öffentlichen Verwaltungen grundlegend verändern könnte (vgl. in diesem Sinne auch Haldemann et al., 2011, 45 ff.). Ein solches Modell stellt in seiner Grundausrichtung zum Beispiel das Konzept des „Reinventing Government" dar, das nach Osborne und Gabler (vgl. dazu ausführlich Haldemann et al., 2011, 48 ff. m.w.Nw.) aus folgenden Zielperspektiven oder Prinzipien besteht:

- Zukunftsorientierung und Voraussicht
- Bürger- und Kundenorientierung
- Markt- und Wettbewerbsorientierung
- Ziel- und Ergebnisorientierung
- Management- und „Gewinnorientierung"

Von besonderer Relevanz sind in dem Kontext von Qualität und Qualitätssicherung auch die umfassenden Qualitätsmanagementsysteme nach dem Excellence Modell der European Foundation for Quality Management (EFQM) und deren verwaltungsspezifischer Ausprägung nach Maßgabe des CAF-Modells.

Für ein nachhaltig wirksames organisationales Lern- und Entwicklungskonzept der öffentlichen Verwaltung ist es erforderlich, die bisher erzielten Reform- und Modernisierungsergebnisse, deren Wirkung und Nutzen sowie den Reifegrad der Organisation regelmäßig zu erfassen, zu analysieren, zu bewerten und permanent im Sinne der Auftragserfüllung und der Reformziele weiterzuentwickeln.

Ein in der behördlichen Praxis bereits seit vielen Jahren erprobtes und bewährtes Instrument zur Selbstbewertung und Kompetenzerweiterung stellt das Common Assessment Framework (CAF) als integraler Bestandteil eines umfassenden Qualitätsmanagements für die öffentliche Verwaltung dar.

8. Common Assessment Framework (CAF) und organisationales Lernen

8.1 CAF als praxiserprobtes Qualitätsmanagementinstrument und Standard-Selbstbewertungsmodell der öffentlichen Verwaltung

Lern- und Veränderungsfähigkeit stellen in einer immer dynamischeren, komplexeren und von diskontinuierlichem Wandel geprägten Umwelt einen bedeutenden, wenn nicht überlebenswichtigen Wettbewerbs- und Erfolgsfaktor für Organisationen dar (vgl. Pieler, 2001, 23; Glass, 1997, 226). Auch die Organisationseinheiten der öffentlichen Verwaltung und deren Mitglieder befinden sich in einem tief greifenden und langjährigen Prozess des organisationalen Wandels mit zum Teil radikalen Veränderungen und Transformationen.

Das langfristige Ziel, die öffentlichen Verwaltungen zu so genannten „Lernenden Organisationen" zu machen, ist den bisherigen politischen Programmen zwar nicht ausdrücklich zu entnehmen, es lässt sich jedoch aus den konkreten Programminhalten und entsprechenden Formulierungen zumindest begrifflich herleiten. Beispielhaft seien hier die häufig verwendeten Schlagworte wie „lebenslanges Lernen", „Klima für Veränderungen schaffen", „den Wandel zukunftsorientiert gestalten", „Wissen sichern und effizient weitergeben" und „komplexes, zuständigkeitsübergreifendes Denken über Ziele, Ergebnisse und Wirkungen" genannt.

Für den erfolgreichen staatlichen Modernisierungs- und Reformprozess gelten somit prinzipiell auch die Faktoren, die für die Gestaltung oder den Aufbau lernender Organisationen gelten. Über die Art und Weise, in der die einzelnen Reformelemente der Verwaltungsmodernisierung in den jeweiligen Organisationen eingeführt wurden, über deren Sinnhaftigkeit und konkreten Nutzen sowie über die tatsächlich gelebte Reformwirklichkeit wird in den Verwaltungen immer noch äußerst kontrovers diskutiert. So erfolgte die Implementierung privatwirtschaftlicher Managementinstrumente oftmals ohne die notwendige Anpassung an die spezifischen Kontextfaktoren und Rahmenbedingungen des öffentlichen Dienstes und ohne Berücksichtigung der Besonderheiten der betroffenen Behörden einschließlich der bürokratisch geprägten Sozialisierung der Organisationsmitglieder. Dies führte dazu, dass eine Vielzahl von Steuerungselementen auf Dauer systemfremd geblieben sind. Auch die Auswahl der Instrumente, deren Priorisierung und Implementierungsabfolge erscheint in der Rückschau zum Teil unsystematisch und bleibt in vielen Fällen bis heute ohne den erforderlichen Wirkungszusammenhang.

Darüber hinaus musste die öffentliche Verwaltung diese Instrumente meist aus eigener Kraft und mit relativ wenig vorhandenem eigenem Know-how einführen. Dies bezieht sich nicht nur auf die erforderlichen betriebswirtschaftlichen, sondern insbesondere auch auf die organisationswissenschaftlichen und sozialpsychologischen Kenntnisse. Somit befinden sich viele Verwaltungen immer noch auf einem langen, mühsamen und oft zermürbenden Weg des Ausprobierens unterschiedlicher Methoden und Instrumente. Ein eher inkrementales bis experimentelles Vorgehen mit „trial and error" und „muddling through" ist in vielen Verwaltungen immer noch an der Tagesordnung. Oft wird dieser Weg durch ein Change Management begleitet, das sich zwar einzelner Methoden und Instrumente der Organisationsentwicklung bedient, in der Hauptsache jedoch nur versucht, die politischen Reformziele verständlich darzustellen, die Rollen der Organisationsmitglieder formal zu beschreiben und Ängsten und Widerständen mit „rationalen" Erklärungsversuchen mehr oder weniger wirksam entgegenzuwirken. Die neuen wirkungsorientierten Steuerungsinstrumente und sonstigen Reformelemente sollen jedoch nicht nur aus formalen und institutionellen Gründen eingeführt werden, sie sollen auch nachhaltig mit Sinn, Nutzen und Leben gefüllt werden, um so als integrale Systembestandteile der öffentlichen Verwaltung die politisch und gesellschaftlich intendierte Wirkung vollständig entfalten zu können. In den einzelnen Behörden soll tatsächlich ein Prozess des Umdenkens erfolgen. Es soll eine neue lern- und innovationsfreundlichere, kreativere sowie leistungsorientiertere Verwaltungskultur entstehen.

Ein nachhaltiger Innovationserfolg ist insbesondere im ausgesprochen wirksam von der Kommunalen Gemeinschaftsstelle für Verwaltungsmanagement unterstützten kommunalen Sektor sichtbar geworden und dort unter anderem auch auf das außergewöhnlich hohe persönliche Engagement der maßgeblichen (politischen und zugleich administrativen) Funktions- und Entscheidungsträger und auf deren Durchsetzungsvermögen, Konsequenz und Kreativität zurückzuführen.

Zur Förderung der notwendigen Lern- und Veränderungskultur und damit auch zu einer Lösung der geschilderten Modernisierungsprobleme kann das Instrument des „Common Assessment Framework" (CAF), ein verwaltungskompatibles Selbstbewertungssystem aus einem umfassenden Qualitätsmanagementansatz, maßgeblich beitragen (vgl. dazu ausführlich Stein, 2013, 35 ff.). Als ganzheitliches Modell zur Einführung und Erfolgsmessung von Qualitätsmanagement in öffentlichen Verwaltungen ermöglicht es eine Analyse aller, die Qualität beeinflussenden Faktoren und Maßnahmen sowie der von der Verwaltung erzielten Ergebnisse und deren Wirkungen. In erster Linie ist CAF ein Instrument des Total-Quality-Managementansatzes, das seine Wurzeln im Modell der European Foundation for Quality Management (EFQM) hat. Durch eine regelmäßige Wiederholung der Selbstbewertung und durch ein Ableiten und Durchführen konkreter Maßnahmen kommt es im Idealfall zu einer schrittweisen, permanenten „Optimierung" im Sinne eines kontinuierlichen und institutionalisierten Verbesserungsprozesses (KVP). Das Common Assessment Framework findet im Rahmen eines umfassenden Qualitätsmanagements immer mehr Verbreitung in der Verwaltungspraxis, gewinnt als Reforminstrument zunehmend an Bedeutung und kann in den öffentlichen Verwaltungen zu einer verbesserten Organisationsentwicklung, zu mehr Selbstorganisation und Selbststeuerung sowie zu effektiveren organisationalen Lernprozessen im Sinne der Idee einer „Lernenden Organisation" beitragen.

Für die Begriffe „Lernende Organisation" und „organisationales Lernen" bestehen unterschiedliche Definitionsansätze (vgl. Laßleben, 2002, 16). Daher ist auch im Kontext von TQM, EFQM und CAF eine genauere Begriffsbestimmung erforderlich. Dazu müssen, um ein einheitliches Verständnis für organisationale Lernprozesse aufzubauen, auch noch kontextbezogen die Begriffe der Organisation und des Lernens einer differenzierten Betrachtung unterzogen werden.

8.2 Soziale oder soziotechnische Systeme (Organisationen) als Gegenstand organisationalen Lernens

Zunächst stellt sich die Frage, was unter dem Begriff Organisation im Kontext organisationaler Lernprozesse zu verstehen ist. Da es – trotz der erheblichen praktischen Bedeutung der Organisationswissenschaften – auch keine allgemeingültige Definition des Organisationsbegriffs gibt, hängt dessen Inhaltsbestimmung maßgeblich von der jeweiligen organisationstheoretischen Perspektive ab. Führt man den Organisationsbegriff auf seine ursprüngliche Bedeutung zurück, so steht der griechische Begriff „organon" für Werkzeug, Instrument oder für ein Körperteil mit einheitlicher Funktion (vgl. Duden, Herkunftswörterbuch, 2001, 575). Bereits hieraus lässt sich begrifflich sowohl ein instrumentaler (Werkzeug als Mittel) als auch ein institutionaler (Organ als Synonym für eine Funktionseinheit, für ein komplexes System) Bedeutungsinhalt herleiten. Im Kontext der technologischen und sozialen Entwicklung der modernen Industriegesellschaft und der damit verbunden immer stärker werdenden funktionalen Differenzierung und Komplexität der Arbeitswelt sowie der zunehmenden Bedeutung des Aspekts der Arbeitshumanität, hat auch die organisationstheoretische Betrachtung einen Wandel von einem eher trivialen, maschinellen Funktionsverständnis zu einem nicht-trivialen, systemischen Organisationsverständnis erfahren.

Dieser Wandel wird im Kontext der modernen Informations- und Wissensgesellschaft zukünftig noch bedeutsamer.

Trotz der höchst unterschiedlichen Erklärungsansätze der Organisationstheorie lassen sich durchaus allgemeingültige Merkmale bestimmen. Danach weisen Organisationen regelmäßig folgende Charakteristika auf: Sie bestehen aus verschiedenen Elementen, sie streben nach der Erreichung bestimmter (eigener) Ziele und Zwecke, sie weisen eine funktionale (arbeitsteilige) Differenzierung auf, handeln koordiniert und sind auf Dauer angelegt (vgl. Rosenstiel v., 2012, 4 ff.).

In dieser Definition werden Parallelen zum Systembegriff deutlich. Als System bezeichnet man – wie bereits dargestellt – eine geordnete Gesamtheit von Elementen, zwischen denen Beziehungen im Sinne einer wechselseitigen Beeinflussung bestehen oder hergestellt werden können, und die eine Innen-Außen-Differenzierung zwischen sich und dem Umfeld (Systemumwelt) aufweisen (vgl. Schaufelbühl, 1998, 18; Wilms, 2001, 64 ff). Das eher systemische Verständnis von Organisation wird schon in den wegweisenden Arbeiten von Barnard deutlich, der eine Organisation als System von bewusst koordinierten Handlungen (Verhaltensweisen) oder Kräften von zwei oder mehr Personen beschreibt (vgl. Schreyögg, 1999, 48 unter Hinweis auf Barnard) mit der Folge, dass Organisationen als von eigenen Zwecken und Zielen gesteuerte, quasi eigenständig agierende Handlungssysteme verstanden werden (vgl. Preisendörfer, 2008, 62). Eine weitestgehende begriffliche Gleichsetzung von Organisation und sozialem System findet man auch in der Klassifizierung von Luhmann, der das Element der Handlung durch die Begriffe der Entscheidung, der Kommunikation und der Kommunikation von Entscheidungen inhaltlich modifiziert. Luhmann gliedert den Systembegriff in Maschinen, Organismen, soziale Systeme und psychische Systeme, wobei die sozialen Systeme wiederum in Interaktionen, Organisationen und Gesellschaften untergliedert sind (vgl. Martens & Ortmann, 2006, 430 unter Hinweis auf Luhmann). Organisationen werden als besondere soziale Systeme dargestellt, die eine eigene basale Operation, eine besondere Art von Kommunikation und eigene Strukturformen aufweisen (vgl. Martens & Ortmann, 2006, 435 m.w.Nw.). Aus den prägenden Merkmalen des Organisationsbegriffs und unter Berücksichtigung der Fortentwicklung der Organisationstheorie lassen sich im Ergebnis drei gängige Sichtweisen herleiten. Je nach Perspektive kann man die Organisation als soziales oder soziotechnisches System und somit als organisatorisches Ganzes (die Organisation in ihrer Gesamtheit) verstehen. Diese Sichtweise bezeichnet man als institutionalen Organisationsbegriff. Man kann die Organisation auch als Instrument zur Zielerreichung verstehen und damit in einem instrumentalen Sinne. Des Weiteren kann man den

Organisationsbegriff funktional deuten, das heißt, in einem eher gestalterischen Sinne (das Organisieren). Da der instrumentale und der funktionale Organisationsbegriff eng miteinander verbunden sind, können auch beide Sichtweisen in diesem Deutungskontext zusammen geführt werden. Auch Wiendieck (2003, 23) verbindet mit dem Organisationsbegriff eine instrumentelle und eine institutionelle Bedeutung.

Der instrumentelle Organisationsbegriff wird verwendet, wenn die Art und Weise, in der die Organisation ihre Abläufe regelt, beschrieben wird (Anweisungen, Vorschriften, verbindliche Standards, sonstige Regelungen, durch die das gewünschte Verhalten der Organisationsmitglieder definiert wird). Der Begriff zielt vorrangig auf den Prozess des Organisierens ab (vgl. Laßleben, 2002, 19). Die instrumentelle Organisation „hat" somit eine Organisation (vgl. in diesem Sinne auch Wiendieck, 2003, 23).

Der institutionelle Organisationsbegriff beschreibt die Organisation als Institution, die sich insbesondere durch ihre materiell sichtbare Struktur manifestiert, also eine Organisation „ist". Der institutionelle Organisationsbegriff beinhaltet das gesamte System, das gesamte soziale Gebilde (vgl. Schreyögg, 1999, 9 ff.), das eine spezifische Zweckorientierung, eine geregelte Arbeitsteilung und eine beständige Grenze aufweist.

8.3 CAF als integraler Bestandteil organisationaler Lernprozesse in der öffentlichen Verwaltung

Für das organisationale Lernen, das mehr ist, als „ein neues Etikett für bekannte Themen der Aus- und Fortbildung" (Laßleben, 2002, 19) dürfte primär die Verwendung des institutionellen Organisationsbegriffs für den zusammengesetzten Begriff „Lernende Organisation" zielführend sein. Laßleben (2002, 19 ff.), dem insoweit gefolgt werden kann, begründet dies damit, dass es um die Organisation als Ganzes, als soziale Einheit und soziales System gehen muss, das gewisse Merkmale aufweist und sich genau durch diese von anderen Systemen unterscheidet. Dieser Ansatz gilt auch für die Organisationseinheiten der öffentlichen Verwaltung, die zum Beispiel als Behörden für einen ganz bestimmten Systemzweck, das heißt, im Regelfall zur Erfüllung eines speziellen gesetzlichen Handlungs- oder Leistungsauftrags und zur Maximierung des Gemeinwohls errichtet und unterhalten werden. Die Erfüllung dieser behördlichen Mission ist der eigentliche, primäre Systemzweck (primary task) und das verbindende sinnstiftende Merkmal der Organisation. Der behördliche Auftrag definiert und prägt somit die konkrete Behörde als spezifische Institution und grenzt sie als soziales System von anderen öffentlichen Einrichtungen und damit von anderen sozialen Systemen ab. Folgerichtig nutzt auch das CAF-Modell vorrangig den institutionellen Organisationsbegriff und damit eine eher systemische, ganzheitliche Sichtweise.

Bei der Betrachtung der zweiten Begriffshälfte, dem „Lernen", sollte zumindest zwischen verschiedenen Lerntheorien, unterschiedlichen Trägern des Lernens und unterschiedlichen Lernebenen unterschieden werden. Von besonderem Interesse für die Lernende Organisation ist hier die Frage nach der Übertragbarkeit der Erkenntnisse des individuellen Lernens auf das organisationale Lernen (vgl. Schridde, 2011, 281 m.w.Nw.).

Lernen beschreibt allgemein (latente) Veränderungen des Verhaltens auf bestimmte Einflüsse (vgl. Lück & Sewz, 2005, 40). Im Gegensatz zu biologischen Organismen besitzen Menschen die Fähigkeit zur Reflexion und zur kritischen Auseinandersetzung mit dem eigenen Handeln (vgl. Staehle, 1999, 913). Menschen können bewusst das vorhandene Verhaltensrepertoire variieren und erweitern (vgl. Staehle, 1999, 913).

Worauf derartige individuelle Lernprozesse basieren, versuchen verschiedene Lerntheorien zu erklären.

Die behavioristischen Lerntheorien betrachten das Verhalten einer Person (Response), nachdem diese durch einen Reiz stimuliert wurde (Stimulus). Dabei kann das Verhalten beeinflusst werden, indem man es mit anderen Reizen kombiniert und somit ein geändertes Verhalten erzielt (klassisches Konditionieren) oder indem man es durch Belohnung oder Bestrafung verstärkt (operantes Konditionieren). Der Mensch ist also nach dieser Theorie durch äußere Reize beeinflussbar und formbar (vgl. Dietrich, 2001, 171). Was im Inneren des Menschen vorgeht, wird nicht genauer betrachtet, bleibt die „Black-Box". Wichtig ist in diesem Kontext nur die gelernte Verhaltensänderung. Behavioristische Lerntheorien werden nach heutigem Erkenntnisstand und auf der Grundlage eines geänderten Menschenbildes eher kritisch gesehen. Staehle (1999, 912) hält sie in Bezug auf organisationales Lernen sogar für relativ ungeeignet und bevorzugt folgerichtig kognitive Ansätze.

Die kognitiven Lerntheorien verstehen unter Lernen nicht die extern stimulierte Etablierung neuer Reiz-Reaktions-Verbindungen, sondern den Erwerb und die Veränderung kognitiver Strukturen (vgl. dazu auch Laßleben, 2002, 79). Kognitive Strukturen und Schemata sind in Anlehnung an Staehle (1999, 913) relativ überdauernde, konsistente Operations- und Verhaltenssysteme, die als Kondensate der Lernvergangenheit erworben sind. Sie stellen generalisierte Reaktionsmuster von Individuen in ihrer Auseinandersetzung mit der Umwelt dar (vgl. Staehle, 1999, 913) und dienen einem Gleichgewicht von Individuum und Umwelt im Sinne einer Anpassung an unterschiedliche Komplexitäten. Bei den kognitiven Lerntheorien steht der Inhalt der Black-Box, also die kognitiven Vorgänge in der einzelnen Person, im Mittelpunkt der Betrachtung. Das bedeutet, dass die Person Informationen aus der Umwelt aufnimmt, sie mit ihrem vorhanden Wissen verknüpft und interpretiert und danach problemlösungsorientiert handelt (vgl. Laßleben, 2002, 79). Lernen ist damit Wissensveränderung und Wissenserweiterung durch den Prozess der Verknüpfung von (neuen) Informationen und (vorhandenem) Wissen (vgl. Laßleben, 2002, 80). Dieser Ansatz erscheint durchaus geeignet für die Übertragung von individuellem Lernen auf das kollektive Lernen oder auf das Lernen einer Organisation (vgl. Staehle, 1999, 913).

8.3.1 Vom individuellen Lernen zum Organisationslernen

Obwohl auch beim Organisationslernen letztlich nur einzelne Individuen „für die Organisation" lernen können (vgl. Drescher, 1999, 16; Schridde, 2011, 281), ist organisationales Lernen keineswegs mit dem individuellen Lernen identisch und lässt sich auch nicht in einem systemischen und synergetischen Sinne einfach als Aggregation von individuellen Lernprozessen erklären (vgl. in diesem Sinne auch Staehle, 1999, 914 m.w.Nw.). Die Summe der Lernleistung der einzelnen Organisationsmitglieder ist somit nicht mit dem Lernen der Organisation oder dem Ergebnis organisationalen Lernens gleichzusetzen. In Anlehnung an Röckelein (2007, 90) gilt auch hier die Aussage, dass das Ganze im synergetischen Sinne mehr ist, als die Summe seiner Teile.

Ein wesentlicher Unterschied zwischen individuellem Lernen und dem Lernen der Organisation besteht darin, dass in der Organisation im Zeitverlauf Lernsysteme entwickelt wurden, die sich in gemeinschaftlich akzeptierten Symbolen, Leitlinien, Werten und Normen der Organisation widerspiegeln (vgl. Lembke, 2004, 66).

Folgende Beziehungen bestehen dabei in Anlehnung an Lembke (2004, 67) zwischen Individuum und Organisation:

- Einzelne Individuen oder Gruppen innerhalb der Organisation lernen. Die Organisation selbst hat aber dadurch noch keinen unmittelbaren Lernerfolg.
- Einzelne Individuen lernen und tragen zu Veränderungen bei. Diese Veränderungen tragen zum Lernen der bis jetzt noch nicht in das Lernen der Organisation involvierten, weiteren Mitglieder bei.
- Auch geringe Lernanstrengungen von Personen mit einer wichtigen strategischen Schlüsselposition können – bei entsprechenden Kompetenzen – zu größeren Lernerfolgen auf Organisationsebene führen.

Der Lernprozess von Individuen beginnt durch die Aufnahme von Informationen aus der Umwelt, indem zum Beispiel in den jeweiligen Aufgabenbereichen problematische Situationen wahrgenommen werden (vgl. Schridde, 2011, 281). Dies gilt entsprechend auch für die Organisation als produktives soziales System. Der Lernprozess der Organisation beginnt, wenn bei der Beobachtung der Umwelt oder auch des Inneren der Organisation eine Störung oder Abweichung im Sinne einer Irritation des sozialen Systems auftritt. Um solche Störungen bewerten zu können, bedarf es gemeinsamer Vorstellungen vom Soll-Zustand einer Organisation, die über die individuellen Vorstellungen von Einzelpersonen hinausgehen. Dies erfordert eine gut funktionierende, wirksame Kommunikation innerhalb des Systems. Wird ein systemrelevantes Problem in der Organisation erkannt, so wird es ähnlich dem individuellen Lernen zunächst eingegrenzt. Die Ursachen werden analysiert, es werden unterschiedliche Handlungsoptionen und Lösungsansätze erarbeitet, es wird eine Lösung ausgewählt und diese dann schließlich auf deren Realisierbarkeit und Wirkung hin „getestet". Danach wird das Wissen über die Problemlösung im Idealfall an alle Organisationsmitglieder durch Weitergabe und Verteilung entsprechender Informationen kommuniziert (vgl. dazu ausführlich Drescher, 1999, 16 ff.).

8.3.2 Grundlegende Theorien des organisationalen Lernens

Auch in Organisationen ist Wissen als organisationsspezifisches Wissen vorhanden, das durch Lernprozesse erweitert wird und sich somit laufend verändert (vgl. Schreyögg, 1999, 534). Hintergrund ist das Verständnis einer Organisation im Sinne eines Wissens- und Informationssystems.

Staehle (1999, 912 ff. in Anlehnung an Shrivastava) führt drei mögliche Auffassungen von organisationalem Lernen auf:

Das adaptive Lernen, das auf Cyert und March zurückgeht, die Theorie des Assumption Sharing nach Argyris und Schön und Lernen durch Erweiterung der Wissensbasis, in Anlehnung an Duncan und Weiss.

Eine Organisation lernt adaptiv, wenn sie sich immer soweit wie nötig und inkremental – in kleinen Schritten – an veränderte Umweltbedingungen anpasst. Eine Organisation, die adaptiv lernt, wird beispielsweise ihre Ziele regelmäßig mit den konkreten und aktuellen Erwartungen der Stakeholder abgleichen und möglichst zeitnah anpassen. Sie würde nur die Informationen aus der Umwelt herausfiltern und berücksichtigen, die scheinbar überlebensnotwendig sind, um dann das Problemlösungsverhalten zu ändern und zur Gewohnheit im Sinne einer Handlungsroutine zu machen, wenn es sich als erfolgreich herausgestellt hat (vgl. Staehle, 1999, 912 ff.).

Das reaktive Verhalten dieser einfachen Lernform führt nicht zu der Flexibilität und Lernkultur, die durch das Paradigma der Lernenden Organisation erreicht werden soll. In Anlehnung an Eskamp et al. (2001, 35) müssen in öffentlichen Verwaltungen die Organisationsmitglieder die Regeln im Normalfall kennen und „beherzigen". Diese Systeme verändern sich entweder dadurch, dass Routinen ausscheiden, wenn sie nicht mehr gebraucht werden, weil die entsprechenden Anwendungsfälle oder Gebrauchsfälle nicht mehr auftreten, oder dadurch, dass sie nach dem Prinzip der Erweiterung ergänzt werden (vgl. Eskamp et al. 2001, 35). Dieses Prinzip schreibt vor, diejenige Regel auf einen neuen Fall anzuwenden, die noch am ehesten „passt" und sie dabei so wenig wie möglich zu modifizieren. Der kollektive Akteur lernt also, weil sich sein vorhandener Wissensbestand, der Katalog an Verhaltensregeln und Handlungsprinzipien, verändert, aber eben nur reaktiv und nicht proaktiv aufgrund eines eigenen Impulses. Die traditionelle öffentliche Verwaltung, die sich als Exekutive im Sinne eines konsequenten (reinen) Normenvollzugs versteht und auch so „sozialisiert" ist, kann im Regelfall schwerpunktmäßig diesem Lerntypus zugeordnet werden (vgl. dazu ausführlich Eskamp et al., 2001, 35).

Duncan und Weiss sehen in organisationalem Lernen die Erweiterungen des Wissensbestandes einer Organisation. Dieses Wissen wird dadurch erweitert, dass sich die Handlungen der Organisation und deren Ergebnisse unter Umwelteinfluss verändern. Voraussetzungen dafür sind, dass das Wissen unter den Organisationsmitgliedern kommunizierbar, konsensfähig und in die Strukturen und Prozesse der Organisation integriert sein muss (vgl. Staehle, 1999, 912 ff. unter Hinweis auf Duncan und Weiss).

Ein weiterer bedeutender Ansatz zur Erklärung des organisationalen Lernens wurde von Argyris und Schön entwickelt. Grundlegend für das Verständnis organisationalen Lernens war die Studie „Organizational Learning" aus dem Jahre 1987 (vgl. Schridde, 2011, 281). Argyris und Schön gehen davon aus, dass jedes Mitglied einer Organisation auf der individuellen und organisatorischen Ebene einen Vorrat an Wissens- und Handlungsmöglichkeiten hat (vgl. Dietrich, 2001, 176). Organisationen handeln auf der Basis der Handlungstheorien ihrer Mitglieder, wobei Abweichungen zwischen den Handlungserwartungen und den Handlungsergebnissen zum Auslöser organisatorischer Lernprozesse werden können (vgl. Schridde, 2011, 281). Argyris und Schön haben in diesem Zusammenhang Aktions- und Handlungstheorien entwickelt, die sie espoused-theories (vertretene Theorien oder offizielle Handlungstheorien) und theories-in-use (handlungsleitende Theorien) nennen (vgl. Argyris & Schön, 1996, 29). Diese Differenzierung ähnelt den so genannten formellen und informellen Strukturen und Prozessen in den öffentlichen Verwaltungen. Nach den theories-in-use handeln die Menschen in Organisationen in tatsächlicher Hinsicht. Meist sind die handlungsleitenden Theorien unbewusst und werden nicht öffentlich gemacht. Im Gegensatz dazu stehen die espoused-theories, die offiziell gelten und öffentlich bekannt sind. Solche offiziellen Regelungen sind zum Beispiel Wertekataloge, Führungsgrundsätze oder Leitbilder, aber auch definierte Geschäftsprozesse und Standards, Geschäftsverteilungspläne sowie Geschäftsordnungen als formale, verbindliche Dokumente der Aufbau- und Ablauforganisation. Die theories-in-use sind für den Erfolg oder Misserfolg organisationalen Lernens ausschlaggebend. Da sie unbewusst und verdeckt sind, müssen sie erst sichtbar und bewusst gemacht werden, damit ein Lernprozess erfolgen kann. Wenn die offiziell vertretenen und die tatsächlich handlungsleitenden Theorien voneinander abweichen, kann dies der Auslöser für organisationale Lern- und Veränderungsprozesse sein (vgl. Dietrich, 2001, 177). An dieser Stelle sollte sich der Betrachter, insbesondere in der Rolle einer Führungskraft der öffentlichen Verwaltung, mit der Frage beschäftigen, wie kongruent die offiziellen und formalen Handlungstheorien und die inoffiziellen, informalen Gebrauchstheorien in der eigenen Organisation tatsächlich noch sind. Je größer und offensichtlicher der Gap zwischen beiden Theorien in der Realität ist, desto mehr folgt das System bereits seiner eigenen Logik und entwickelt seinen „eigenen Sinn". Häufig liegt in der noch verdeckten, eigenen Handlungslogik des Systems bereits der Schlüssel für sinnvolle und wirksame Reformmaßnahmen, die zudem noch auf einen fruchtbaren Boden fallen, da die Mehrheit der Systemmitglieder sich ohnehin schon dazu entschlossen hat, einen anderen, neuen Weg zu beschreiten und ein noch inoffizielles Changevorhaben bereits faktisch einzuleiten.

Argyris und Schön definieren drei verschiedene, grundlegende Ebenen des Lernens. Die erste Lernebene, das Single-Loop Learning oder das so genannte Einschleifen-Lernen, stellt ein einfaches instrumentales Anpassungslernen dar. Dabei wird die vertretene, offizielle Handlungstheorie nicht angepasst und auch nicht in Frage gestellt. Bestehende Normen und Werte der Organisation bleiben erhalten (vgl. Argyris & Schön, 1999, 36). Das Single-Loop-Lernen beabsichtigt, nach Dietrich (2001, 177), in erster Linie eine „Steigerung der Effizienz" (doing the things right). Ein festgelegtes Ziel soll möglichst effizient erreicht werden, ohne dass hinterfragt wird, ob dieses Ziel angesichts sich ändernder Rahmenbedingungen überhaupt noch verfolgt werden dürfte oder sollte (vgl. Nolte, 2008, 113). Dadurch mag sich eine Organisation bei der Erreichung der – als richtig angenommen – Ziele zwar im Sinne der Effizienz verbessern, verstärkt aber dadurch das Bestehende und macht sie letztlich sogar unflexibel und starr (vgl. Dietrich, 2001, 177). Eine Veränderung im Sinne der Leitidee der Lernenden

Verwaltung kann jedoch nur erreicht werden, wenn auch die bestehenden Handlungsziele regelmäßig hinterfragt werden, gegebenenfalls zur Disposition stehen und neu erlernt werden können.

Der eigentliche kollektive Veränderungs-Lernprozess findet auf der Ebene des Double-Loop-Learning statt, da im Rahmen dieses Doppelschleifen-Lernens die offizielle Handlungstheorie angepasst wird, indem Werte, Regeln und Strukturen überprüft und geändert werden (vgl. Dietrich, 2001, 177). Dadurch wird der Kontext für die Single-Loop-Prozesse ebenfalls maßgeblich geändert. Nach Schreyögg (1999, 539) ist dabei entscheidend, dass die neue Handlungstheorie tatsächlich restrukturiert und in der Breite akzeptiert wird, so dass diese neue Handlungstheorie zukünftigen Handlungen der Organisationsmitglieder auch wirklich zugrunde liegt. Erforderlich wird ein Zweischleifen-Lernen dann, wenn die Umweltbeobachtung dazu geführt hat, dass das Verhalten der Organisation und die Anforderungen der Umwelt zu sehr „auseinander driften". Da die offizielle Handlungstheorie durch den Verstärkungseffekt des Single-Loop-Lernens sehr gefestigt sein kann, ist es erforderlich, dass die Organisation erst einmal die gewohnten Paradigmen aufgibt und sich neuen Konzepten öffnet (vgl. Dietrich, 2001, 178). Was auf der Managementebene erkannt und von einigen weiteren Promotoren des Wandels unterstützt wird, ist aber noch lange nicht bei allen Organisationsmitgliedern „angekommen". Ein Teil der Systemmitglieder verhält sich immer noch nach den alten Mustern und muss diese erst ver- oder entlernen. Routinen, die nicht mehr zielführend und funktions- oder aufgabenangemessen sind, müssen immer wieder wirksam gestört und durchbrochen werden. Widerstände treten in dieser Phase regelmäßig auf. Eine professionelle Kommunikation und passende Organisationsentwicklungskonzepte sollten daher unterstützend eingesetzt werden (vgl. Staehle, 1999, 867). Ziel ist, dass die Lernerfahrung und deren Ergebnis im organisationalen Gedächtnis (vgl. Argyris & Schön, 1996, 31) verankert und somit öffentlich gemacht wird. Die Lernprozesse dürfen nicht auf der Ebene des Individuums und des individuellen Lernens stehenbleiben (vgl. Laßleben, 2002, 105).

Die dritte Ebene des organisationalen Lernens, das „Deutero-Learning" oder das „Lernen, wie man lernt", setzt eine Auseinandersetzung mit den Erfahrungen aus den Single-Loop- und Double-Loop-Prozessen voraus. Gravierende Änderungen im Lernverhalten der Organisation und der einzelnen Individuen sind die Folge (vgl. Staehle, 1999, 912 ff.). Das Deutero-Lernen stellt die Metaebene des organisationalen Lernens dar. Nach Schreyögg (1999, 540) werden dabei Lernkontexte reflektiert, Lernverhalten, Lernerfolge und Lernmisserfolge diagnostiziert. Deutero-Lernen sichert die Bereitschaft einer Organisation, ständig zu lernen und so zu einer „Lernenden Organisation" zu werden.

In Anlehnung an Senge (1998, 24) ist eine „Lernende Organisation eine Organisation, die kontinuierlich die Fähigkeit ausweitet, ihre eigene Zukunft schöpferisch zu gestalten". Organisationales „Überlebenstraining", häufig auch als adaptives Lernen bezeichnet, ist wichtig und sogar notwendig. Aber bei einer Lernenden Organisation muss sich zu diesem adaptiven Lernen ein schöpferisches Lernen hinzufügen, ein Lernen, das unsere kreative Kraft fördert (vgl. Senge, 1998, 24).

Es existieren noch weitere Forschungsansätze zur Lernenden Organisation. Heftberger und Stary (2004, 15ff.) analysieren die – aus ihrer Sicht – sieben relevantesten Ansätze. Neben den Ansätzen von March und Olsen, Argyris und Schön und dem Ansatz von Senge untersuchen die Autoren noch die Ansätze von Huber, Pautzke, Kim und den Ansatz von Nonaka, Takeuchi und Krogh.

Gerade jüngere Ansätze beziehen sich auf die Ansätze von March und Olsen, Argyris und Schön oder Senge. Kim hat sich insbesondere mit der Frage auseinander gesetzt, wie individuelles und organisationales Lernen integriert werden können, während sich Nonaka, Takeuchi und Krogh stärker mit der Wissensentwicklung beschäftigen und für diese die folgenden fünf ermöglichenden Faktoren entwickelt haben (vgl. Heftberger & Stary, 2004, 15 ff.). Zu den fünf Faktoren gehören:

- Gemeinsame Wissensvision
- Management der Kommunikation im Sinne von nutzenbringenden Gesprächen
- Wissensaktivisten zur Wissensbeschaffung
- Schaffung der geeigneten Lernumgebung und Organisationsstruktur
- Einsatz von geeignetem Personal an genau den Stellen, an denen das Wissen gebraucht wird

(vgl. dazu ausführlich Heftberger & Stary, 2004, 48 ff. m.w.Nw.). Die neueren Ansätze untersuchen Teilbereiche zur Theorie der Lernenden Organisation genauer und versuchen für diese Teilproblematiken Lösungen zu finden. Die Autoren beschreiben aber auch Instrumente zur Organisationsdiagnose, um zu erkennen, ob der Reifegrad einer Organisation die Einführung von Instrumenten der Lernenden Organisation überhaupt schon zulässt oder um Ansatzpunkte für eine entsprechende Organisationsentwicklung zu finden (vgl. Baitsch & Wetzel, 2008).

Ein Schwerpunkt der neueren Literatur zum organisationalen Lernen bezieht sich auf die Umsetzbarkeit der äußerst komplexen Theorieansätze in die Praxis. Organisationen, die zur Lernenden Organisation werden wollen, müssen nicht nur die zugrundeliegenden Instrumente wie TQM, Organisationsentwicklung,

Personalentwicklung oder Informations- und Wissensmanagement einführen, sie müssen gleichzeitig auch einen Kulturwandel herbeiführen, der regelmäßig mit einem sehr hohen Kommunikationsaufwand und vielen Konflikten verbunden ist.

8.4 Rahmenbedingungen für organisationales Lernen

Lernkulturen müssen sich entwickeln. Sie lassen sich keinesfalls per Anweisung oder „auf Knopfdruck" durchsetzen, sondern brauchen lernfreundliche strukturelle und personelle Rahmenbedingungen (vgl. Dietrich, 2001, 232). Der Ansatz der Lernenden Organisation ist sehr breit angelegt. Felder für die Lernförderung liegen insbesondere in den Bereichen Organisationskultur, Strategie, Struktur und Personalmanagement (vgl. Probst & Büchel, 1998, 178).

Lernende Organisationen weisen im Regelfall ausgesprochen flexible Strukturen und Prozesse auf (vgl. Bertels, 2007, 75). Diese Flexibilität macht sie reaktionsschneller und damit auch unter den Bedingungen eines dynamischen Umfeldes insgesamt konkurrenz- und wettbewerbsfähiger (vgl. Nagl, 1997, 156). Die Organisation verfügt zwar über verbindliche Regeln, stellt es aber ins eigene Ermessen der Systemmitglieder, im Einzelfall davon abzuweichen und bietet hinreichende Spielräume in der Gestaltung der Arbeitsrolle und der Arbeitsprozesse. Typisch für den traditionellen öffentlichen Dienst sind Handlungsroutinen sowie stark formalisierte und standardisierte Abläufe, die auch unter den Begriffen „Dienstweg, Berichts- und Weisungsweg oder Verwaltungsvorschriften" bekannt sind. Informationswege verlaufen formal innerhalb der vorgezeichneten Strukturen des klassischen Einliniensystems. Insofern besteht, was die Flexibilität in struktureller und prozessualer Hinsicht anbelangt, in vielen Behörden noch ein großer Nachholbedarf. In diesem Zusammenhang ist zu berücksichtigen, dass die öffentlichen Verwaltungen als Folge eines bürokratischen Organisationsmodells primär auf Stabilität, Standardisierung, Berechenbarkeit und Zweckrationalität ausgerichtet sind. Kreativität, Differenzierung, Innovation und Flexibilität stellen aus Sicht der bürokratischen Organisationsstruktur immer noch eher die Ausnahme dar, obwohl beide Aspekte – Qualität und Kreativität – kompatibel sein und durchaus komplementär wirken können.

In Lernenden Organisationen ist es auch möglich, selbstverantwortlich über Kooperationen, die über die Organisationseinheiten hinausgehen, zu entscheiden (vgl. Baitsch & Wetzel, 2008, 81). Vorgegebene Strukturen und Regeln können extrem lernhinderlich sein, wenn sie die Gestaltungs- und Handlungsspielräume der Organisationsmitglieder zu sehr einengen. Delegation und Empowerment können aber auch im Idealfall die nötigen Freiräume schaffen und für mehr Kreativität und Innovationsfreude sorgen sowie die Bereitschaft zu Lernen und eigenverantwortlich zu Handeln fördern (vgl. Nagl, 1997, 109).

Die Einbindung der Kunden oder Adressaten spielt in Lernenden Organisationen eine große Rolle. Unternehmen beziehen die Kunden und deren Wünsche, Erwartungen und Anforderungen im Regelfall in die Gestaltung und Verbesserung ihrer Prozesse und (Dienst-)Leistungen ein (vgl. Baitsch & Wetzel, 2008, 82; Bertels, 2007, 81). Letztlich definieren die Anforderungen und Erwartungen der Abnehmer und Auftraggeber die Merkmale der zu erbringenden Leistungen und Produkte. Zur Kundenorientierung kommt noch die Umweltorientierung hinzu. Eine Lernende Organisation beobachtet die Umwelt genau im Hinblick auf mögliche Auswirkungen auf die eigene Zukunft des Systems. Sie versucht diese möglichst proaktiv zu beeinflussen und passt sich an, sofern und soweit es aus der Systemperspektive erforderlich ist (vgl. Baitsch & Wetzel, 2008, 81; Nagl, 1997, 156; Pieler 2001, 27).

Moderne Informationssysteme ermöglichen einer Lernenden Organisation ein schnelles Feedback zur Gesamtleistung oder zu Teilleistungen des Systems (vgl. Argyris & Schön, 1996,197). In Anlehnung an Nagl (1997, 156) sind schnelle und kurze Informationswege ein Erkennungszeichen für Lernende Organisationen.

Nach Lembke (2004, 79) bewegt sich eine Lernende Organisation in einem Dreieck von Struktur, Kultur und Strategie. Die Kultur einer Lernenden Organisation zeichnet sich durch Offenheit, Fehlertoleranz, Teamfähigkeit der Mitglieder und Kritikfähigkeit, Verinnerlichung des lebenslangen Lernens sowie durch die Förderung von besonderer Leistung aus (vgl. Bertels, 2007, 78; Nagl, 1997, 156; Argyris & Schön, 1996, 197).

Eine starke, vorgelebte und von allen geteilte Vision dient den Organisationsmitgliedern einer Lernenden Organisation als Richtungsvorgabe (vgl. Bertels, 2007, 77; Nagl, 1997, 156; Senge 1998, 256). Es ist nicht überraschend, dass in Lernenden Organisationen typischerweise eher flache Hierarchien mit nur wenigen Entscheidungsebenen (Lean Management) vorzufinden sind. Dies stellt einen Gegensatz zu der vielstufigen, pyramidenförmigen Aufbauorganisation der meisten öffentlichen Verwaltungen dar. Lernende Organisationen arbeiten dezentral und prozessorientiert, während in den öffentlichen Verwaltungen – nach wie vor – zentralistische sowie funktionale oder divisionale Strukturen vorherrschen. Funktional geprägte Strukturen fördern ein Denken und Handeln in Zuständigkeiten und Nicht-Zuständigkeiten, nicht jedoch in ganzheitlichen Prozessen und funktionsübergreifenden Verantwortlichkeiten und Zielstellungen. Mit der Schaffung flacherer Hierarchien geht eine weitreichende und von der Verwaltungsreform auch so gewollte Delegation im Sinne des organisationalen AKV-Prinzips (Kongruenzgesetz der Organisation mit einer Passung von

Aufgabe, Kompetenz und Verantwortung) einher (vgl. dazu auch Nagl, 1997, 156; Argyris & Schön, 1996, 197).

Das organisationale Lernen soll bewusst und aktiv geschehen. Dieses bewusste und aktive Lernen kann durch geeignete Anreize gefördert werden. Es setzt jedoch stets die Bereitschaft des sozialen Systems und der Systemmitglieder zum Lernen voraus. Lernförderlich ist auch die Arbeit in Teams, Arbeits- oder Projektgruppen, für die die Organisation dann die nötigen Rahmenbedingungen schaffen muss (vgl. Bertels, 2007, 74; Argyris & Schön, 1996, 197; Pieler, 2001, 27). Pieler (2001, 33) nennt als Basiselemente einer Lernenden Organisation ausdrücklich das Bildungsmanagement, Wissensmanagement, Change Management und Culture Management. In Anlehnung an Argyris und Schön (1996, 197) fördert die TQM-Ideologie, die in ganzheitlichen Instrumenten umgesetzt wird, das Lernen einer Organisation. Ein weiterer Aspekt, insbesondere für erwerbswirtschaftliche Organisationen, ist die Kompetenz im strategischen Management. Für Bertels (2007, 76) sind eindeutig definierte Geschäftsfelder, robuste und eindeutige Kernprozesse sowie eine konsequente Strategieumsetzung Kennzeichen einer „intelligent" lernenden Organisation. Diese Anforderungen sollten auch für eine erfolgreiche, innovative, kreative sowie lern- und wissensorientierte öffentliche Verwaltung im Sinne des neuen wirkungsorientierten Verwaltungsmanagements gelten.

8.5 Innovation und Lernen im CAF-Zyklus

Nachdem im Kontext organisationaler Lernprozesse zuvor die Begriffe Organisation, Lernen und Lernende Organisation definiert und die Rahmenbedingungen für organisationales Lernen beschrieben wurden, wird im Folgenden das Common Assessment Framework (CAF) als Qualitätsmodell und gleichzeitig als Instrument zur Einführung von Qualitätsmanagement in der öffentlichen Verwaltung wegen der hohen praktischen Relevanz noch ausführlicher dargestellt.

Mit dem Common Assessment Framework (CAF) steht den Verwaltungen in Europa bereits seit vielen Jahren ein Qualitätsmodell zur Verfügung, das eine Diagnose über den Umsetzungstand der Veränderungsmaßnahmen im Rahmen des Qualitätsmanagements und die von der Verwaltung erreichten Ergebnisse ermöglicht und so zur Weiterentwicklung des Qualitätsmanagements in den öffentlichen Verwaltungen beitragen kann (vgl. Stein, 2013, 35 f.).

Die Grundlage für das CAF-Modell bildet das EFQM-Modell, das eng mit dem Total-Quality-Management-Ansatz verbunden ist. Wesentlich an der Philosophie des TQM ist die Sichtweise, dass die Ausrichtung der gesamten Organisation auf Qualität nicht erst am Ende des Produktionszyklus ansetzt, also bei der Endkontrolle der Produkte, sondern in allen Prozessen und Bereichen der Organisation, in der Kultur und in den Köpfen aller Beschäftigten in Qualitätsdimensionen gedacht und gehandelt wird. Ursprüngliches Ziel der QM-Offensive war die Erhaltung der Konkurrenzfähigkeit der europäischen Unternehmen, nachdem erkannt wurde, dass japanische und amerikanische Unternehmen durch eine konsequente und umfassende Qualitätsorientierung in vielen Branchen bereits erhebliche Wettbewerbsvorteile erzielt hatten.

Kontinuierliches Lernen, Innovation und Verbesserung sind ein wesentlicher Bestandteil des Modells (vgl. KGSt-Bericht, 2009, 27). Für die Bewältigung der besonderen Herausforderungen, die an die öffentliche Verwaltung gegenwärtig und zukünftig gestellt werden, ist das EFQM-Modell eine wirksame Option. Mit CAF wurde quasi eine Branchenlösung des EFQM-Modells erarbeitet, die den besonderen Anforderungen und Umfeldfaktoren der öffentlichen Verwaltung in Deutschland gerecht wird.

Das CAF-Modell (vgl. dazu ausführlich Deutsches CAF-Zentrum; Stein, 2013, 35 ff.; Löffler, 2011, 497 ff.) setzt sich aus den folgenden neun Themenfeldern zusammen:

Befähigerfelder:

1. Führung
2. Strategie und Planung
3. Personal
4. Partnerschaften und Ressourcen
5. Prozesse

Ergebnisthemenfelder:

6. Kunden- / Bürgerbezogene Ergebnisse
7. Mitarbeiterbezogene Ergebnisse
8. Ergebnisse sozialer Verantwortung
9. Wichtigste Leistungsergebnisse

Die einzelnen Themenfelder sind in insgesamt 29 Kriterien untergliedert, denen insgesamt mehr als 200 Indikatoren zugeordnet sind. Es sind daher im Rahmen des CAF-Prozesses 210 einzelne Sachverhalte zu erheben, zu analysieren und zu bewerten. Im Laufe der Weiterentwicklung des CAF-Modells wurde als zusätzliche Vorgehensweise die Bewertung auf der Kriterienebene entwickelt. Die ersten fünf Themenfelder, die sogenannten Befähiger sind maßnahmenorientiert. Diese Aktivitäten zeichnen qualitativ hochwertig und erfolgreich arbeitende Organisationen in besonderem Maße aus. Beispiele dafür sind die Entwicklung einer Vision, eines Leitbildes, eines Zielesystems, eines Prozessmanagements oder die regelmäßige Durchführung von Mitarbeiterbefragungen. Es ist kein Selbstzweck, die Organisation so aufzustellen, dass alle Voraussetzungen für eine permanente Qualitätsverbesserung vorliegen. Deshalb werden in den Themenfeldern 6 bis 9 die wichtigsten Ergebnisse einer Organisation und deren Entwicklung aufgezeigt. Zum Teil müssen dafür erst noch die nötigen Messinstrumente – beispielhaft seien hier Controlling, Indikatoren- und Kennzahlensysteme, Mitarbeiter- und Kundenbefragungen, Prozess- und Ergebnisevaluierungen oder Instrumente des Innovations- und Beschwerdemanagements genannt – aufgebaut werden. Die Bewertungskriterien der Themenfelder 1 bis 5 orientieren sich am so genannten PDCA-Zyklus (Plan-Do-Check-Act). Dieser Zyklus beschreibt ein Vorgehen, das bei regelmäßiger Wiederholung eine schrittweise Weiterentwicklung im Sinne des im TQM geforderten kontinuierlichen Verbesserungsprozesses gewährleistet (vgl. Syska, 2006, 100; Stein, 2013, 35; Löffler, 2011, 499). Eine CAF-Bewertungsgruppe beurteilt, ob sich zum Beispiel der Aufbau eines Zielesystems noch im Planungsstadium befindet, ob es bereits teilweise oder vollständig umgesetzt ist, ob die Umsetzung wirksam überprüft wurde und ob daraufhin notwendige Anpassungen und Fortentwicklungen vorgenommen wurden oder noch vorgenommen werden müssen. Die Höchstpunktzahl des an den PDCA-Zyklus angelehnten Punktwertschemas wird vergeben, wenn eine Organisation darüber hinaus diesen Zyklus laufend wiederholt und sich mit anderen Organisationen vergleicht. Bei den Selbstbewertungen handelt es sich um eine organisationsbezogene Analyse der jeweiligen Stärken und Schwächen (vgl. Löffler, 2011, 498).

Im Rahmen des allgemeinen TQM-Modells „EFQM“ basiert die Bewertung – in Abgrenzung zum verwaltungsspezifischen CAF-Modell – auf den folgenden Bewertungsteilschritten oder Phasen des so genannten RADAR-Konzepts (vgl. Löffler, 2011, 498):

- **R**esults (Ergebnisse)
- **A**pproach (Vorgehen)
- **D**eployment (Umsetztung)
- **A**ssesment (Bewertung)
- **R**eview (Überprüfung)

Das RADAR-Konzept entspricht in der Vorgehensstruktur weitestgehend der „Logik“ des ursprünglichen PDCA-Zyklus, der auch für CAF nutzbar gemacht wurde.

Es ist unter anderem eines der erklärten Ziele des CAF, ein Benchmarking (Leistungsvergleich) zwischen Behörden zu ermöglichen, damit diese – im

Sinne eines Transfers von Best Practices – voneinander lernen können. Die Bewertung soll möglichst objektiv auf der Grundlage von Beobachtungen, Erfahrungen und Nachweisen erfolgen. Derartige Nachweise können zum Beispiel ein dokumentierter Projektplan oder ein veröffentlichtes Leitbild sein. Die Existenz beider Instrumente ist in tatsächlicher Hinsicht überprüfbar und nachweisbar.

Schwieriger wird die Objektivierung bei Indikatoren, die zum Beispiel anzeigen sollen, ob die Führungskräfte der jeweiligen Organisation tatsächlich „mit gutem Beispiel vorangehen“ und ihre Vorbildfunktion den organisatorischen Zielen und Werten entsprechend erfüllen. Trotz nachweislich durchgeführter Führungskräfteschulungen, bestehender Führungsprinzipien und Wertekataloge kann in einer Vielzahl von Fällen nicht objektiv nachgewiesen werden, inwieweit das gewünschte Verhalten tatsächlich im Sinne einer linearen Kausalität für eine bestimmte Entwicklung oder einen bestimmten Zustand ursächlich war. Zur Abrundung des Gesamtbildes ist es daher sinnvoll, zum Beispiel auch die stark subjektiv gefärbten Ergebnisse von Mitarbeiterbefragungen (allerdings in aggregierter Form) und die Ergebnisse eines Führungskräftefeedbacks oder sonstiger Formen der Evaluierung heranziehen.

CAF bietet den Anwendern eine ausgesprochen wertvolle und praxisnahe Systematik bei der Einführung eines ganzheitlichen Qualitätsmanagements in der öffentlichen Verwaltung. Durch die konsequente Maßnahmenorientierung wird eine Organisation automatisch in den permanenten Verbesserungszyklus geführt, vorausgesetzt, die Organisation hält sich – im Sinne eines bewährten Standards – an die von CAF vorgeschlagene Vorgehensweise.

CAF wird in den Organisationseinheiten der öffentlichen Verwaltung trotz der weitreichenden Standardisierung sehr unterschiedlich angewendet. Insbesondere der Teilprozess der Selbstbewertung sollte so an die konkreten Bedürfnisse der jeweiligen Organisation angepasst werden, dass er die spezifische Zielsetzung, die mit dem Instrument „CAF“ verfolgt wird, bestmöglich unterstützt.

Das Instrument CAF lässt sich zudem sehr flexibel anwenden. Sofern die Begrifflichkeiten oder auch einzelne Indikatoren und Beispiele keine Passung mit der jeweiligen Organisation aufweisen, können sie entsprechend modifiziert werden. Einige Indikatoren lassen einen großen Interpretationsspielraum zu, denn die Beschreibung des Modells enthält oftmals keine genauen Definitionen. Jede Organisation muss diese Indikatoren daher systemspezifisch interpretieren und für das eigene System verbindlich definieren. Die frühzeitige Erstellung und Kommunikation eines verbindlichen Definitionenkatalogs ist in der CAF-Praxis von erheblichem Vorteil.

8.6 Themenfelder, Kriterien und Indikatoren des CAF-Modells

8.6.1 Themenfeld 1: Führung

Die Indikatoren des CAF-Themenfeldes 1: „Führung“ sind in vier Kriterien zusammengefasst (vgl. dazu ausführlich die Informationen des deutschen CAF-Zentrums):

Themenfeld 1: Führung

- **Kriterium 1.1**
  Der Organisation durch die Entwicklung und Vermittlung einer Vision, einer Mission sowie von Werten eine Richtung vorgeben
- **Kriterium 1.2**
  Die Organisation, ihre Leistungsfähigkeit und ihre kontinuierliche Verbesserung steuern
- **Kriterium 1.3**
  Die Beschäftigten der Organisation motivieren und unterstützen und eine Vorbildfunktion ausüben
- **Kriterium 1.4**
  Angemessene Beziehungen zur Politik und zu anderen Interessengruppen pflegen

Das Kriterium 1.1 bezieht sich auf die Frage, ob der Organisation eine strategische Richtung vorgegeben wird. Dies geschieht durch die Entwicklung und Vermittlung von Visionen, Missionen und Werten. Die Auswertung der einzelnen Indikatoren hat in der CAF-Anwendungspraxis ergeben, dass durch das Kriterium 1.1 insbesondere die Rahmenbedingungen „Kultur und Vision“ gefördert werden. Die Anpassung des Leitbildes an veränderte äußere Bedingungen setzt das genaue Beobachten des Systemumfeldes voraus und fördert somit auch die notwendige Umweltorientierung der Organisation. Die strategische Kompetenz, die in Anlehnung an Bertels (2007, 76) für „intelligentes Organisationslernen“ förderlich ist, aber auch die generelle Steuerungskompetenz sind Bestandteil des Kriteriums 1.2: „Die Organisation, ihre Leistungsfähigkeit und ihre kontinuierliche Verbesserung steuern.“ Durch die Gestaltung von entsprechenden, strategiekonformen Strukturen und Prozessen im Rahmen der Aufbau- und Ablauforganisation einschließlich der Festlegung der geeigneten Führungsebenen, Funktionen und Verantwortlichkeiten können die Rahmenbedingungen „Struktur, Organisationsform und Strategisches Management“ unterstützt werden. Strebt die Organisation in strategischer

Hinsicht flachere Hierarchien im Sinne des Lean Management und flexiblere Strukturen mit entsprechenden Handlungs- und Gestaltungsspielräumen an, wird dies durch die im Kriterium 1.2 enthaltenen Managementinstrumente unterstützt. Der Aufbau eines geeigneten Zielesystems und eines Verwaltungscontrollings dient der strategischen Ausrichtung und der Informationsversorgung des Systems. Der vom Indikator 1.2.7 geforderte Aufbau der Rahmenbedingungen für Teamwork und Projektarbeit, die in Aufbau- und Ablaufstruktur außerhalb der klassischen Linienstruktur liegen und zuständigkeits- und funktionsübergreifende Innovationen begünstigen können, fördert ebenfalls organisationale Lernprozesse (vgl. Pieler, 2001, 27). Im Rahmen des dritten Kriteriums des Themenfelds 1: „Führung" werden die Motivation und Unterstützung der Mitarbeiterinnen und Mitarbeiter und das Handeln der Führungskraft als Vorbild bewertet. Diese Bewertung zielt in erster Linie auf die Kulturveränderung als wesentliche Rahmenbedingung eines umfassenden TQM-Ansatzes, als auch einer Lernenden Organisation ab. Die Elemente „Vorbildfunktion, Kritikfähigkeit, offene, transparente Information, Delegation und Übertragung von Verantwortlichkeiten, Anerkennung von Leistung und Eingehen auf die Bedürfnisse und die persönliche Situation der Beschäftigten" dienen der Flexibilisierung und Förderung der innovativen Entwicklungen. Mittels des Indikators 1.3.8 wird bewertet, ob die von den Beschäftigten eingebrachten Ideen und Verbesserungsvorschläge von der Leitung angenommen werden, indem sie zum Beispiel auf konstruktive Kritik angemessen und zielführend reagiert.

Ein Nachweis dafür wären zum Beispiel die Einrichtung von Qualitätszirkeln oder der Aufbau eines Ideenmanagements. Von Bedeutung sind im CAF-Modell auch die Beziehungen nach „außen", die gepflegt werden sollen. Strategische Partnerschaften, Netzwerke und sonstige Formen der Kooperation sind Beispiele für eine wirksame Art der Beziehungspflege. Die Organisation wird durchlässiger, umweltoffener und gewinnt dadurch wertvolle Impulse für die eigene Weiterentwicklung. Das Kriterium 1.4 fördert überwiegend die Rahmenbedingungen „Kunden- und Umweltorientierung".

8.6.2 Themenfeld 2: Strategie und Planung

Strategien zu formulieren, diese umzusetzen, zu aktualisieren und auf ihre Wirksamkeit hin zu überprüfen, ist eine wichtige Anforderung, die das CAF-Modell an ein „gutes und wirksames Management" stellt.

Dies setzt einen adäquaten Umgang mit der eingangs beschriebenen, zunehmenden Komplexität und Dynamik des Systems und der Systemumwelt voraus.

Die Organisation muss sich dabei nicht nur auf ein gutes Gespür des Managements für systemrelevante Entwicklungen verlassen können, sondern der Organisation stehen in diesem Kontext auch unterschiedliche Instrumente zur Verfügung.

Die Indikatoren des Themenfeldes 2 „Strategie und Planung“ liefern Anhaltspunkte für den strategischen Reifegrad der Organisation und unterstützen den Aufbau eines praxistauglichen QM-Systems.

Themenfeld 2: Strategie und Planung

- **Kriterium 2.1**
  Informationen über die aktuellen und zukünftigen Bedürfnisse der Interessengruppen sowie relevante Managementinformationen gewinnen
- **Kriterium 2.2**
  Strategie und Planung auf der Grundlage der gesammelten Informationen entwickeln
- **Kriterium 2.3**
  Strategie und Planung in der gesamten Organisation kommunizieren, umsetzen und regelmäßig überprüfen
- **Kriterium 2.4**
  Innovation und Veränderung planen, umsetzen und überprüfen

Für die Strategiefindung und Strategieentwicklung sind Informationen über die bestehenden und zukünftigen Anforderungen und Erwartungen aller Stakeholder eine wichtige Grundlage. Mit dem ersten Kriterium „Informationsgewinnung über die aktuellen und zukünftigen Bedürfnisse der Interessengruppen“ wird bewertet, ob die Behörde die für sie relevanten Erwartungen der maßgeblichen Interessengruppen überhaupt kennt, ob sie sich systematisch über deren Bedürfnisse und Anforderungen sowie über die Entwicklung der Rahmenbedingungen informiert und ob sie ein geeignetes Analyseinstrument zur systemischen Stärken- und Schwächenanalyse nutzt. Dieses Instrument kann auch CAF sein, dessen wesentlicher Baustein die Stärken- und Schwächenanalyse ist. Eine Lernende Organisation zeichnet sich gerade durch eine starke Umweltorientierung und die Information über die Bedürfnisse und Erwartungen der Kunden oder Adressaten aus (vgl. Pieler, 2001, 27). Ein Instrument wie CAF hilft den öffentlichen Verwaltungen als Nutzer dabei, systematisch vorzugehen. Wenn CAF zugleich mit der TQM-Philosophie und dem Instrument der BSC verbunden ist, kann es die Bedingungen für eine Lernende Organisation wirksam unterstützen (vgl. dazu auch Löffler, 2011, 497ff.). Daten und Informationen sollten niemals ungeprüft und unreflektiert vom System übernommen werden. Es ist unabdingbar, die zur Verfügung stehenden systemrelevanten Daten und Informationen aus verschiedenen Perspektiven zu betrachten, zu analysieren und ausführlich zu diskutieren (vgl. Baitsch & Wetzel, 2008, 82). Diese qualitative Analyse der Informationen bezüglich der Quellen, der Richtigkeit und der Genauigkeit der Datenlage fordert folgerichtig der Indikator 2.1.3 des CAF-Modells.

Das zweite Kriterium beschäftigt sich mit der Entwicklung der Strategie und Planung auf der Grundlage der gesammelten Informationen. Es thematisiert auch das Lernen der Organisation durch Evaluierung der Leistung oder hinsichtlich der Wirkung bestehender Aufgaben. Dadurch wird zumindest in einem ersten Schritt das Single-Loop-Lernen gefördert. Eine umfassende Evaluierung kann jedoch auch eine Veränderung der Regeln und Strukturen zur Folge haben und damit einen Double-Loop-Lernprozess anstoßen und unterstützen. Wenn eine Organisation die im Kriterium 2.2 genannten Aktivitäten durchführt, beobachtet sie die Chancen und Risiken sowie ihr Umfeld und gleicht die bestehende Strategie mit den sich verändernden Anforderungen ab. Somit unterstützt das Kriterium 2.2 auch das bewusste und aktive Lernen (vgl. Bertels, 2007, 77) sowie, durch Hinterfragen der bestehenden Strategie, auch die Umwelt- und Kundenorientierung und das strategische Management als Rahmenbedingungen für lernförderliches Verhalten.

Die „Umsetzung, Kommunikation und regelmäßige Überprüfung der Strategie und der Planung in der gesamten Organisation" ist eine Forderung des Kriteriums 2.3. Komplexe Visionen und Strategien sollen durch strategische und operative Ziele operationalisiert werden, die wiederum durch Maßnahmenplanungen umgesetzt werden sollen. Dazu gehören eine Priorisierung, eine Zeitplanung aber auch eine zweckdienliche Organisationsstruktur in ablauf- und aufbautechnischer Hinsicht. Diese soll bei Bedarf verändert und neu gestaltet werden und hat eine Änderung der konkreten Rahmenbedingungen zur Folge. Dadurch können auch Prozesse des Double-Loop-Lernens unterstützt werden.

Das vierte Kriterium des Themenfeldes 2 widmet sich der Planung, Umsetzung und Überprüfung von Innovation und Veränderung. Dieses Kriterium ist im Wesentlichen innovationsorientiert. Es geht um die Schaffung der entsprechenden Kultur, die Beobachtung der Umwelt, die Nutzung entsprechender innovationsfördernder Instrumente, das Messen der Fortschritte und das konsequente Bekenntnis zur Innovation, das sich insbesondere auch dadurch ausdrückt, dass die nötigen personellen und sächlichen Ressourcen für die geplanten Veränderungen vom System und dessen Management bereit gestellt werden.

Die wichtigste Ressource in den öffentlichen Verwaltungen ist – wie bei allen Dienstleistungsorganisationen – das Personal. Kompetenzen, Leistungsfähigkeit und Leistungsbereitschaft der Mitarbeiterinnen und Mitarbeiter bestimmen maßgeblich die Quantität und Qualität der zu erbringenden Dienstleistungen. Das Personal ist daher die zentrale Ressource, die es auch im Rahmen von organisationalen Lern- und Veränderungsprozessen zu fördern, zu entwickeln und wirksam einzusetzen gilt.

8.6.3 Themenfeld 3: Personal

Im Themenfeld 3 des CAF-Modells: „Personal“ sind die Indikatoren zum Teil ausgesprochen umfangreich, enthalten sehr viele Aspekte und erschweren so in der CAF-Umsetzungspraxis oftmals die konkrete Bewertung.

Themenfeld 3: Personal

- **Kriterium 3.1**
  Personalressourcen mit Blick auf die Strategie und Planung der Organisation transparent planen, steuern und weiterentwickeln
- **Kriterium 3.2**
  Die Fähigkeiten der Beschäftigten erkennen, weiter entwickeln und nutzen und dabei die individuellen Ziele und die Ziele der Organisation in Einklang bringen
- **Kriterium 3.3**
  Beschäftigte durch Dialog und Stärkung der Eigenverantwortung beteiligen und dadurch zu ihrem Wohlbefinden beitragen

Kern des Kriteriums 3.1 ist die strategiekonforme und transparente „Planung, Gestaltung und Verbesserung der Personalressourcen“. Dies impliziert wieder die konsequente Umsetzung der Strategie und gleichzeitig das Beobachten der jeweils maßgeblichen Umweltanforderungen. Für die Organisationsmitglieder sollen günstigere Arbeitsbedingungen geschaffen werden und die Rahmenbedingungen sollen eine angemessene Balance zwischen Arbeit und Privatleben (Work-Life-Balance) ermöglichen. Deshalb enthält das Kriterium auch Indikatoren, die Rückschlüsse auf die Kultur der Organisation zulassen. Das zweite Kriterium bezieht sich auf das individuelle Lernen der Beschäftigten und das Lernen der Organisation. Lernen findet im Kontext eines professionellen Organisations- und Personalentwicklungskonzeptes statt und beginnt mit der Identifikation der aktuellen Fähigkeiten der einzelnen Beschäftigten, den Anforderungen und dem Potenzial der gesamten Organisation. Lernen soll durch gezielte Fortbildung und Personalentwicklung, Förderung der Arbeitsplatzmobilität und Verwendungsbreite, Nutzung moderner Schulungsmethoden oder durch Maßnahmen wie Coaching und Mentoring unterstützt werden. Ziel ist eine möglichst „optimale" Übereinstimmung von arbeitsplatz- oder tätigkeitsbezogenen Anforderungen, persönlichen Kompetenzen und den gegenwärtigen und zukünftigen Erwartungen der Organisation. Kosten und Nutzen sowie Wirkung der Aus- und Fortbildung sollen mittels eines praxistauglichen Bildungscontrollings erfasst, analysiert, bewertet und gesteuert werden.

Das dritte Kriterium beinhaltet kulturelle Indikatoren zur Innovationsförderung. Die Kultur im Sinne des CAF-Modells und anderer TQM-Konzepte ist durch Offenheit und Dialog geprägt und lebt von der Partizipation der Beschäftigten, die dazu aufgerufen sind, ihre Ideen und Verbesserungsvorschläge aktiv einzubringen. Instrumente wie das Innovations- oder Ideenmanagement sollen dabei helfen. Zur Offenheit gehört auch eine entsprechende konstruktive Kritik- und Feedback-Kultur, wie zum Beispiel im Kontext von Mitarbeiterbefragungen und Evaluierungen.

8.6.4 Themenfeld 4: Partnerschaften und Ressourcen

„Partnerschaften und Ressourcen" stehen im Fokus des Themenfeldes 4. Partnerschaften dienen im Kontext des CAF-Modells vorrangig dazu, entweder voneinander zu lernen oder durch Kooperationen die Wirtschaftlichkeit der Organisation sowie deren Performance zu verbessern, Synergieeffekte zu erzielen und letztlich auch vorhandene Personalressourcen aufgabengerechter zu flexibilisieren.

Auch im Themenfeld 4 findet sich die Struktur eines planvollen Vorgehens wieder, nach der zunächst in einem ersten Schritt die nutzbringenden und zielführenden Partnerschaften identifiziert werden müssen, bevor dann gemeinsame Prozesse gestaltet und evaluiert werden können.

Themenfeld 4: Partnerschaften und Ressourcen

- **Kriterium 4.1**
  Partnerschaften mit relevanten Organisationen aufbauen, entwickeln und steuern
- **Kriterium 4.2**
  Partnerschaften mit Bürgern und Kunden aufbauen und weiterentwickeln
- **Kriterium 4.3**
  Finanzen steuern
- **Kriterium 4.4**
  Wissens- und Informationsmanagement betreiben

- **Kriterium 4.5**
  Technologiemanagement betreiben
- **Kriterium 4.6**
  Gebäudemanagement betreiben

Vorstellbar sind im Sinne von CAF die Durchführung von gemeinsamen Projekten und der Austausch von Personal. Besonders positiv aus der Sicht einer Lernenden Organisation ist es, dass Lernprozesse aktiv gefördert werden und dass auch hier der Blick der Organisation wieder nach „außen" gerichtet ist.

Das Kriterium 4.4 des Themenfeldes 4 hat das Informations- und Wissensmanagement zum Inhalt, das gerade in den jüngeren Theorien zur Lernenden Organisation eng mit dieser verbunden wird. (vgl. Geißler, 2001, 85; Löffler, 2011, 497 ff.). Es soll ein Informations- und Wissensmanagement aufgebaut werden, das sowohl interne, als auch externe Informationen aufnehmen und verarbeiten kann und dann in aufbereiteter Form über geeignete Informationskanäle, wie zum Beispiel über Internetportale, den Organisationsmitgliedern wieder zur Verfügung stellt.

Auch das Wissen soll auf den spezifischen Handlungs- und Leistungsauftrag sowie auf die jeweilige Strategie ausgerichtet sein und es muss sicher gestellt werden, dass das Wissen der Mitarbeiterinnen und Mitarbeiter, die die Organisation verlassen, als Informationen so aufbereitet, dokumentiert und systematisiert wird, dass dieses möglichst als nutzbares organisationales Wissen in der Organisation verbleibt. Ausgehend von den Rahmenbedingungen zur Förderung der Lernenden Organisation unterstützt das Kriterium 4.4 in besonderem Maße das aktive Lernen, den funktions- und aufgabenangemessen Umgang mit Informationen sowie den Aufbau entsprechender Instrumente.

8.6.5 Themenfeld 5: Prozesse

Die Innovationsorientierung ist in Anlehnung an Nagl (vgl. 1997, 156) ein Erkennungsmerkmal für Lernende Organisationen. Im CAF-Modell wird die Innovationsorientierung in besonderem Maße durch das Themenfeld 5: „Prozesse" unterstützt.

Themenfeld 5: Prozesse

- **Kriterium 5.1**
  Prozesse laufend unter Einbeziehung der Interessengruppen identifizieren, gestalten, steuern und Innovationen vornehmen

- **Kriterium 5.2**
  Kunden- / Bürgerorientierte Dienstleistungen und Produkte entwickeln und zur Verfügung stellen
- **Kriterium 5.3**
  Prozesse aufeinander abstimmen, sowohl innerhalb der Organisation als auch mit anderen relevanten Organisationen

Die Prozesse und deren Effizienz und Effektivität werden im Rahmen von CAF als TQM-Modell in Zusammenarbeit mit den verschiedenen Interessengruppen laufend evaluiert und mit dem Ziel der Verbesserung weiterentwickelt. Dies geschieht unter Einbeziehung der Anforderungen des sich wandelnden Umfeldes oder durch Instrumente wie Benchmarking und Best practices. Der erste Schritt ist – aufgrund der Strategierelevanz – die Identifizierung der Kernprozesse. Das sind die Prozesse, die entscheidend für die Bereitstellung der externen Produkte und damit für die Erfüllung des gesetzlichen oder politischen Handlungs- oder Leistungsauftrags sind. Für alle Prozesse soll es Prozessverantwortliche geben. Auch hierzu sind die notwendigen Steuerungs- und Controlling-Instrumente aufzubauen und die Prozess- und Strukturorganisation entsprechend anzupassen. Im Zentrum des TQM und somit auch des CAF-Modells steht der Kunde oder der Adressat als Abnehmer der öffentlichen Dienstleistungen. Das Kriterium 5.2 fokussiert die Kundenperspektive. Die Kunden oder Adressaten sollen in den gesamten Prozess einbezogen werden. Der Dienstleistungsgedanke steht im Vordergrund und der Kunde soll die Möglichkeit haben, auf einfache Art und Weise mit der Behörde zu kommunizieren. In diesem Zusammenhang kommt dem E-Government und der modernen Informations- und Kommunikationstechnologie eine besondere Bedeutung zu. Ein Beschwerdemanagement soll die Erfassung und Steuerung eingehender Beschwerden ermöglichen und so zur Identifikation von Schwachstellen in den Leistungserstellungsprozessen beitragen. Das dritte Kriterium beinhaltet Indikatoren zur Kundenorientierung, zur Innovationsförderung und Indikatoren, die aktives Lernen der Organisationen fordern. Diese sollen sich an den erfolgreichen Innovationen und Entwicklungen anderer Organisationen orientieren, die Kunden im Rahmen des Innovationsprozesses beteiligen, konsequenterweise die nötigen Mittel zur Verfügung stellen und Innovationshemmnisse identifizieren und abbauen.

8.6.6 Themenfelder 6-9: Ergebnisse der Organisation

Die Themenfelder 6 bis 9 beinhalten die Ergebnisse, die eine Organisation in Bezug auf die Kunden oder Adressaten, die Mitarbeiterinnen und Mitarbeiter, die Gesellschaft und auf die eigene Leistung erzielt.

Themenfeld 6: Kunden- / Bürgerbezogene Ergebnisse

- **Kriterium 6.1**
  Wahrnehmungsmessungen
- **Kriterium 6.2**
  Leistungsmessungen

Themenfeld 7: Mitarbeiterbezogene Ergebnisse

- **Kriterium 7.1**
  Wahrnehmungsmessungen
- **Kriterium 7.2**
  Leistungsmessungen

Themenfeld 8: Ergebnisse sozialer Verantwortung

- **Kriterium 8.1**
  Wahrnehmungsmessungen
- **Kriterium 8.2**
  Leistungsmessungen

Themenfeld 9: Wichtigste Leistungsergebnisse

- **Kriterium 9.1**
  Externe Ergebnisse: Ergebnisse und Wirkungen
- **Kriterium 9.2**
  Interne Ergebnisse: Effizienzgrad

Die Bewertung der Themenfelder 6–9 wird nicht nach dem regulären PDCA-Zyklus vorgenommen, sondern danach, ob die Ergebnisse überhaupt erhoben werden und nach den jeweiligen Entwicklungstendenzen. Der „Logik" des Instruments „CAF" entsprechend, sollten die Befähiger, je weiter sie entwickelt werden und je wirksamer sie sind, auch zu einer Leistungssteigerung der gesamten Organisation führen. Dies wird dann im Rahmen einer CAF-Selbstbewertung erhoben.

Diese Bewertung erfolgt anhand von Befragungsergebnissen oder anhand von Indikatoren. Durch die Auswertung dieser Themenfelder erhält das Management eine Vielzahl von Informationen, die für alle Lernebenen genutzt werden können. Voraussetzung ist aber, dass entsprechende und vor allen Dingen wirksame Controlling- und Managementinformationssysteme vorhanden sind.

Hinsichtlich der Eignung des CAF-Modells zur Förderung organisationaler Lernprozesse ist die eingehende inhaltliche Auseinandersetzung mit den Indikatoren des CAF-Modells nur ein Aspekt. Die reine Erhebung der Daten während der Selbstbewertung und deren Aufbereiten in Berichtsform wird durch den dauerhaft bestehenden Kreislauf des CAF-Zyklus ergänzt. Nur durch das regelmäßige Durchlaufen des CAF-Zyklus wird sich eine Organisation im Sinne eines kontinuierlichen Verbesserungsprozesses permanent und in angemessenen Schritten weiterentwickeln können. Der kontinuierliche Lern- und Entwicklungsprozess wird institutionalisiert und als integraler Bestandteil der Organisation wahrgenommen. Somit wird der Prozess des permanenten Lernens und der kontinuierlichen Verbesserung als „Selbstverständlichkeit" in der Organisation fest verankert.

Besonders unterstützt wird das organisationale Lernen im Rahmen des CAF-Zyklus durch die Bewertung der Themenfelder 1-5 mit der am PDCA-Zyklus (Plan-Do-Check-Act) orientierten Bewertungsskala. Insbesondere die Bewertungsebene „Check" führt bei regelmäßiger Selbstbewertung nach CAF zu einem konsequenten Überprüfen und Hinterfragen aller in den Themenfeldern 1-5 genannten Aspekte. Durch die Maßnahmenorientierung des CAF – jeder CAF-Bewertung sollen ein Aktionsplan und die Umsetzung der Maßnahmen folgen – kommt die Organisation in einen ständigen Verbesserungskreislauf, der idealtypisch zu lernfördernden Veränderungen von Strukturen, Prozessen und einer angemessenen Entwicklung der Strategie führt. Die Einbeziehung der Mitarbeiterinnen und Mitarbeiter in den CAF-Prozess, entweder durch die Teilnahme an den Bewertungsrunden oder durch Teilnahme an Arbeitsgruppen zur Entwicklung von Verbesserungsmaßnahmen, fördert das Lernen – auch im Team – bei den Organisationsmitgliedern. Diese können dann auch als Multiplikatoren im Kontext des organisationalen Lernens fungieren.

Das Instrument CAF lässt in einem gewissen Rahmen, trotz der aus Vergleichsgründen notwendigen Standardisierung, ausreichend Flexibilität zu, um nutzerfreundlich und praktikabel zu bleiben. Indikatoren oder Beispiele können an die Besonderheiten der jeweiligen Organisation angepasst werden, der Ablauf der Bewertung kann modifiziert werden und sogar die Zielsetzung der CAF-Anwendung kann unterschiedlich ausgerichtet sein. Laßleben (2002, 11) weist in diesem Zusammenhang auf die Gefahr hin, dass eine Organisation auch „falsch" und innovationsfeindlich lernen kann. Dies kann insbesondere auch dadurch geschehen, dass man sich in ein technokratisches „Korsett" von formalisierten Qualitätsbeurkundungen zwingen lässt, ohne deren Sinnhaftigkeit und Nutzen zu hinterfragen.

Das Instrument CAF kann durch seinen systemischen und integrativen Ansatz die Schaffung der für Lernende Organisationen nötigen Rahmenbedingungen wesentlich unterstützen. Diese Rahmenbedingungen sind sehr vielschichtig und komplex und betreffen sowohl kulturelle als auch strukturelle Faktoren. CAF macht keine detaillierten Aussagen dazu, wie die einzelnen Instrumente, deren Einführung es in den Befähiger-Themenfeldern fordert, ausgestaltet werden sollen. Es erschließt sich auch nicht automatisch aus CAF welche Wirkungszusammenhänge zwischen den einzelnen Themenfeldern und zwischen den einzelnen Instrumenten bestehen. CAF-Nutzer vertrauen auf das Modell und auf dessen Vollständigkeit und „entdecken" dann im Rahmen der durchgeführten Selbstbewertungen durchaus noch „weiße Flecken auf der Landkarte" ihrer Modernisierungsaktivitäten. Durch die nach jeder CAF-Bewertung abgeleiteten Aktivitätenkataloge und deren Umsetzung kann eine permanente Verbesserung im Sinne eines kontinuierlichen Lern- und Entwicklungsprozesses gefördert werden. Die Organisation lernt, dass es mit der Einführung der neuen Steuerungsinstrumente allein noch nicht getan ist, sondern dass sie die implementierten Instrumente, deren Wirkung und Nutzen regelmäßig überprüfen und verbessern sowie das komplexe Wirkungsgefüge aus einer ganzheitlichen, systemischen Perspektive beachten muss.

In Anlehnung an Probst und Büchel (1998, 177) ist zu konstatieren, dass allein das Vorhandensein von Führungs- und Steuerungsinstrumenten noch keine Aussage darüber zulässt, ob tatsächlich Organisationslernen in einem sozialen System stattfindet. Sie weisen darauf hin, dass bestimmte Instrumente oft beides – sowohl lernfördernd als auch lernhemmend – wirken können, je nachdem, wie und in welchem Kontext sie konkret angewendet werden. Auch das CAF-Modell beinhaltet eine Vielzahl von Instrumenten. Für jedes einzelne gilt, dass es wirksam genutzt werden muss, um Organisationales Lernen zu ermöglichen und zu fördern. Dies setzt ein vertieftes Verständnis auf allen Systemebenen für jedes einzelne Instrument und dessen Wirkungsweise sowie für den systemischen Wirkungszusammenhang voraus. Das CAF-Modell beschreibt „was" in einer Behörde vorhanden sein sollte, aber nicht „wie" es eingeführt und angewendet werden soll, um lernförderlich zu wirken. CAF verfügt daher zwar prinzipiell über das Potenzial, ein wirksames Instrument zur Förderung organisationalen Lernens zu sein, CAF-Anwendern sollte jedoch stets bewusst sein, dass dies kein Automatismus ist, sondern dass der Lernerfolg von der konkreten Ausgestaltung jedes einzelnen Instruments und dessen sach- und fachgerechter Anwendung und Verknüpfung abhängt. Hier ist besonders vor einer „Bürokratisierung" der Instrumente zu warnen. Bei richtiger Anwendung der CAF-Instrumente und der daraus resultierenden Maßnahmen kann der notwendige kulturelle Kontext für eine Lernende Organisation jedoch durchaus geschaffen oder zumindest begünstigt werden.

Das Instrument CAF kann – im Rahmen eines verwaltungskompatiblen TQM-Ansatzes – einen wesentlichen Beitrag und eine praxistaugliche Basis für ein wirksames und nachhaltiges Organisationslernen liefern. Für die Akzeptanz der Veränderungen und den Kulturwandel werden begleitende Instrumente und Maßnahmen wie Change Management und Organisations- sowie Personalentwicklung benötigt. Das Leitbild der Lernenden Organisation kann nicht ohne die entsprechenden Rahmenbedingungen und Kontextfaktoren verwirklicht werden. Die öffentliche Verwaltung sollte aus der zum Teil systemwidrigen und unvernetzten Einführung der Instrumente des NSM gelernt haben und nun konsequent systemische, integrative und interdisziplinäre Ansätze verfolgen. Dazu muss in vielen Verwaltungen und Behörden allerdings noch die erforderliche Fach-, Methoden- und System- oder Organisationskompetenz aufgebaut oder zumindest erweitert und aktualisiert werden. Dem „Wie" muss zukünftig eine deutlich stärkere Beachtung geschenkt werden. Die komplexen Wirkungszusammenhänge müssen erklärt, verstanden und verinnerlicht werden. Nur so können Instrumente wie CAF nachhaltig und wirksam dazu beitragen, das Entstehen von tatsächlich Lernenden Organisationen zu begünstigen und diesen lohnenden Entwicklungsansatz auch in der öffentlichen Verwaltung konsequent und nachhaltig zu fördern.

Verzeichnis der Abbildungen

Stichwortverzeichnis

Literaturverzeichnis

Abecker, A., Bernardi, A. & Maus, H. (2002). Potenziale der Geschäftsprozessorientierung für die Unternehmensgestaltung (S. 215-248). In: Abecker, A., Hinkelmann, K., Maus, H. & Müller, H.J. (Hrsg.). Geschäftsprozessorientiertes Wissensmanagement. Berlin und Heidelberg: Springer.

Abecker, A., Hinkelmann, K., Maus, H. & Müller, H. J. (2002). Integrationspotenzial für Geschäftsprozesse und Wissensmanagement (S. 1-22). In: Abecker, A., Hinkelmann, K., Maus, H. & Müller, H.J. (Hrsg.). Geschäftsprozessorientiertes Wissensmanagement. Berlin und Heidelberg: Springer.

Argyris, C. & Schön, D. A. (1996). Die Lernende Organisation. Grundlagen, Methoden, Praxis. Stuttgart: Klett-Cotta.

Baitsch, C. & Wetzel, R. (2008). Organisationale Lernfähigkeit gestalten. Ein Instrumentenvorschlag zur Analyse und Bewertung einer zentralen Unternehmensressource (2 / S. 79-86). In OrganisationsEntwicklung. Würzburg: Handelsblatt Fachmedien GmbH.

Bandemer von, S. (2001). Qualitätsmanagement (S. 414-424). In: Blanke, B., Bandemer von, S., Nullmeier, F. & Wewer, G. (Hrsg.). Handbuch zur Verwaltungsreform. Opladen: Leske & Budrich.

Becker, M. (2012). Die Entwicklung der Personalentwicklung (S. 227-238). In Steiner, R. & Ritz, A. (Hrsg.). Personal führen und Organisationen gestalten. Stuttgart: Haupt.

Behrmann, D. & Frey, A. (2003). Evaluation als Instrument zur Systemlenkung und Handlungsoptimierung in lernenden Organisationen (S. 219-263). In: Geißler, H. (Hrsg.). Balanced Organization – Die Kunst ausgleichend zu führen. Neuwied, Köln, München: Wolters Kluwer Deutschland GmbH.

Belker, P. (2000). Leitbilder für Veränderungsmanagement: Wie Qualität und Innovation zusamenwirken. Hamburg: Verlag Dr. Kovac.

Berger, U. & Bernhard-Mehlich, I. (2006). Die verhaltenswissenschaftliche Entscheidungstheorie (S. 169-214). In: Kieser, A. & Ebers, M. (Hrsg.). Organisationstheorien. Stuttgart: Kohlhammer.

Bergmann, G. & Daub, J. (2008). Systemisches Innovations- und Kompetenzmanagement. Wiesbaden: Gabler.

Bertels, T. (2008). Die Lernende Organisation – Modell für das Management des Wandels im Wissenszeitalter (S. 47-99). In: Kremin-Buch, B., Unger, F. &

Walz, H. (Hrsg.). Lernende Organisation. Sternenfels: Verlag Wissenschaft & Praxis.

Bock, F. (2008). Lernen als Element der Wettbewerbsstrategie (S. 9-45). In: Kremin-Buch, B., Unger, F. & Walz, H. (Hrsg.). Lernende Organisation. Sternenfels: Verlag Wissenschaft & Praxis.

Bokranz, R. & Kasten, L. (2003). Organisations-Management in Dienstleistung und Verwaltung. Wiesbaden: Gabler.

Borins, S. & Grüning, G. (1998). New Public Management - Theoretische Grundlagen und problematische Aspekte in der Kritik (S. 1-28). In: Budäus, D., Conrad, P. & Schreyögg, G. (Hrsg.). New Public Management. Wiesbaden: Gabler

Börnecke, D. (2003). Basiswissen für Führungskräfte. In Börnecke, D. (Hrsg.). Mitarbeiterführung. Erlangen: Publici.

Brönnimann, T. & Hämmerle, M. (2011). Talent Management beim älteren Kader (S. 111-124). In: Ritz, A. & Thom, N. (Hrsg.). Talent Management. Talente identifizieren, Kompetenzen entwickeln, Leistungsträger erhalten. Wiesbaden: Gabler & Springer Fachmedien GmbH.

Bruhn, M. (2004). Qualitätsmanagement für Dienstleitungen, Grundlagen - Konzepte - Methoden. Berlin und Heidelberg: Springer.

Butzer, H. (2011). Wirtschaftlichkeit im Verwaltungsrecht (S. 445-454). In: Blanke, B., Nullmeier, F., Reichard, C. & Wewer, G. (Hrsg.). Handbuch zur Verwaltungsreform. Wiesbaden: Springer Fachmedien GmbH.

Budäus, D. & Hilgers, D. (2o11). Öffentliches Rechnungswesen (S. 419-428). In: Blanke, B., Nullmeier, F., Reichard, C. & Wewer, G. (Hrsg.). Handbuch zur Verwaltungsreform. Wiesbaden: Springer Fachmedien GmbH.

Dauling, C. & Eggers, R. (2003). Steuerung und Führung in der Polizei als organisationaler Ausbalancierungsprozess (S. 111-127). In Geißler, H. (Hrsg.). Balanced Organization - Die Kunst ausgleichend zu führen. Neuwied, Köln, München: Wolters Kluwer Deutschland GmbH.

Dietrich, A. (2001). Selbstorganisation - Management aus ganzheitlicher Perspektive. Wiesbaden: Gabler.

Dincher, R., Müller-Godeffroy, H., Scharpf, M. & Schuppan, T. (2010). Einführung in die Betriebswirtschaftslehre für die Verwaltung. Neuhofen: Forschungsstelle für Betriebsführung und Personalmanagement e.V.

Dincher, R. & Scharpf, M. (2012). Management in der öffentlichen Verwaltung. Führung, Steuerung, Controlling. Neuhofen: Forschungsstelle für Betriebsführung und Personalmanagement e.V.

Drescher, A. (1999). Was ist eine Lernende Verwaltung (S. 12-20). In: Kühnlein, G. (Hrsg.). Elemente einer „Lernenden Verwaltung". Werkstattbereicht. Dortmund: sfs Beiträge aus der Forschung.

Duden der New Economy. (2001). Wörterbuch der New Economy. Wippermann, P., Steinle, A. & Trendbüro (Hrsg.). Mannheim: Dudenverlag.

Dunkhorst, P. (1999). Handbuch Qualitätsmanagement in der öffentlichen Verwaltung. Baden-Baden: Nomos Verlagsgesellschaft.

Ebers, M. & Gotsch, W. (2006). Institutionenökonomische Theorie der Organisation (S. 247-308). In Kieser, A. & Ebers, M. (Hrsg.). Organisationstheorien. Stuttgart: Kohlhammer.

Ebers, M. & Maurer, I. (2002). Organisation (S. 441-482). In: von Colbe, W.B., Coenenberg, P., Kajüter, P. & Umhof, U. (Hrsg.). Betriebswirtschaft für Führungskräfte. Stuttgart: Schäffer-Poeschel.

Endrich, F. & Metz, F. (2013). Optimierung und strategische Steuerung mit System. innovative Verwaltung (11 / S. 14-16). Wiesbaden: Springer Gabler – Springer Fachmedien GmbH.

Eskamp, H., Buchholz, M., Stappenbeck, J. & Scholz, G. (2001). Lernende Organisation. Verwaltungsmodernisierung am Beispiel eines Bezirksamts in Hamburg. Opladen: Leske & Budrich.

Fangmann, H. (2000). Zwischen Bürokratie und Heterarchie (91 / S. 117-132). Verwaltungsarchiv. Köln, Berlin, Bonn, München: Carl Heymanns.

Geißler, H. (2001). Konzepte und Modelle der lernenden Organisation (S. 73-95). In: Arnold, R. & Bloh, E. (Hrsg.). Personalentwicklung im lernenden Unternehmen. Hohengehren: Schneider Verlag.

Geißler, H. (2003). Das Konzept: Führung als organisationale Ausbalancierung (S.11-72). In: Geißler, H. (Hrsg.). Balanced Organization – Die Kunst ausgleichend zu führen. Neuwied, Köln, München: Wolters Kluwer Deutschland GmbH.

Glass, N. M. (1997). Management Masterclass – Die neuen Realitäten im Business. Düsseldorf: Econ.

Götz, K. & Schmid, M. (2004). Praxis des Wissensmanagements. München: Vahlen.

Gutenberg, E. (1983). Grundlagen der Betriebswirtschaftslehre. Berlin und Heidelberg: Springer.

Gygi, U. (2012). Führung im Wandel. Erfahrungen aus dem öffentlichen Bereich (S. 401-413). In: Steiner, R. & Ritz, A. (Hrsg.). Personal führen und Organisationen gestalten. Stuttgart: Haupt.

Häfele, W. (1990). Systemische Organisationsentwicklung. Frankfurt am Main: P. Lang Internationaler Verlag der Wissenschaften.

Halblützel, P. (2012). Bürokraten, Manager und Systemgestalter. Zur Entwicklung von Verwaltungsführung und Lernfähigkeit (S. 277-293). In: Steiner, R. & Ritz, A. (Hrsg.). Personal führen und Organisationen gestalten. Stuttgart: Haupt.

Haldemann, T., Heike, M. & Bachmann, M. (2011). Balanced Scorecard in öffentlichen Verwaltungen und Betrieben. Bern, Stuttgart und Wien: Haupt Verlag.

Hansmann, M. (2004). Management und Controlling in der Ministerialverwaltung. Sternenfels: Verlag Wissenschaft und Praxis.

Heeg, F. J. (2000). Methoden und Instrumente zur Förderung betrieblicher Veränderungsprozesse, Kompetenzen entwickeln – Veränderungen gestalten. In: G. Arbeitsgemeinschaft Qualifikations-Entwicklungsmanagement (Hrsg.). Lernen im Wandel – Wandel durch Lernen. Münster: Waxmann.

Heftberger, S. & Stary, C. (2004). –Partizipatives organisationales Lernen. Ein prozessbasierter Ansatz. Wiesbaden: Deutscher-Universitäts-Verlag.

Heller, R. F. (2010). Haushaltsgrundsätze für Bund, Länder und Gemeinden. Hamburg: R.v. Decker.

Heuermann, R. & Tomenendahl, M. (2011). Öffentliche Betriebswirtschaftslehre. München: Oldenbourg.

Hilgers, D. (2011). Kosten- und Leistungsrechnung in der öffentlichen Verwaltung (S. 428-436). In: Blanke, B., Nullmeier, F., Reichard, C. & Wewer, G. (Hrsg.). Handbuch zur Verwaltungsreform. Wiesbaden: Springer Fachmedien GmbH.

Hill, H. (2013). Wege aus der Krise – mehr Mut zum aktiven Handeln (11 / S. 11-13). innovative Verwaltung. Wiesbaden: Springer Gabler – Springer Fachmedien GmbH.

Hill, H. (2013). Wandel-Galerie – Alte und neue Konzepte zum Change Management (5 / 227-236). Verwaltung & Management. Baden-Baden: Nomos Verlagsgesellschaft.

Hinkelmann, K., Karagiannis, D. & Telesko, R. (2002). PROMOTE – Methodologie und Werkzeug für geschäftsprozessorientiertes Wissensmanagement (S. 65-90). In: Abecker, A., Hinkelmann, K., Maus, H. & Müller, H.J. (Hrsg.). Geschäftsprozessorientiertes Wissensmanagement. Berlin und Heidelberg: Springer.

Hopfenbeck, N. (2002). Allgemeine Betriebswirtschaftslehre und Managementlehre. Berlin: Verlag Moderne Wirtschaft.

Horvath, P. (1996). Controlling. München: Vahlen.

Hug, B. & Spisak, M. (2004). Psychologische Grundlagen für Führungskräfte (1 / S. 77-129). In: Steiger, T. & Lippmann, E. (Hrsg.). Handbuch Angewandte Psychologie für Führungskräfte. Führungskompetenz und Führungswissen. Heidelberg: Springer.

Jablonski, S., Horn, S. & Schlundt, M. (2002). Prozessorientiertes Wissensmanagement mit der i > WorkBench (S. 249-274). In: Abecker, A., Hinkelmann, K., Maus, H. & Müller, H.J. (Hrsg.). Geschäftsprozessorientiertes Wissensmanagement. Berlin und Heidelberg: Springer.

Jäger, R. (2004). Kompetent führen in Zeiten des Wandels. Weinheim: Beltz.

Jann, W. (2011). Verwaltungswissenschaft, Policy-Forschung und Managementlehre (S. 67-75). In: Blanke, B., Nullmeier, F., Reichard, C. & Wewer, G. (Hrsg.). Handbuch zur Verwaltungsreform. Wiesbaden: Springer Fachmedien GmbH.

Jann, W. (2011). Neues Steuerungsmodell (S. 98-108). In Blanke, B., Nullmeier, F., Reichard, C. & Wewer, G. (Hrsg.). Handbuch zur Verwaltungsreform. Wiesbaden: Springer Fachmedien GmbH.

Jung, H. (2008). Personalwirtschaft. München: Oldenbourg.

Kaplan, R. & Norton, D. (1997), Balanced Scorecard. Strategien erfolgreich umsetzen. Übersetzung von Horvarth, P. & Kralj, D. Stuttgart: Poeschel.

Karlöf, B. & Lövingsson, F.H. (2006). Management von A bis Z. Zürich: Orell Füssli.

KGSt-Bericht (1993). Das Neue Steuerungsmodell. Begründung, Konturen, Umsetzung. Köln: KGSt.

KGSt-Bericht (2007). Das Neue Steuerungsmodell. Bilanz der Umsetzung. Köln: KGSt.

KGST-Bericht (2009). Qualitätsmanagement. Eine Orientierung für die kommunale Praxis. Köln: KGSt.

Kieser, A. (2006). Max Webers Analyse der Bürokratie (S. 63-92). In: Kieser, A. & Ebers, M. (Hrsg.). Organisationstheorien. Stuttgart: Kohlhammer.

Kieser, A. & Woywode, M. (2006). Evolutionstheoretische Ansätze (S. 309-352). In: Kieser, A. & Ebers, M. (Hrsg.). Organisationstheorien. Stuttgart: Kohlhammer.

Kirchhoff, R. (2013). Umsetzung der wirkungsorientierten Verwaltungsführung (3 / S. 30-33). innovative Verwaltung. Wiesbaden: Springer Gabler – Springer Fachmedien GmbH.

Koch, R. (2013). Optionen des Designs eines New Public Service. Ansätze und Folgen einer sozial-konstruktiven Besetzung der Modernisierungsproblematik (S. 57-98). In: Koch, R. & Vogel, R. (Hrsg.). Paradigmenkonkurrenz im Public Management. Zur Kritik des Diskurses um Management-Entwicklungen. Wiesbaden: Springer Gabler.

Koch, R. & Vogel, R. (2013). Problem- und Fragestellungen zum Verhältnis von Paradigmenkonkurrenz und Managementdiskurs (S. 9-14). In: Koch, R. & Vogel, R. (Hrsg.). Paradigmenkonkurrenz im Public Management. Zur Kritik des Diskurses um Management-Entwicklungen. Wiesbaden: Springer Gabler.

König, K. (2001). Öffentliche Verwaltung und Globalisierung (92 / S. 474-506). Verwaltungsarchiv. Köln, Berlin, Bonn, München: Carl Heymanns.

König, K. & Füchtner, N. (1999). „Schlanker Staat" zwischen Bonn und Berlin (90 / S. 1-20). Verwaltungsarchiv. Köln, Bonn, Berlin, München: Carl Heymanns.

König, E. & Volmer, G. (2000). Systemische Organisationsberatung – Grundlagen und Methoden. Weinheim: Deutscher Studien Verlag.

Koreimann, D. (1999). Management. München: Oldenbourg.

Krause, D. G. (2007). Die Kunst des Krieges für Führungskräfte. Heidelberg: Redline Wirtschaft.

Krutoff, H. (2014). Demographie erfordert ein strategisches Personalmanagement. (3 / S. 14-16). innovative Verwaltung. Wiesbaden: Springer Gabler – Springer Fachmedien GmbH.

Küppers, U. (2013). Wirkungsnetz-Verwaltung statt starrer Verwaltungsstrukturen. (7/8 / S. 30-32). innovative Verwaltung. Wiesbaden: Springer Gabler – Springer Fachmedien GmbH.

Laßleben, H. (2002). Das Management der lernenden Organisation. Wiesbaden: Deutscher Universitäts-Verlag.

Leao, A. & Hofmann, M. (2007). Fit for Change. In: Leao, A. & Hofmann, M. (Hrsg.). Fit for Change. Bonn: managerSeminar Verlags GmbH.

Lembke, G. (2004). Die Lernende Organisation als Grundlage einer entwicklungsfähigen Unternehmung. Marburg: Tectum Verlag.

Liebig, O. (1997). Unternehmensführung aus der Perspektive der neueren Systemtheorie – Beobachtungen der Führungspraxis und ihre Implikationen für eine Theorie der Führung. München: Verlag Barbara Kirsch.

Link, J. (2010). Führungssysteme. Strategische Herausforderung für Organisation, Controlling und Personalwesen. München: Vahlen.

Löffler, E. (2011). Qualitätsmanagement (S. 492-501). In: Blanke, B., Nullmeier, F., Reichard, C. & Wewer, G. (Hrsg.). Handbuch zur Verwaltungsreform. Wiesbaden: Springer Fachmedien GmbH.

Lück, H. & Sewz, G. (2005). Psychologische Schulen und Denksysteme. Hagen: FernUniversität.

Luhmann, N. (1987). Soziale Systeme - Grundriss einer allgemeinen Theorie. Frankfurt am Main: Suhrkamp.

Macharzina, K. & Wolf, J. (2008). Unternehmensführung. Wiesbaden: Gabler.

Martens, W. & Ortmann, G. (2006). Organisationen in Luhmanns Systemtheorie (S. 427-461). In: Kieser A. & Ebers, M. (Hrsg.). Organisationstheorien. Stuttgart: Kohlhammer Verlag.

Malik, F. (2001). Führen-Leisten-Leben. München: Heyne.

Mayer, B. M. (2003). Systemische Managementtrainings - Theorieansatz und Lernarchitekturen im Vergleich. Heidelberg: Verlag für Systemische Forschung im Carl-Auer-Systeme Verlag.

Meynhardt, T. (2011). Public Value (S. 517-524). In: Blanke, B., Nullmeier, F., Reichard, C. & Wewer, G. (Hrsg.). Handbuch zur Verwaltungsreform. Wiesbaden: Springer Fachmedien GmbH.

Mintzberg, H., Abestrand, B. & Lampel, J. (1999). Strategy Safari. Eine Reise durch die Wildnis des strategischen Managements. Übersetzung von Pumpering, A. & Gebauer, S. (2004). Frankfurt: Ueberreuter.

Müller, U. R. (2000). Machtwechsel im Management. Freiburg i.Br.: Haufe.

Müller, J. & Rippel, J. (2011). Crea Leadership. Ansbach: Marketing Publishing.

Nagl, A. (1997). Lernende Organisation. Entwicklungsstand, Perspektiven und Gestaltungsansätze in Deutschen Unternehmen. Eine empirische Untersuchung. Aachen: Shaker Verlag.

Nolte, R. (2005). Changemanagement in der öffentlichen Verwaltung (86 / S. 243-266). Verwaltungsarchiv. Köln, Berlin, Bonn, München: Carl Heymanns.

Nolte, R. (2008). Steuerung von Veränderungsprozessen in der öffentlichen Verwaltung (51 / S. 95-119). In: Litzcke, S.M. & Nolte, R. (Hrsg.). Change Management - Theorie und Praxis. Brühl: Schriftenreihe der FH Bund für öffentliche Verwaltung.

Nolte, R. & Wöhner, A. (2008). Neue Steuerung und Controlling am Fachbereich Finanzen (S. 679 – 687). In: Bönders et al. (Hrsg.). Festschrift Kompetenz und Verantwortung in der Bundesverwaltung. München: Beck.

Nolte, R. & Wöhner, A. (2012). Systemisches Verwaltungsmanagement – Ganzheitliche und wirkungsorientierte Steuerung und Führung in der öffentlichen Verwaltung. Frankfurt am Main: P. Lang Internationaler Verlag der Wissenschaften.

Nullmeier, F. (2011). Wettbewerb (S 150-160). In: Blanke, B., Nullmeier, F., Reichard, C. & Wewer, G. (Hrsg.). Handbuch zur Verwaltungsreform. Wiesbaden: Springer Fachmedien GmbH.

Nullmeier, F. (2011). Output-Steuerung und Performance Measurement (S. 465-475). In: Blanke, B., Nullmeier, F., Reichard, C. & Wewer, G. (Hrsg.). Handbuch zur Verwaltungsreform. Wiesbaden: Springer Fachmedien GmbH.

Olfert, K. (2012). Personalwirtschaft. In: Olfert, K. (Hrsg.). Kompendium der praktischen Betriebswirtschaft. Herne: NWB Verlag.

Pawlowski, P. & Geppert, M. (2005). Organisationales Lernen. In: Weik, E. & Lang, R. (Hrsg.). Moderne Organisationstheorien. Handlungsorientierte Ansätze (1 / S. 259 – 294). Wiesbaden: Gabler.

Peters, M. (2008). Vertrauen in Wertschöpfungspartnerschaften zum Transfer von retentivem Wissen. In: Information – Organisation – Produktion. Corsten H., Reiß, M. Steinle, C & Zakowski, G. (Hrsg.). Wiesbaden: Gabler Edition Wissenschaft.

Peters, T. J., & Austin, N. (1986). Leistung aus Leidenschaft. Hamburg: Hoffmann und Campe.

Pieler, D. (2001). Neue Wege zur lernenden Organisation. Bildungsmanagement – Wissensmanagement – Change Management – Culture Management. Wiesbaden: Gabler.

Preisendorfer, P. (2008). Organisationssoziologie. Grundlagen, Theorien und Problemstellungen. Wiesbaden: VS-Verlag.

Probst, G. J. & Büchel B. S. T. (1998). Organisationales Lernen. Wettbewerbsvorteil der Zukunft. Wiesbaden: Gabler.

Proeller, I. & Schedler, K. (2011). Verwaltung im Gewährleistungsstaat (S. 37-44). In: Blanke, B., Nullmeier, F., Reichard, C. & Wewer, G. (Hrsg.). Handbuch zur Verwaltungsreform. Wiesbaden: Springer Fachmedien GmbH.

Radenheimer, M. (2002). Systemisches Lernen – Die Trias Kognition – Kommunikation – Kultur als Grundlage eines Konzepts organisationalen Lernens. Konstanz: Hartung-Gorre Verlag.

Rahn, H. J. (2002). Unternehmensführung. In: Olfert, K. (Hrsg.). Kompendium der praktischen Betriebswirtschaft. Ludwigshafen: Kiehl Verlag GmbH.

Reichard, C. (2011). Personalmanagement (S. 295-301) In: Blanke, B., Nullmeier, F., Reichard, C. & Wewer, G. (Hrsg.). Handbuch zur Verwaltungsreform. Wiesbaden: Springer Fachmedien GmbH.

Reinhardt, R. (1993). Das Modell Organisationaler Lernfähigkeit und die Gestaltung Lernfähiger Organisationen. Frankfurt am Main: P. Lang Internationaler Verlag der Wissenschaften.

Ridder, H. G. & Schirmer, F. (2011). Führung (S. 206-217). In Blanke, B., Nullmeier, F., Reichard, C. & Wewer, G. (Hrsg.). Handbuch zur Verwaltungsreform. Wiesbaden: Springer Fachmedien GmbH.

Ritz, A. & Sinelli, P. (2011). Talent Management. Überblick und konzeptionelle Grundlagen (S. 3-23). In: Ritz, A. & Thom, N. (Hrsg.). Talent Management. Talente identifizieren, Kompetenzen entwickeln, Leistungsträger erhalten. Wiesbaden: Gabler & Springer Fachmedien GmbH.

Robbins, S. P. (2001). Organisation der Unternehmung. München: Pearson Studium.

Roberts, J. (2007). Management – über die Gestaltung effektiver Organisationen. München: Pearson Business.

Röckelein, C. (2007). Konstruktivistische Personalentwicklung. Erwachsene sind unbelehrbar – aber lernfähig. Aachen: Shaker Verlag.

Rosenstiel v., L. (2012). Veränderungsschwerpunkt Organisation (S. 3-12). In: Rosenstiel v., L., Hornstein v., E. & Augustin, S. (Hrsg.). Change Management Praxisfälle. Veränderungsschwerpunkte Organisation, Team, Individuum. Berlin und Heidelberg: Springer.

Schäfer, F. (2005). Change Management für den öffentlichen Dienst. Hornberg: Murmann.

Schanz, G. (1994). Organisationsgestaltung. München: Vahlen.

Schauer, R. (2012). Public Management und das IOP-Führungskonzept (S. 389-399). In: Steiner, R. & Ritz, A. (Hrsg.). Personal führen und Organisationen gestalten. Stuttgart: Haupt.

Schaufelbühl, K. (1998). Integrales Management. Köln: Fortis Verlag.

Schedler, K. (2011). Verwaltungscontrolling (S. 236-246). In: Blanke, B., Nullmeier, F., Reichard, C. & Wewer, G. (Hrsg.). Handbuch zur Verwaltungsreform. Wiesbaden: Springer Fachmedien GmbH.

Schedler, K. & Proeller, J. (2011). New Public Management. Stuttgart: UTB Verlag.

Scherf, W. (2011). Öffentliche Finanzen. Konstanz: UVK Verlagsgesellschaft.

Schierenbeck, H. & Wöhle, C. B. (2008). Grundzüge der Betriebswirtschaftslehre. München: Oldenbourg.

Schliesky, U. (2014). Das Recht auf gute Verwaltung als verfassungsmäßige Verpflichtung (4 / S. 10-13). innovative Verwaltung. Wiesbaden: Springer Gabler – Springer Fachmedien GmbH.

Schmidt, K. H. (1987). Motivation, Handlungskontrolle und Leistung in einer Doppelaufgabensituation. Düsseldorf: VDI.

Schmidt, H. J. (2009). Betriebswirtschaftslehre und Verwaltungsmanagement. Wien: Facultas Verlags- und Buchhandels AG UTB.

Schneider, A. (2013). Kreative Kommune: Public Corporate Creativity. Berlin: Verlag epubli GmbH.

Schneider, A. (2013). Kommunale Qualifikation für die Standort-Qualität mobilisieren (12 / S. 11-13). innovative Verwaltung. Wiesbaden: Springer Gabler – Springer Fachmedien GmbH.

Scholz, C. (2011). Grundzüge des Personalmanagements. München: Vahlen.

Schreyögg, G. (1999). Organisation. Wiesbaden: Gabler.

Schreyögg, G. & Koch, J. (2007). Grundlagen des Managements: Basiswissen für Studium und Praxis. Wiesbaden: Gabler.

Schridde, H. (2011). Change Management (S. 279-291). In: Blanke, B., Nullmeier, F., Reichard, C. & Wewer, G. (Hrsg.). Handbuch zur Verwaltungsreform. Wiesbaden: Springer Fachmedien GmbH.

Schröter, E. & Wollmann, H. (2011). New Public Management (S. 79-89). In Blanke, B., Nullmeier, F., Reichard, C. & Wewer, G. (Hrsg.). Handbuch zur Verwaltungsreform. Wiesbaden: Springer Fachmedien GmbH.

Schüpbach-Brönnimann, C. (2012). Personalentwicklung – keinesfalls „l'art pour l'art" (S. 239-247). In: Steiner, R. & Ritz, A. (Hrsg.). Personal führen und Organisationen gestalten. Stuttgart: Haupt.

Schuldt, C. (2006). Systemtheorie. Hamburg: Europäische Verlagsanstalt.

Schulte-Zurhausen, M. (2010). Organisation. München: Vahlen.

Schuster, F., Beck, S. & Plazek, M. (2013). Wirkungsorientierte Steuerung – mehr als ein Zukunftsmodell (7/8 / S. 23-26). innovative Verwaltung. Wiesbaden: Springer Gabler – Springer Fachmedien GmbH.

Schwarz, P., Purtschert, R., Giroud, C. & Schauer, R. (2009). Das Freiburger Management-Modell für Nonprofit-Organisationen (NPO). Stuttgart: Haupt.

Senge, P. M. (1998). Die fünfte Disziplin. Stuttgart: Klett-Cotta.

Simon, W. (2008). Managementtechniken. Offenbach: Gabel Wirtschaftswoche Edition.

Simon, F. B. (2009). Einführung in die systemische Organisationstheorie. Heidelberg: Carl Auer Verlag.

Staehle, W. H. (1999). Management. München: Vahlen.

Steiger, T. (2004). Organisationsverständnis. Die Organisation als komplexes System (1 / S. 27-42). In: Steiger, T. & Lippmann, E. (Hrsg.). Handbuch Angewandte Psychologie für Führungskräfte. Führungskompetenz und Führungswissen. Heidelberg: Springer.

Steiger, T. (2004). Das Rollenkonzept der Führung (1 / S. 43-73). In: Steiger, T. & Lippmann, E. (Hrsg.). Handbuch Angewandte Psychologie für Führungskräfte. Führungskompetenz und Führungswissen. Heidelberg: Springer.

Steiger, T. (2004). Veränderungsmanagement. Methoden der Gestaltung von Veränderungsprozessen (2 / S. 274-288). In: Steiger, T. & Lippmann, E. (Hrsg.). Handbuch Angewandte Psychologie für Führungskräfte. Führungskompetenz und Führungswissen. Heidelberg: Springer.

Stein, A. (2013). Das CAF-Gütesiegel für kontinuierliche Qualitätsarbeit (5 / S. 35-38). innovative Verwaltung. Wiesbaden: Springer Gabler – Springer Fachmedien GmbH.

Steinebach, N. (1998) Verwaltungsbetriebslehre. Regensburg: Walhalla Fachverlag.

Steinmann, H. & Schreyögg, G. (2000). Management. Neustadt: Gabler.

Sulzberger, M. (2012). Organisatorische Gestaltung (S. 45-61). In: Steiner, R. & Ritz, A. (Hrsg.). Personal führen und Organisationen gestalten. Stuttgart: Haupt.

Syska, A. (2006). Produktionsmanagement. Das A-Z wichtigster Methoden und Konzepte für die Produktion von heute. Wiesbaden: Gabler.

Thom, N. (2007). Personalentwicklung (S. 1354-1363). In: Köhler, R, Küpper, H.-U. & Pfingsten, A. (Hrsg.). Handwörterbuch der Betriebswirtschaft. Stuttgart: Haupt.

Thom, N. (2012). Management des Wandels – Grundelemente für ein differenziertes und integriertes „Change Management" (S. 15-32). In: Steiner, R. &

Ritz, A. (Hrsg.). Personal führen und Organisationen gestalten. Stuttgart: Haupt.

Thom, N. (2012). Führungskräfte anforderungsgerecht ausbilden (S. 251-262). In: Steiner, R. & Ritz, A. (Hrsg.). Personal führen und Organisationen gestalten. Stuttgart: Haupt.

Thom, N & Harasymowicz-Birnbach, J. (2005). Wissensmanagement im privaten und öffentlichen Sektor (S. 15-39). In: Thom, N. & Harasymowicz-Birnbach, J. (Hrsg.). Wissensmanagement im privaten und öffentlichen Sektor. Zürich: Hochschulverlag AG.

Thom, N. & Piening, D. (2012). Neueste Entwicklungstendenzen im Ideenmanagement (S. 65-96). In: Steiner, R. & Ritz, A. (Hrsg.). Personal führen und Organisationen gestalten. Stuttgart: Haupt.

Thom, N. & Ritz, A. (2012). Das IOP-Führungskonzept für den öffentlichen Sektor (S. 351-388). In: Steiner, R. & Ritz, A. (Hrsg.). Personal führen und Organisationen gestalten. Stuttgart: Haupt.

Thom, N. & Tholen, B. (2012). Förderung der Managementkompetenz für Dozierende und Führungskräfte der Universität Berns (S. 417-443). In: Steiner, R. & Ritz, A. (Hrsg.). Personal führen und Organisationen gestalten. Stuttgart: Haupt.

Ulschmid, L. (2013). Prozessorientierte Verwaltung – Realität oder Utopie? (10 / S. 24-25). innovative Verwaltung. Wiesbaden: Springer Gabler – Springer Fachmedien GmbH.

Unger, A. (2008). Neue Ansätze in der Organisation (S. 175-211). In: Kremin-Buch, B., Unger, F. & Walz, H. (Hrsg.). Lernende Organisation. Sternenfels: Wissenschaft & Praxis.

Vogel, R. (2013). Public Management – eine fragmentarische Adhokratie. Soziokognitive Bedingungen der Wissensproduktion im Modernisierungsdiskurs (S. 175-195). In: Koch, R. & Vogel, R. (Hrsg.). Paradigmenkonkurrenz im Public Management. Zur Kritik des Diskurses um Management-Entwicklungen. Wiesbaden: Springer Gabler.

Walgenbach, P. (2006). Neoinstitutionalistische Ansätze in der Organisationstheorie (S. 353-401). In: Kieser, A. & Ebers, M. (Hrsg.). Organisationstheorien. Stuttgart: Kohlhammer.

Westermeier, A. & Wiesner, H. (2012). Das staatliche Haushalts-, Kassen- und Rechnungswesen. Hamburg: R. v. Decker.

Wilms, F. E. P. (2001). Systemorientiertes Management. München: Vahlen.

Windieck, G. (2003). Grundlagen und Perspektiven der Arbeits- und Organisationspsychologie. Hagen: FernUniversität.

Wöhe, G. (2008). Einführung in die Allgemeine Betriebswirtschaftslehre. München: Vahlen.

Wolf, G. (1990). Gestalten von Komplexität durch Netzwerk-Management (S. 103-126). In Kratky, K.W. & Wallner, F. (Hrsg.). Grundprinzipien der Selbstorganisation. Darmstadt: Wissenschaftliche Buchgesellschaft.

Wolf, J. (2013). Organisation, Management, Unternehmensführung. Wiesbaden: Springer Gabler – Springer Fachmedien GmbH.

Würtenberger, J. (2013). Strategische Steuerung in staatlichen Mittelbehörden (S. 1219-1237). In: Heckmann, D., Schenke, R.P. & Sydow, G. (Hrsg.). Verfassungsstaatlichkeit im Wandel: Festschrift für Thomas Würtenberger zum 70. Geburtstag. Berlin: Duncker & Humblot.

Hinweise zu den Autoren

Dr. Rüdiger Nolte ist Dekan des Fachbereichs Finanzen der Hochschule des Bundes für öffentliche Verwaltung, Direktor der Abteilung Lehre und Verwaltung beim Bildungs- und Wissenschaftszentrum der Bundesfinanzverwaltung und zugleich Vertreter des Präsidenten.

Sabine Zimmermann ist Diplom Betriebswirtin, Master of Organizational Psychology und im Leitungsstab einer Bundesoberbehörde tätig.

Beide Autoren verfügen über langjährige Lehr-, Beratungs- und Praxiserfahrung im Rahmen des Verwaltungsmanagements, der Staats- und Verwaltungsmodernisierung sowie des systemischen Change- und Organisationsmanagements.

www.ingramcontent.com/pod-product-compliance
Ingram Content Group UK Ltd.
Pitfield, Milton Keynes, MK11 3LW, UK
UKHW021850290926
8980IPUK00005B/756

9 783631 658925